시민교육과 대학

시민교육 연구총서 2

시민교육과 대학

이동수 편

인간사랑

서문

좋은 사회를 만드는 일에 기여하는 것은 대학의 커다란 책임에 속한다. 탁월한 시민, 책임있는 시민, 따뜻한 시민이 있어야 좋은 사회를 이룰 수 있으며, 대학은 이런 시민을 양성하고 교육하는 일을 통해 좋은 사회 만들기에 봉사해야 하는 것이다. 이런 임무를 위해 서구 선진국을 비롯한 여러 나라에서는 이미 대학이 일반인을 위한 '시민교육' 프로그램을 운영하고 있으며, 그 학문적 토대로서 '시민학(civics)' 연구를 진행하고 있다.

주지하다시피, 대학은 중세시대에 학문적 탐구를 위해 국가나 교회로부터 독립하여 자연발생적으로 태동하였다. 대학은 일종의 길드조직과 같이 구성원들이 모여 이루어진 자연 혹은 자유 공동체와 같았다. 그러나 그 후 국가나 교회의 간섭을 받기도 하고, 산업사회가 요구하는 실제적 지식 즉 직업교육을 담당하는 역할을 하기도 하였다. 이러한 대학역사의 변화 속에서 오늘날 대학에게 요구되는 것은 사회에 대한 공헌과 책임이다. 즉 대학은 교육 및 학문탐구 기관으로서 사회와 거리를 두고 존재하기는 하나, 단순히 학생교육만이 아니라 일반 사회인에게도 도움을 주는 일을 해야 한다는 것이다.

이런 관점에서 오늘날 여러 나라에서 대학이 일반시민을 교육하는 일이 진행되고 있다. 현재 한국대학에도 존재하는 사회교육원이나 평생교육원이 그런 일을 담당하고 있다. 그런데 여기서 한 걸음 더 나아가 요즘은 민주사회에 필요한 민주시민을 교육하는 일이 대학에게 요구된다. 초중등과정에서 미처 완결하지 못한 시민의 양성을 대학에서 최종적으로 해야 한다는 것이다. 미국이나 영국 등에서는 이것이 잘 실행되고 있으며, 한국에서도 경희대학교 같은 경우 교양교육을 담당하는 후마니타스칼리지에서 의무적으로 시민교육을 이수하도록 하고 있다.

우리가 시민이 되기 위해서 반드시 대학교육을 받아야 하는 것은 아니다. 초중등교육과정에서 혹은 사회생활에서 우리는 자연스럽게 시민이 되어가고 있으며, 또한 시민은 외부로부터 주어지는 것이 아니라 스스로 시민으로 성장하는 존재이다. 다만 대학은 우리의 자기성장을 도와주는 역할을 할 뿐이다. 또한 직장을 은퇴하고 이모작을 준비하거나 다른 인생을 시작하려는 사람들에게 또 다른 기회를 제공하는 것 뿐이다.

이 책은 2011년도 한국연구재단 토대기초 연구지원사업인 〈한국 대학교육에서 '시민교육' 연구 및 자료 총서〉(NRF-2011-322-B00003) 프로젝트의 일환으로 출판하게 되었다. 각 장들은 이 프로젝트에 참여하는 분들이 각각의 전공에 맞추어 집필하였으며, 특히 매달 진행된 세미나와 워크샵 그리고 여러 차례의 중간발표회를 통해 전체적인 통일성을 기하였다. 또한 외국 사례의 경우 직접 현지를 방문하여 그곳에서의 체험을 통해 기술하였다. 항상 열띤 토론과 진지한 고민을 함께 해준 연구자들에게 진심으로 고마움을 느낀다. 그리고 이 책의 출판을 지원해준 한국연구재단과 사명의식을 갖고 출판을 기꺼이 수락해준 인간사랑 출판사 관계자들에게 깊은 감사의 말씀을 전한다.

2013년 8월

경희대학교 공공대학원장 겸 NGO국제연구소장 이동수

차례

I부 대학교육과 시민교육

우리가 시민이 되기 위해서 반드시 대학교육을 받아야 하는 것은 아니다. 초중등교육과정에서 혹은 사회생활에서 우리는 자연스럽게 시민이 되어가고 있으며, 또한 시민은 외부로부터 주어지는 것이 아니라 스스로 시민으로 성장하는 존재이다.

1장
시민교육의 역사와 전개

이명원

이 글은 시민교육의 역사와 전개과정을 시대의 변화추이에 따라 검토하고자 하는 목적에서 쓰여졌다. 19세기 이후 시민교육이 전개는 민주주의 체제의 성립과 변모과정, 국내적 상황과 세계사적 상황의 변모에 따른 시민적 가치의 성숙과 심화과정이라고 볼 수 있다.

시민교육의 태동기는 대체로 개별 국민국가들이 해당 국가의 정치적 민주주의를 지탱할 수 있는 시민주체의 형성과 국가에 대한 공동체적 책임을 강조하는 국민적 시민교육의 양상을 띠게 된다.

그러던 것이 20세기를 거치면서 민주주의가 세계적으로 확산되고, 시민의 정치적 자율성이 증대됨에 따라, 능동적이고 참여적인 시민에 대한 교육적 관심이 높아지며, 21세기에 이르러 글로벌 시민성에 대한 교육이념의 설계와 실천에 관한 문제의식이 심화된 것으로 보인다.

1. 근대시민교육의 태동

한국에서 시민교육의 문제가 중요한 의제로 등장한 것은 대체로 민주주의와 경제성장이 일정한 수준에 오른 1990년대였다. 이 시기의 한국사회는 오랜 군부독재를 청산하고 형식적 민주주의의 기초를 확립하였으며, 산업화에 기반한 고도성장의 결과 세계자본주의 체제에서 한국의 위상이 높아졌다. 민주화와 산업화를 동시에 가능케 한 의지와 역량은 시민계층의 대두와 본격화에 기반하고 있는 것이지만, 오늘날 세계화의 진전에 따라 새롭게 대두되고 있는 국내외적 난제들을 분석하고 해결할 수 있는 시민 주체의 역량이 새롭게 요구되고 있는 시점이다.

우리가 시민교육의 문제를 상기해 보고자 하는 이유는, 개인(individual)이 스스로 자유로운 존재인 동시에 공동체(community) 안에서 조화로운 공존을 모색할 수 있는 책임 있는 주체가 되는 일이야말로, 오늘의 시민들에게 요청되는 시대정신일 것이기 때문이다. 그러나 자유와 책임은 그것을 가능케 할 덕성(virtue)에 의한 끝없는 인격형성을 요청하고, 이를 가능케 할 가르치고 배우는 일의 수고를 필요로 한다. 루소의 전언처럼 우리는 두 번 태어나는 것일 텐데, 자연적 존재가 아닌 사회적 존재로서의 시민으로의 재탄생은 한 개인의 개별적 자각을 필요로 하는 것과 동시에 시민적 권리와 덕성, 책임의 문제를 가르치고 배우는 과정을 통하여 쉼 없이 환기시키는 교육의 중요성을 우리에게 환기시킨다.

역사적인 범주에서 보면 시민이 된다는 것은 자유인이 된다는 것을 의미했고, 그것은 일체의 억압이나 구속으로부터 자유로운 정치적 주체가 된다는 것을 전제로 했다. 그러나 자유로의 이 긴 여정은 주체의 성찰과 행동 없이 자연적으로 주어진 조건은 아니었다. 자유로운 개인이면서 공동체의 문제를 자기의 문제로 짊어지는 책임 있는 주체로 태어나는 일은 칸트가 말했듯 성숙(maturity)으로 나아가는 지적 탐구와 실천을 필요로 했다.

어찌 보면 시민교육의 태동은 그래서 근대적 주체의 탄생과 그 궤를 같이 하는 것처럼 보인다. 그렇다면 시민이 된다는 것은 무엇을 의미하는가. 일차적으로 그것은 인간의 정신이 주술적인 세계로부터 해방되는 것을 의미하겠지만, 완성된 자기를 형성하려는 쉼 없는 노력을 교육을 통해 체화하는 것을 의미했다. 계몽기의 많은 사상가들은 인간이 노예적 상태에 예속되어 있다는 점을 강조했는데, 이것은 봉건적 압제와 인습을 일단 상기시키지만, 자기를 반성적으로 성찰하고 완성해나가는 인격적 사명의 중요성을 환기시키는 일이기도 했다. 봉건적 유습과 그것에 길들여진 영혼은 예속과 복종, 그리고 권위주의를 당연시한다. 그런 점에서 금력, 권력, 타력에 의존하지 않는 자기본위(自己本位)의 세계를 만들어간다는 것의 기쁨을 자각하지 못하는 주체는 타인의 시선에 그 영혼이 길들여지게 마련인데, 이것이 오랜 세월 동안 인간사회가 정체되었던 중요한 원인이었을 것이다.

이런 까닭에 계몽주의시기를 전후로 한 시민 주체의 형성과정에서 우리가 발견하게 되는 것은 자기를 형성하고 완성해나가는 덕육(德育)에 대한 관심이 고조되고 있다는 사실일 것이다. 물론 근대적 시민계층이 형성되기 이전에도 덕육에 대한 관심은 한 사회의 지배계층에게는 공통적으로 강조되던 태도이다. 서유럽의 귀족들에게 노블리스 오블리제(Noblesse Obligé)가 일종의 정언명제였던 것과 마찬가지로 동아시아 문화권에서도 사대부들에게는 인의예지(仁義禮智)와 같은 덕육에 대한 강조가 교육과 삶의 방식에서 지속적으로 강조되었다. 물론 거기에는 다수 민중을 지배하는 것의 정당성을 지배층의 탁월한 덕성에서 찾는 덕망가적 의식을 통해 기독교와 유교와 같은 종교원리가 사회윤리의 기능을 대행했던 시대의 흔적을 담고 있다.

그러나 지도층의 사회적 의무와 책임, 그리고 덕망가적 처세를 강조한다고 해도, 본질적으로 이는 정교일치(政教一致)의 중세적 사회질서를 정당화하는 한에서만 작동되는 가치라는 점에서, 또 인민들의 정치참여가 봉쇄된 조건 속에서의 사회갈등 해소의 방법이라는 점에서 한계가 있었다. 그렇게 때문에 왕권신수설과 천명(天命)에 기대고 있는 봉건적 지배의 정당성은 합리주의가 진전되고 만민평등과 천부인권 등과 같은 근대적 인식론이 확산됨에 따라 사회윤리로서의 보편성을 점차 상실하게 된다.

이러한 변화를 가장 날카롭게 보여주는 것은 18세기를 전후로 하여 유럽에서 일종의 사상운동으로 전개된 이른바 계몽주의운동에서 나타난다. 실로 18세기는 유럽에서 사상과 사회운동 양 측면에서 시민계급이 주동계급으로 등장하는 역사적 변혁기였다. 유럽에서의 계몽주의운동의 효시를 이룬 것은 프랑스다. 디드로를 중심으로 볼테르, 루소, 달랑베르 등 180여명의 지식인이 공동편찬한 『백과전서』는 만인을 위한 '이성의 빛'으로 계몽(enlightment)에 봉사한다는 목표 아래, 이성과 문명의 중요성을 역설했다. 『백과전서』의 서술문체는 명료하면서도 평이했는데, 이는 문명 창조의 주체가 특정계층이 아닌 프랑스 인민 전체에게 있음을 의미하는 것이었기에 가능했다.

> 18세기는 또한 감수성의 세기였다. 계몽주의자는 정념적 인간이었다. 그들은 현실에서 일어나는 크고 작은 모든 일에 예민했다. 『백과전서』는 그러한 그들의 지적·감성적 정념의 소산이었고, 그 정념은 사회의 발견으로 자연스럽게 이어졌다. 자기 자신을 인류에 대한 공통의 관심과 상호 우애에 의해 맺어져 있다고 자각한 점에서, 다시 말해 사회 속의 인간연대를 강하게 의식한 점에서 18세기 지성은 모든 것에 앞서 자기 자신을 사랑한 지난날의 교양 지향적 지식인과 구별된다.
>
> 자기 자신을 사랑하는 자기애를 강조한 루소는 또한 동포가 고생하는 것을 참지 못하는 연민의 감정을 자기애의 자연스런 발전으로서, 인간애의 원천으로서 강조했다. 자기중심적인 오만한 볼테르도 루소와 그 미덕을 공유했다. 광범위한 시민들 또한 교사를 따라 사회를 발견하고 사회 속의 유대를 지향했다.
>
> 이상과 같은 바람직한 움직임에는 언어의 통일, 국어의 확립이 전제되고 크게 기능했다. 즉 지난날 책이 라틴어로 쓰이고 아카데미 프랑세즈가 왕의 영광을 위해 사전을 편찬했을 때 보통 사람들은 문자의 세계 밖에서 무지몽매한 존재일 수밖에 없었다. 그러던 것이 소설과 신문, 잡지가, 모든 책이 프랑스어로 쓰이면서 모든 시민이 하나의 언어, 국어의 뿌리 위에 태동된 국민이라는 보

편적 진실, 사회적 공공선을 공유하는 일체감, 정통성을 갖게 되었다.[1]

계몽주의 운동은 '이성의 빛'에 의해 무지로부터 해방된 인민들이 근대적 개인 주체로 거듭나는 사건일 뿐만 아니라, 사회와 정부의 권리/책임 주체인 '시민'으로 형성되는 기원을 이루는 계기였다고 볼 수 있다. 이 시기의 계몽주의에 특징적인 것은 사회(society)라는 관념의 발견과 국어의 보급에 따른 지적 혁신과 전파력의 맹렬한 기세다. 봉건적 지배체제 아래서 인민은 한편으로는 봉건적 지배권력에 다른 한편으로는 교회권력에 종속되어 있었다. 봉권적 지배권력은 권력의 정당성을 왕권신수설이라는 마술적 교리로 정당화하면서 지배-복종의 자연화된 질서를 강조했다. 교회권력은 인민의 정신구조를 신(神) 관념과 구원에 대한 절대적 믿음에 예속시켜 현실의 부조리한 구조에 순응하게 만들었다.

이러한 이중의 예속체제에서 '시민화'의 험난한 도정을 촉진시킨 것은 부르주아로 상징되는 상인계층이었다. 원거리무역 등을 통해 부를 축적한 이들 상인계급은 봉건적 수탈체제에 대한 조세저항에 나서는 것과 동시에 스스로를 정치적 주체로 규정하면서 봉건적 지배체제의 변형 또는 전면적인 혁파에 나서게 된다. 영국의 명예혁명이 그것의 명백한 증거이거니와 가령 계몽 사상가 존 로크 등이 주장한 '시민정부론'은 시민계층의 의회로의 진출과 함께 주권의 주체를 시민으로 규정

---

1 이광주, 『교양의 탄생』(파주 : 한길사, 2009), 639-640.

하고 정부와 인민과의 관계를 사회계약의 형태로 인식하는 등의 발상법을 통해서, 종래의 지배계급이었던 왕과 귀족지배 연합에 치명적인 균열을 야기하게 만들었다.

이들 시민계급은 종래의 세습귀족과 국왕체제에 저항하는 담론으로 계몽주의에 입각한 문명론을 제시한다. 계몽주의의 진전에 따라 개인의 자유에 대한 이상이 확산되고 그것이 정치변형에까지 이르게 된 데에는 지배계급의 언어로서의 중세공동어문이었던 라틴어의 지배력을 붕괴시킨 민족어(National Language)의 대두와 자유시민의 출현이라는 현상이 중요한 역할을 했다. 이 시기에 출현한 계몽사상가들은 각각 영어, 프랑스어, 독일어와 같은 민족어로 저술을 편찬했고, 백과사전파에서 볼 수 있는 것처럼 당대의 지적 사유 전체를 체계화하고 대중화하는 데도 크게 기여했다. 이제 새롭게 등장한 시민계층은 종래의 신분제적 질서나 마술적 신 관념에 의존하지 않고도 스스로를 자유로운 시민으로 규정할 수 있었고, 이에 따른 필연적인 결과로 봉건적 지배질서의 부패와 무능을 비판하면서 시민에 의한 정부구성이 문명화의 필연적인 경로임을 역설할 수 있었다. 가령 볼테르가 『철학서간』을 통해서 명예혁명 이후 영국의 변화된 정치질서를 찬미하고 자유를 역설한 것은 결과적으로 프랑스혁명을 예견한 것으로 보인다.[2]

영국과 프랑스와 같은 유럽의 선진국가들은 상공업의 발달에 따른 시민계층의 형성과 계몽주의의 확산, 이에 따른 정치제도의 민주화와 자본주의의 발전이라는 이행의 경로를 문명화로 간주하면서 구체제와

2 이광주, 『교양의 탄생』, 642.

단절하지만, 독일의 경우는 이와는 다른 상황에 있었다. 18세기의 독일은 다수의 영방국가로 분열되어 있었으며 상공업의 발전이 미약했고 따라서 중산계층 역시 두텁게 형성되어 있지 못했다. 이런 상황 속에서 영국과 프랑스와 같은 형식의 문명화의 비전 대신 이들은 다소는 정신주의적 성격을 내포하고 있는 '문화적 교양주의'를 선호했다. 영국과 프랑스의 시민계층이 세속주의와 계몽주의를 결합시켜 문명진보의 관념을 형성했다고 한다면, 독일의 경우는 종래의 기독교적 경건주의와 계몽주의를 결합시키는 형식의 빌둥(Bildung)의 관념과 태도를 심화시켜 나갔다.

빌둥(Bildung)이라는 개념은 통상적으로는 영어의 교양(culture)의 의미와 유사해 보이지만, 인격의 형성(formation)과 도야(cultivation), 이를 실현하기 위한 끝없는 소명의식이라는 종교적 의미를 담고 있다는 점에서 그 차이가 크다. 이것은 18세기 이후 독일 교양주의의 성격이 영미식의 문명화와 진보의 관점과는 다른 층위에서 대체로 덕육의 함양과 관련된 '문화적 성숙'이라는 목표를 지향하고 있다는 사실을 보여준다. 영국이나 프랑스 식의 계몽주의나 독일의 교양주의가 공히 주체로서의 시민의 특징으로 자유를 강조하지만 그 강조점은 달랐다. 영국과 프랑스 식의 자유 관념이 '사회의 발견'에 귀착되어 민주주의 혁명을 가능케 했다면, 독일 식의 자유 관념은 '인격의 완성'이라는 내향적 목적지를 향해 나아갔다.

칸트와 괴테, 쉴러와 훔볼트 등이 활동했던 이 시기 독일의 교양주의 관념과 운동적 성격을 '신인문주의'로 규정되고 있기도 한데, 특징적인 것은 빌둥이라는 관념의 형성이 독일 루터교의 중요한 전통 가운데 하나인 경건주의(pietismus)의 영향 아래서 형성되었으며 특히 '내적 영혼의 교육'이 강조되고 있어, 형이상학적이고 관념론적인 성격을 띠게 된다는 점에 있다. 완전한 인격완성에의 쉼 없는 소명적 실천행위라는 관념은 궁극적으로 빌둥의 체화로 귀결되는 시민적 주체 형성의 지향점이 개체적인 수준에서의 전인적 인격의 완성으로 귀결되고 있음을 보여준다.

> 세계는 인간의 힘이 작용하고 또 이에 반작용하는 모든 개별적 대상과 이 힘을 포괄하는 개념이다. 인간은 이 세계를 스스로 만들어가지만, 동시에 만들어진 것들에 의해 규정되기도 한다. 이러한 작용과 반작용 속에서 세계와 관계를 맺어나감으로써 인간의 본질인 근원적 힘은 자신을 드러낸다. 인간과 세계가 상호관계를 맺는 방식은 무한히 다양하며, 인간의 개별적 고유성은 바로 이에 기인한다. 이러한 관계맺음이 바로 인간의 삶이며, 이것은 인간의 주관적 성향이나 객관적 조건 그 어느 것에 의해서도 미리 결정되어 있지 않다. 이러한 의미에서 인간은 근본적으로 자유로운 존재이다. 인간이 자유로운 존재라는 것은 세계 속에서 확정되어 있지 않은 자신의 위치를 부단히 찾아나가는 것이 인간의 존재론적 숙명이라는 것을 의미한다. 개별적 인간이 활동을 통해 자신에게 주어진 힘들을 조화롭고 균형있게 계발하는 것이 바로 전인교육(Bildung)이다. 전인교육은 인간의 유일무이한 고유성 그리고 인간에게 주어진 힘의 능동성과 자발성에 근거를 두고 있으므로 원리적으로 타인에 의해 지도될 수 없다. 또한 전인교육의 인간의

본질규정에서 직접 도출되는 것이므로 결코 그 어떤 상위 목적의 수단이 될 수도 없다. 따라서 전인교육의 본질적 특성은 이것이 자기교육이고 자기목적이라는 데 있다.[3]

위의 인용문에서 강조되고 있는 완전한 인간형성의 목표를 동아시아적 가치로 번역하면 아마도 수신(修身)과 수양(修養) 정도가 될 텐데, 실제로 독일의 빌둥 개념을 교양인의 이념으로 수용한 메이지(明治) 시대의 일본에서도 독일과 유사한 지적 태도가 형성되었음은 주지의 사실이다.[4] 그러나 수신과 수양의 가치가 존재론적 완성에의 끝없는 추구를 의미하는 것은 분명하지만, 공동체 안에서의 시민적 권리의 실현과 상호협력은 물론 정치적 주체화의 문제가 배제될 때, 그것은 사회의 외적 변화와 무관한 도덕주의적 '억제'의 개념으로 전락할 가능성 또한 다분하다. 더불어 이러한 존재론적 덕목이 위로부터 명령의 형태로 강제된다면, 가령 메이지기 일본의 경우처럼 '군인칙유'나 '교육칙어'의 형태로 강제되어 내면화된다면, 그것은 역으로 숭응주의에 기반한 반(反) 시민적 파시즘으로 전화될 수 있다. 독일 지식인과 시민들의 빌둥(bildung)에 대한 태도 역시 실제로 이러한 역사적 경로를 밟았음은 부정하기 힘들다.

영국의 지배에서 벗어나 아메리카 대륙으로 이주한 청교도들 역시

---

3 안성찬, 「전인교육으로서의 인문학-독일 신인문주의의 교양」, 『인문논총』 第62집 (2009): 118.

4 筒井清忠, 『日本型「教養」の運命』(동경 : 岩波書店, 2009).

하버드 대학(1636년 설립)을 시작으로 거의 대부분의 대학에서 종교교육을 강조했다. 이렇게 미국의 초기대학이 일종의 '종파적 공동체'의 성격을 띠고 있었던 것은 사실이지만,[5] 미국은 정교분리(政敎分離)에 입각한 시민정부의 형태를 띠고 있었기 때문에, 또 미국적 가치의 실질을 규정하는 것이 프래그머티즘이었기 때문에, 독일이나 일본과 같은 정신주의적 관념성에 매몰되어 정치적 주체로서의 시민성의 억제로 수렴되지는 않았다. 때문에 미국에서의 초창기 시민교육은 종교교육과 세속적 인문교육, 신앙과 과학적 지식의 바람직한 조화를 모색했다.

2. 민족주의와 시민교육

19세기는 구미에서 기왕의 봉건제가 쇠락하고 국민국가(nation-state)가 막 형성되던 시점이었다. 미국의 독립과 프랑스 혁명이 공히 상기시키는 것은 시간차는 존재하지만, 중세를 특징짓던 봉건제와 교권국가로서의 성격이 이 시기에 오면 큰 변화를 겪게 된다는 점이다. 일찍이 명예혁명을 거치면서 입헌군주제로 전환한 영국이나 이후 입헌군주제와 공화정으로 변모하게 되는 독일 역시 국가 및 사회체제의 큰 변화를 겪었다. 일본을 필두로 한 아시아 국가들 역시 이 시기에 내발적·외발적 요인이 겹친 사회체제의 변화를 겪는다.

5 이광주, 『교양의 탄생』, 708.

이 시기의 변화에서 특징적인 것은 중세적 봉건제 또는 절대왕정 체제 아래서 끈질기게 유지되던 교권체제가 바야흐로 붕괴되고 근대적 국민국가가 나타났다는 점이며, 이러한 국가체제의 변동과정 속에서 종래의 신민(臣民)을 대체하는 국민(nation) 또는 시민(citizen)이라는 새로운 주체 개념이 등장하기 시작했다는 점이다.

이 변화를 극적으로 보여주는 것은 영국식민지로부터 독립한 미국의 존재이다. 실로 새롭게 출현한 공화국이라는 정부형태와 민주주의는 유럽의 구체제와 급진적 단절을 초래한 혁명적인 사건이었을 뿐만 아니라, 이후에 이어지는 프랑스 혁명과 함께 유럽의 정치질서와 체제를 근본적으로 변혁시키는 역사적 사건이었다. 동시에 미국의 「독립선언서」에 서술된 내용들은 단지 미국 건국의 역사적 정당성을 선언했던 것일 뿐만 아니라, 계몽주의 시대를 관통하면서 루소나 로크 등의 사상가들에 의해 제기되고 형성된 인민주권의 원리가 바야흐로 실질적인 정치적 지도원리가 되었음을 보여주는 혁명적 사건이었다. 이화 함께 절대왕정과 신분제의 구질서를 붕괴시킨 프랑스 혁명은 직후 발표된 「인간과 시민의 권리선언」을 통해서, 자유·평등·박애라는 근대의 보편적 가치이념이 정초된다.

새로운 정치체제는 이에 걸 맞는 새로운 인민(people) 주체의 형성을 요구하게 되는데, 이 시기 유럽에서 새롭게 형성된 역사적 주체는 국민 또는 민족(nation)이었다. 국민국가는 이전의 봉건제 정치체제에 비하자면 시민의 정치참여를 보다 확대하고 용이하게 만드는 것이 사실이지만, 동시에 새로운 통합의 원리로 구축되는 내셔널리즘은 대외적으로는 배외주의적 성격을 강하게 띠게 된다. 특히 19세기를 전후하여 서구 열강들에 의해 경쟁적으로 나타난 제국주의적 경향은 국가 내부에서는 시민 민주주의의 형식적·내용적 진전에 크게 기여하지만, 제국주의 열강들 간의 각축을 고조시키는 것과 동시에 이른바 '문명화의 사명'이라는 오도된 지배 이데올로기를 통해 아시아·아프리카·라틴 아메리카에 대한 침략을 정당화한다. 그런 점에서 민족이나 국민 형성(nation building)의 과정은 이중적이다. 내부적으로는 공동체와 국가에 대한 시민적 자유와 책임의 가치를 강조하지만, 외부적으로는 그것을 가능케 하는 자원의 축적을 위한 제국주의·식민주의를 강화하게 되는 것이다.

동시에 봉건제적 신민(臣民)으로부터 국민으로의 정체성의 전환이 자연스럽게 일어나는 것은 아니다. 여기에는 자신이 속해 있는 민족국가를 운명공동체로 상상할 뿐만 아니라, 스스로가 국가를 경영하고 책임질 수 있는 주권의 주체라는 의식의 자각이 필요하다. 국민적 정체성으로부터 시민적 정체성의 분화가 나타나는 것은 운명공동체로서의 국가적 정체성을 보다 진보적인 정치적 공동체로 사유하는 인민의 정치적 자율성과 책임성이 증대할 때 가능해진다. 우리가 항용 시민적 가치로 거론하는 자유·평등·박애라는 이념은 프랑스 혁명의 유산이거니와, 이 혁명의 성공과 실패의 드라마 속에서 새롭게 사유되고 실행된 것은 홉스나 로크, 루소 등의 정치철학을 통해 사유되었던 인민주권과 사회계약설에 기반한 압제에 대한 시민들의 저항권이라는 개념이었다.

그러나 일단 압제로부터 해방된 후에는 새롭게 형성된 국가에 대한 시민적 지배와 책임이 뒤따르게 되며, 가령 이것이 미국의 독립선언 이후 토머스 제퍼슨 등을 포함한 이른바 미국의 '건국의 아버지'들이 공화국 시민에 대한 정치교육을 강조하게 되는 근거가 되는 것이다. 미국의 독립 이후 초기 미국의 지도자들은 민주적 제도만으로는 미국의 공화국 체제를 유지하는 것이 어려울 것이라고 생각했다. 이들은 3권 분립과 같은 민주주의의 제도와 함께, 시민의 권리와 책임, 공동체와 국가에 대한 헌신 등의 덕목을 교육을 통해 강조하는 것이 필요하다고 생각했는데, 이것이 이후 미국에서의 시민교육(civic education)의 기본적인 이념으로 정착한다.[6]

그러나 민주주의와 시민교육의 중요성을 강조한 이들의 주장이 당대로서는 진보적인 성격을 갖고 있었음에도 불구하고, 실질적으로 시민적 권리를 향유할 수 있었던 계층은 소수의 남성 주류계층으로 한정되어 있었다는 점에서 19세기의 시민교육의 한계 역시 엄연한 사실이다. 또 다른 한계는 당시의 교육적 상황이 전 국민을 대상으로 한 보편적 의무교육 체제와는 거리가 먼 주류 지배계층의 교육에 한정되어 있었다는 점에 있다. 어떤 점에서 보면, 19세기의 시민교육은 르네상스 이후 보편적 인간성을 발견하는 데 집중했던 엘리트에 한정된 인문주의적 교양교육의 외형을 띠고 있었다고 보아도 과언이 아니다.

가령 19세기 빅토리아 시대 영국의 문학비평가였던 메슈 아놀드는 1830년 전후의 산업혁명과 이후 참정권 운동(차티스트) 운동이 격화되는 와중에, 인문학적 교양(culture)이야말로 시민계층이 담지해야 될 가

6 전득주, 「미국의 시민교육 : 그 현황, 배경, 문제점」, 『한국민주시민교육학회보』 제7호 (2002).

장 중요한 자질이라고 주장한다.[7] 그가 여기서 교양이라고 말하는 것은 전통(tradition) 즉 "지금까지 말해지고 생각된 것 가운데 최상의 것"을 의미하는 것인데, 이러한 주장은 한편으로 고등교육을 통한 전통에 대한 학습과 사색의 중요성을 강조하는 것과 동시에, 전인적 교양을 담지할 수 없거나 할 수 없는 상황에 있는 노동계급 등을 무질서 또는 비시민(非市民)으로 간주, 배제하는 효과를 발휘한다.

그러나 생각해 보면, '교양'을 통한 전인적 인간형성의 문제를 실로 교육의 영역에서 일반화시킨 것은 독일이었다. 특히 19세기 초 프랑스와의 나폴레옹 전쟁에서 패배한 독일의 프리드리히 황제는 패전 이후 영방국가로 분열된 독일의 민족적 통일을 촉구하는 한편, 영국과 프랑스의 근대화에 뒤진 독일적 상황을 극복하기 위한 정신적 문예부흥의 노선을 추구한다. 이 변화의 일환으로 설립된 것이 훔볼트 베를린대학(1810)인데, 내무부 산하의 국장이었던 훔볼트는 이 대학의 초대총장으로 부임하면서, 종래의 직업교육의 유용성을 앞세우는 교육사상을 배제하고 보편적인 인간교양을 교육이념으로 강조했다.[8]

이 독일적 교양(bildung)의 이념은 전인적 인격의 형성을 의미하면서, 학문과 교양의 일치, 학문을 통한 교양의 형성을 추구했으며, 무엇보다도 '학문의 자유'를 강조했고 자유인의 이념을 강조했다. 그러나 이 독일적 교양인의 이념은 세속정치와 학문의 엄격한 '분리'를 전제로 했다는 점에서, 가령 시민의 정치참여나 민주주의에 대한 개입의 문제를

7 존 스토리, 박모 역, 『문화연구와 문화이론』(서울 : 현실문화연구, 1994).

8 이광주, 『교양의 탄생』.

주변화하거나 원초적으로 배제하는 한계를 보여준다. 이것은 이후 독일이 파시즘적 체제로 전환하는 데 있어 독일의 지식인과 시민이 무력하게 이것에 조응했던 것의 원인이 되기도 했다.

동아시아에서 이러한 독일 교양주의를 수용하면서 내셔널리즘을 구축했던 국가는 일본이었다. 메이지 유신 이후 일본은 근대적 국가체제를 정비하는데, 가령 제국대학의 설립 이전에 대학의 기능을 담당했던 구제(舊制) 고등학교에서의 교양교육은 이러한 독일식 교양주의를 모델로 하고 있는 것이었다.[9] 이때 교양이란 '인격의 완성'을 의미했는데, 이를 통해 강조된 것은 국가에 대한 헌신과 책임이라는 덕목이었다. 물론 국가의 운영원리가 정의롭고 평등하다면, 이러한 가치의 추구가 문제될 것은 없지만 이후 일본사가 보여준 것처럼 국가가 파시즘적 압제를 자행하는 상황에서 이러한 가치의 일방적 내면화는 매우 위험한 것이다.

실제로 독일과 일본, 영국에서의 교양주의는 지도층의 국가에 대한 책임을 강조하기는 했지만, 그것이 시민적 자유와 평등, 그리고 박애의 가치로 폭넓게 확산되고 심화되지는 못했고, 많은 경우 새로운 신분제적 질서와 입신출세주의로 표상되는 엘리트주의를 정당화하는 기제로서 작동했다는 점은 부정할 수 없는 사실이었다.

미국과 프랑스에서의 시민교육 역시 대체로는 이러한 교양주의와 엘리트주의의 속성을 벗어날 수 없었던 것이 19세기 시민교육의 한계였다. 이 시기에 강조된 시민참여와 시민적 덕성의 내용물들은 실제로는

---

9 筒井清忠,『日本型「教養」の運命』.

각각의 국민국가들이 처해 있는 국가적 팽창과 위기에 대응하는 사회적 지배계층의 가치와 이념을 반영하는 것이었고, 보통교육이 체계화되지 않은 상황에서 시민적 가치를 전 국민에게 교육한다는 것은 현실적으로 어려운 일이었으며, 각 국가의 민주주의의 발전 정도가 상이했던 만큼 오늘과 같은 보편적인 시민교육의 모델을 찾는 일 역시 어려운 것이었다.

반면, 20세기 전반기의 세계사는 인류사의 전개과정 속에서 가장 비극적인 전쟁과 혁명의 시대로 평가될 수 있다. 이 시기에 이르러 19세기의 제국주의적 국제질서는 미국과 소련으로 상징되는 자유민주주의와 사회주의 간의 체제대결이 격화되며, 양차세계대전의 비극을 겪는가 하면 독일·이탈리아·일본의 파시즘과 군국주의의 전면화를 체험한다.

이런 역사적 추이를 상기해 볼 때, 이 시기에 시민교육을 논의한다는 것은 어떤 형용모순의 감정을 갖게 하기도 하지만, 동시에 이 시기는 개별 국민국가들이 보통교육을 실시하는 한편, 국가체제 내부에서도 시민의 정치참여와 주권에 대한 논의를 교육과 연계해 논의한 중요한 시도가 진척된 시기라는 점은 부정하기 어렵다. 20세기 전반기 후발 민족국가들을 검토해 보면, 시민교육의 이념과는 상이한 경로로 역사가 전개된다.

가령 앞에서 논의한 것처럼 일찍이 빌둥(bildung)의 개념에 입각한 인격의 완성과 학문에의 헌신을 강조한 독일 교양주의의 변질과 시민적 가치의 부정이 그러한 사례에 해당한다. 독일은 19세기를 거치면서 분열되었던 영방국가들을 통합하여 프로이센 제국이 성립된다. 그러나 이렇게 통일민족국가를 형성한 독일은 이후 제1차 세계대전을 일으키게 되며, 이 과정에서 독일의 대학은 독일민족주의를 호소하는 '애국주의'와 '황제숭배'에 속수무책으로 협력한다. 전쟁의 정치학 앞에서 인격완성의 교양이념은 그 능동성을 상실하게 되고, 도리어 파시즘이 횡행하게 되는 것이다.

왜 이런 결과가 나타난 것일까. 아마도 이는 독일의 교양주의가 인격의 완성과 직업적 소명이라는 헌신의 가치를 내면화하는 데 집중했으면서도, 학문과 현실을 극단적으로 분리시키는 '상아탑주의'에 매몰되어 있었기 때문일 것이다. 동시에 독일인들은 개인의 자유와 평등이라는 문제를 교육과정에서 체계적으로 학습하지 못했으며, 국가로부터 자율적인 시민사회를 구성하지 못했다. 독일 철학의 기저음인 사회 유기체주의와 낭만주의적 편향이 결과적으로는 파시즘적 체제를 정당화하고 이에 순응하는 독일지식인들의 한계를 낳은 것이다.

세계1차 대전의 패전 이후 성립된 바이마르 공화국의 정치적 허약성과 사회적 혼란, 히틀러의 제3제국의 성립 이후 나치즘의 팽배 앞에서 독일의 대학과 교육은 완벽한 이데올로기적 국가장치로 변질되었다. 다음의 인용문을 참고해 보는 것도 좋을 것이다.

> 독일 대학교수의 대다수는 수많은 애국적인 동료들의 견해에 찬동하는 것을 의무로 여겼다. 그들은 강연이나 축제일의 연설에서 맹목적인 내셔널리즘의 정신을 구체화하고 국방군과 대독일의 사명에 대한 신앙고백, 신분제 국가와 영웅적 지도자상을 설교하였으며, 무미건조한 대중심과 민주적 평등주의에 대한 경멸을 가

르쳤다. 그럼으로써 그들은 비스마르크 시대의 대학에서 이미 전개되어 1차 대전 중에 정립된 사회정치적 공리(功利)의 유사만을 추구하였던 것이다.[10]

독일에서의 교양교육이 국민주의와 황제숭배, 이후에는 지도자숭배로 전환되었던 것과 마찬가지로, 일본의 교양주의 역시 20세기 전반기를 관통하면서 '공민교육'에서 더 나아가 '신민교육'으로 전락했다. 일본의 근대사는 실로 전쟁을 통한 내셔널리즘의 확대의 역사인데, 청일전쟁과 러일전쟁, 만주사변과 중일전쟁, 그리고 기어이는 태평양전쟁을 관통하면서, 사실상 시민이 부재한 신민됨을 훈육하도 내면화시키는 '황민화교육' 체제를 격화시킨다.

실상 일본의 교육이념을 명시한 메이지기의 교육칙어(1890)는 천황에 대한 국민의 충효가 '국체의 정화'이자 '교육의 근원'임을 밝히고 있다는 점에서, 시민주권과 민주주의와 애초에 양립할 수 없는 것이며, 일본의 제국주의-파시즘으로의 전화는 이처럼 교육영역에서의 민주주의와 시민적 가치의 부정에 있었음을 우리는 다시금 확인할 수 있는 것이다.[11]

일본에서의 교양의 이념은 독일제국대학의 영향을 강하게 받았고, 따라서 지식인과 학생들에게 교양은 인격의 완성과 같은 일종의 수신(修身)의 가치로 인식되었다. 동시에 교육은 메이지 유신을 통해 신분제

10 H. P. 블로이엘, 이광주 역, 『지성의 몰락』(파주 : 한길사, 1980), 212.

11 宮田光雄, 『現代日本の民主主義』(동경 : 岩波書店, 1969).

와 전통적인 질서가 사라져 아노미 상태에 빠진 일본인들에게 일종의 '입신출세주의'를 가능케 하는 통로로 인식되었다.[12] 입헌주의적인 국가가 형성되긴 하였으나, 도리어 이 시기에 있어서 근황주의는 강화되었고, 특히 1930년대를 거치면서 일종의 전시이념으로 강요된 황민화교육은 충군애국의 이념을 강조하였던 것이다.

넓은 범주에서 일본의 사회교육은 '공민(公民) 교육'으로 불렸는데, 이 교육을 통해서 학생들은 만세일계로 이어진 천황의 절대성과 신적 권위, 개인도 아니고 시민도 아닌 공민 또는 신민으로서의 진충보국(盡忠報國)의 이념을 내면화했다. 독일과 마찬가지로 시민의 정치참여는 제한되어 있었다. 인신(人神)인 천황 일극의 지배구조가 전쟁말기까지 지속되었고 제국 일본의 유기체적 전체성을 강조하거나, 비합리적인 일본인의 풍토성을 강조하는 사상 등이 20세기 전반부의 일본 정신사를 지배했으므로, 시민계층이 출현이 봉쇄되었던 것이다.

어찌 보면 20세기 전반기의 미국에서 체계적으로 구상된 시민의식의 강조는 이러한 후발 제국주의 국가의 파시즘의 대두와 함께, 1917년 러시아 혁명 이후 등장한 사회주의 체제에 대한 강력한 대항적 이데올로기 및 체제경쟁의 한 근거로 작동되었음도 부정하기 어렵다. 당시 미국의 지식인들은 파시즘과 사회주의가 공히 전체주의 체제의 공통성을 내포하고 있으며, 특히 개인의 자유와 정치참여의 통로를 봉쇄하고 있다고 역설했던 바, 미국인들에게 자유민주주의의 가치를 교육과정을 통해 내면화하는 시민교육의 중요성은 이런 측면에서도 매우

12 筒井清忠, 『日本型「教養」の運命』.

중요하게 강조될 수밖에 없었던 역사적 배경이 있었던 것이다.

3. 민주주의와 시민교육

20세기의 시민교육과 관련해서 역시 가장 중요한 것은 민주주의와 시민교육의 문제를 어떻게 유기적으로 사유할 수 있는가의 문제일 것이다. 이런 관점에 설 경우 역시 프랑스의 지식인 토크빌이 매우 경이로운 관점에서 고찰했던 미국의 사례가 중심이 될 수밖에 없다. 미국이라는 국가의 성립자체가 그 기원부터 구시대의 신분제 체제를 거부하고 인민주권에 기반한 민주주의 정치질서를 근간으로 했기 때문에, 시민교육과 관련한 문제의식 역시 미국에서 깊이 있게 논의되었기 때문이다.

미국의 시민교육을 검토한다고 할 때, 우리는 자연스럽게 존 듀이(John Dewey)를 떠올리게 된다. 실로 미국의 시민교육을 체계적으로 정초한 것은 존 듀이라고 할 수 있는데, 이는 그의 프래그머티즘적 시민교육의 가치와 목표를 역설한 『민주주의와 교육』에서의 교육철학이 이후 미국의 통합적 사회과교육(social studies)의 핵심적 근거가 되었기 때문이다. 존 듀이는 학교가 한 사회를 변화시키는데 앞장서기 위해서는 교육이 과거처럼 '인격의 완성'이라는 추상적 가치에 집중하기보다는 실재하는 사회의 부정을 개혁하는 데 앞장서야 한다고 주장했다. 이를 위해서는 교육을 통한 능동적인 시민계층의 양성이 중요한 의제로 등장하게 되는데, 실제로 미국의 교육계는 20세기 전반기를 관통하여 이러한 교육철학을 반영하는 데 힘썼다. 특히 존 듀이는 이러한 교육철학을 현실화시키기 위해 중등교육에서 사회과 교과를 창설하는 데 앞장섰으며, 이 교과를 통해 학생들은 정치, 경제, 사회와 관련된 현실적인 쟁점들과 개념들을 학습하고, 실질적인 사회복지의 증진에 효과적으로 참여할 것을 요구했다.[13] 특히 존 듀이는 "행동하면서 배운다"는 모토를 통해 시민들의 직접적인 사회참여나 현장활동을 학교현장에서 진행시킬 것을 요구했는데, 이것은 이후 미국에서의 자원적 사회봉사활동(service learning)의 기초가 된다.

듀이의 시민교육에 대한 관점에서 특징적인 것은 민주주의를 공동체에의 참여와 활동에서 찾고 있다는 것이다. 능동적인 시민들의 협력과 참여를 강조하는 이러한 시각은 궁극적으로는 공동체의 구성원으로서의 계층적 차이와 무관하게 공동의 협력을 요구하고 자유인으로서 활동할 것을 요구하는 것이다. 이와 함께 존 듀이는 기존의 교양교육이 인격의 완성이라는 추상적 관점에만 시종해 온 결과 변동하는 사회현실과 실질적인 교섭을 이루어내지 못했다고 비판한다. 이것은 현실적으로 미국사회 안에서 유한계층과 노동계층의 분리에 기반한 교육이 진행되어 온 결과, 미국의 민주주의가 만인의 민주주의로 확산되지 못했다는 문제의식에 기인한 진술이다.

이런 문제의식 아래서 듀이가 강조하는 것은 인격의 완성을 강조하는 교양주의와 유용성에 가치를 두는 실용적 관심을 융합해야 한다

---

13 전득주, 「미국의 시민교육 : 그 현황, 배경, 문제점」.

는 사실이다. 듀이의 사고에서 볼 때, 이론과 실용은 유기적 관계를 맺어야 하며 교육과 사회적 실천활동은 동시적으로 진행되어야 하는 것이다. 듀이의 이런 주장에서 우리가 확인할 수 있는 것은 계층의 구분이 사라진 민주사회에서 교육은 실질적 문제해결 능력을 고양시키는 데 기여해야 한다는 현실개입적 시각이다.[14]

이러한 존 듀이의 시민교육의 이념은 20세기 전반기로부터 오늘날에 이르기까지 미국의 시민교육의 핵심적인 전제로 작동되어 왔다. 한편에서는 한 개인을 민주주의에 참여하는 정치적 주체로 양성하면서도, 공동체의 시민으로서의 덕성을 동시에 성숙시키고, 이를 통해 계층적 차이와 무관하게 시민적 협력과 공동체적 가치를 수행하는 실천하는 시민의 창조라는 목표는 매우 예리한 시민교육의 문제의식이 아닐 수 없는 것이다.

시민교육의 역사라는 관점에서 보면 제2차 세계대전의 종전은 패전국에서 종래의 파시즘 체제를 청산하고 '전후 민주주의 체제'가 형성되던 시점이었다. 독일의 정치교육(politische bildung)이 2차 대전에서의 패전 이후 나치와의 단절과 민주주의의 재건을 위해 연합국의 정책에 의해 도입된 것이나,[15] 역시 패전국인 일본의 시민교육이 점령당국의 문화정책에 의한 것이기는 하나, 민주주의와 평화주의에 입각한 공민

---

14 차미란, 「민주주의와 교육 : 듀이의 교육이론과 그 대안」, 『도덕교육연구』 제22호 (2011).

15 신형식, 『한국시민사회와 민주시민교육의 제도화 방안』, 경기대학교 박사논문 (2010).

교육과 사회교육의 형태로 나타난 것에서 이를 확인할 수 있다.[16]

패전국인 독일과 일본에서의 시민교육의 강조는 궁극적으로는 강력한 민주주의 체제만이 과거와 같은 국가주의-파시즘의 재발을 막을 수 있다는 가정에 기초하며, 따라서 신민이나 공민으로서의 집단적 주체성을 개인의 자유, 평등, 박애, 정의 등의 가치로 전환시키는 것을 주된 목표로 삼았다.

그러나 이런 사실과 함께 더 중요하게 간주되었던 것은 과거의 불행을 반복하지 않기 위한 '기억투쟁'의 문제가 강조되었다는 것이다. 책임 있는 시민으로 존재한다는 것은 불행했던 과거사를 망강하지 않는 데 있고, 이러한 정치적·역사적 성찰을 기초로 새로운 민주주의적 정치질서와 가치를 내면화하면서 민주사회의 참여적 개인으로 전환된다는 것을 의미한다. 이런 관점에서 패전 이후 독일과 일본에서 새롭게 모색된 시민교육의 모델은 참고할 만하다.

패전 이후의 독일은 연합국에 의해 서독과 동독으로 분단되었다. 서독 지역을 점령했던 미군정 당국은 종전 이후 독일에 무엇보다 시급한 것은 민주주의의 이념과 가치를 정착시키는 것이라고 보고 독일판 시민교육이라 할 수 있는 정치교육을 도입한다. 독일 정치교육은 민주적인 시민을 육성하고 자유 민주주의의 원리에 따라 국민 개개인의 자유로운 정치참여를 보장하고자 했다. 과거 권위주의에 무조건 복종했던 한계가 민주주의의 파행을 낳았다는 반성 아래서 청소년으로부터 성인에 이르기까지, 민주적 생활방식과 가치를 체화할 것을 강조했다

16 이종국, 「일본의 정치문화와 민주시민교육」, 『민주교육논총』 제2호 (1996).

(신형식 1998).

독일의 정치교육은 학교와 비(非) 학교 기관이 분담하고 있는데, 비학교 기구의 시민교육 가운데 특히 연방 정치교육원이 중요한 역할을 하고 있다. 패전 이후에 설립된 이 기관은 민주주의의 가치를 독일인들이 체화하고, 이를 통해 민주주의를 지속시킬 수 있는 시민들의 창의력과 새로운 미래에 능동적으로 대처하기 위한 시민을 기르는 것을 목표로 하고 있다.

독일의 정치교육에서 특징적인 것은 정치교육이 평생교육의 이념으로 제시되고 있다는 사실이다. 학교교육과 사회교육을 통해서 독일인들은 민주주의와 시민적 가치의 중요성을 강도 높게 학습한다. 특히 불행했던 과거사에 대한 '기억투쟁'의 가치가 강조되는 것은 특징적이다. 이는 2차 대전을 통해 독일의 연약한 민주주의가 어떻게 세계사적 비극을 산출했는가를 망각하지 않기 위해서일 것이다.

그러나 바람직한 정치교육을 진행하기 위해서는 이것의 가치와 목표에 대한 세밀한 설계가 필요하다. 독일 정치교육은 바로 이러한 문제에 착안해 1976년 이른바 보이스텔스바흐 협약을 공표했는데, 이후 이것이 독일에서의 정치교육의 원칙으로 자리잡게 된다. 이 협약은 크게 세 가지 대원칙으로 구성되어 있는데, ① 강제교화 금지의 원칙, ② 논쟁성의 재현, ③ 이해관계의 정치적 연관 설정 능력 제고가 그것이다.

강제교화 금지의 원칙은 정치적 판단과 관련한 문제에 대해 교수자가 자신의 입장을 강제하는 것을 금지하는 것이고, 논쟁성의 재현이란 사회적 쟁점과 관련된 상이한 입장을 교실에서 적극적으로 개진하는 것을 가능케 해야 한다는 것이다. 이해관계의 정치적 연관 설정능력이란 논쟁적인 쟁점을 자신의 삶의 경험에 비추어 판단하고, 이것을 설득할 만한 논거를 제시한 후 적극적으로 자신의 당파적 입장을 개진할 수 있어야 한다는 것이다.

독일에서의 전후 정치교육의 설계와 유사하게, 역시 패전국인 일본에서도 미군정에 의해 민주주의의 가치를 내면화하기 위한 사회교육이 설계되었다. 제국주의기 일본의 시민교육은 앞에서 언급한 것처럼 공민교육 또는 신민교육의 성격을 띤 것으로, 개인의 주체성과 자발성을 배제하고, 유기체적 국가에 대한 충성을 강요한 것이었다. 이에 종전 이후 미군정은 평화헌법과 구 일본제국 헌법 대신 평화헌법을 제정하고, 권위주의적인 천황의 교육칙어를 폐지하고 교육기본법을 제정하여 개인의 존엄성과 교육받을 권리를 강조했다.

전후 일본의 시민교육에 강력한 영향을 미친 것은 존 듀이의 교육철학이었다. 특히 점령군에서 일본의 사회교육 정책을 담당했던 넬슨(J. M. Nelson)은 사회교육의 궁극적인 목적이 민주화에 있다고 생각했다. 그는 "민주주의라는 것은 의사결정에 대한 평등한 참여와 그러한 의사결정에 수반되는 의무 또는 책임을 의미한다"고 주장했으며, 이를 위해 민주주의적 방법과 기술을 습득하는 것이야말로 교육의 중요한 역할이라고 주장했다.[17]

일본의 시민교육은 학교교육에서 사회과를 중심으로 민주주의의 가치를 교육하는 것과 함께, 공민관·박물관·도서관을 사회교육기관으로 법제화함으로써, 민주주의적 참여의 가치를 학교와 비학교 공간에서 공히 체화할 것을 강조했다. 이것은 민주주의가 성장기의 학교 공간뿐만이 아니라, 시민들의 삶의 현장에서의 '생활실천'을 통해 체화될 수 있다는 관점에 기인한다.

그러나 일본의 시민교육은 1950년대를 거치면서 점차 수정되어, 패전 이전의 교육처럼 자국사나 애국심을 강조하는 것으로 나아가는 한편, 1960년대 고도성장기와 안보투쟁을 거치면서 권위주의적 교육철학으로 회귀하게 된다. 즉 일본의 특수한 의회정치, 일극적 정치구조, 법치주의 등을 합리화하는 방향으로 교육목표가 수정되게 되는 것이다. 동시에 1990년대를 거치면서 기존의 사회교육을 평생교육에 통합시켜, 인력과 재정지원을 축소하고 시민참여와 민주주의의 '생활실천'의 제약을 초래했다.

독일과 일본 등에 시민교육을 정책화한 미국의 경우 20세기 후반기에 시민교육과 관련한 다양한 난제에 봉착해야 했다. 특히 1960년대의 베트남전 파병과 학생운동, 흑인민권 운동과 같은 격렬한 사회변화는 학교에서 교육하는 시민교육의 가치와 방법에 대한 다양한 생각을 낳게 했다. 우선적으로 제기된 의문은 미국의 시민교육이 도덕교육과 애국심교육에 치중되어 있어 사회변화와 사회결속의 현실적인 기능을 못하고 있다는 반론이다. 이러한 문제의식의 연장선상에서 기존의 시민교육이 사회갈등을 오직 기술적으로 해결하는 데 치중하는 나머지 사회문제의 정치적·역사적·규범적 특성을 등한시하고 있는 것이 아닌가 하는 의문도 제기되었다.[18]

이러한 문제제기는 1960년대를 경과하면서 미국의 민주주의가 일종

17 신카이 히테유키, 「제2차 세계대전 이후의 사회교육 전개」, 小林文人·伊藤長和·양병찬 공편, 『일본의 사회교육·평생학습』(서울: 학지사, 2011).

의 정당성의 위기를 경험하고, 미국사회가 다문화사회로 이행하는 한편 세계화에 따른 새로운 의제와 문제해결을 요구하는 쟁점들이 출현하게 되었기 때문이다. 따라서 종래와 같이 미국의 입헌주의와 시민의 도덕성만을 집중적으로 강조하는 국민적 시민교육의 한계를 극복하고 인권과 세계화의 진전에 따라 변화된 현실을 반영할 수 있는 지구적 시민성에 대한 교육전환이 필요하다는 시각이 나타났다.

미국에서 제기된 이러한 시민교육의 변화에 대한 요청은 미국뿐만 아니라, 유럽의 국가들에서도 민주주의와 시민성에 대한 교육의 체계적인 설계에 대한 필요성을 낳았다. 20세기 후반기를 경과하면서 지구화는 거스를 수 없는 문명적 상황이 되었으며, 이 과정에서 일국적 관점에서 해결할 수 없는 다양한 갈등과 쟁점들이 파생되었기 때문이다. 20세기 말에 이르러 영국과 유럽을 포함한 다양한 국가들이 시민교육과 관련한 각종의 교육과정을 혁신하고 새로운 교육철학을 모색하게 된 것은 이러한 시대의 변화에 기인한다.

4. 지구화와 세계시민교육

세계사적으로 보면 1990년대를 거치면서 미국과 소련 간의 냉전이 종식되었다. 하지만 이러한 세계사적 체제 개편은 또 다른 문제를 야

18 전득주, 「미국의 시민교육 : 그 현황, 배경, 문제점」.

기했다. 이전의 냉전체제가 종식하는 것과 시기를 같이하여, 이른바 '문명 간의 충돌'이라는 문제의식이 대두되었다. 이제 구시대적 이데올로기 대결은 사라졌지만, 이전에 비해 보다 전통적이고 종교적인 문화와 가치를 둘러싼 대립이 나타나기 시작했다.

동시에 1990년대를 거치면서 세계는 글로벌화에 따른 이민의 증대와 문화적 갈등이 그 어느 때보다도 중요한 문제가 되기 시작했다. 특히 신자유주의 경제체제로의 전환은 구미와 아시아를 가릴 것 없이, 노동의 불안정성을 둘러싼 다양한 경제적 모순을 낳았으며, 개별 국가에서 민주주의의 안정성과 지속가능성을 둘러싼 새로운 문제들을 낳았다. 정치적 민주주의와 자본주의의 문제와 더불어, 시민교육에서 문화적 공존과 다문화주의의 문제설정이 두드러졌고, 근대적 시민성을 넘어 글로벌 시민성을 모색해야 한다는 주장이 여러 국가의 교육당국에서 동시다발적으로 제기되었다.

영국에서는 2002년부터 중등교육 과정에 시민성(citizenship)과 PSHE(Pesonal, Social, and Health Education) 교과가 도입되었다. 시민성 교과는 민주주의 사회의 구성원으로서 시민이 갖아야 할 역할과 책임을 교육하는 것을 교과목표로 설정하고 있다. 이 교과는 시민이 갖추어야 할 지식, 기능, 이해의 문제와 함께 공동체의 문제를 해결하기 위한 토론, 조사, 현장활동을 통해 '실천적 시민성'을 육성하는데 중점을 두고 있다.

영국의 시민교육은 역사적 단계에 따라, ① 바람직한 기독교적 시민, ② 바람직한 국가적 시민, ③ 바람직한 세계적 시민, ④ 바람직한 환경적 시민 등의 개념으로 변화해 왔는데, 21세기에 들어 평화, 다문화,

인권, 환경교육이 시민교육에 있어 중요한 의제로 집중적인 교육의 내용이 되고 있는 점이 특징적이다.[19] 특히 국가정체성 중심에서 글로벌 시민성으로 교육의 목표를 전환하는 것이 눈에 띈다.

프랑스의 시민교육은 대체로 평등성과 공공성을 중심으로 하는 방향에서 전개되어 왔다. 시민교육의 초장기에는 공화국의 이념과 자유, 평등, 박애 등의 가치를 실현할 수 있는 자유로운 시민의 육성에 관심을 두고 이를 초중등교육에서 진행해왔다. 프랑스의 시민교육의 이념은 "공화국은 전체의 이익을 생각하는 자유롭고 책임 있는 사람들"을 육성한다는 이념 아래, 책임 있는 사회적 행동, 정치와 행정의 제도, 세계 속에서의 프랑스의 위치를 이해할 수 있는 내용으로 구성되어 왔다. 이를 위해 시민교육에서는 인간은 혼자 살 수 없으며 역사적 존재라는 것, 권리와 동시에 의무를 가지며, 정직·용기·인종차별의 거절·조국애를 길러야 한다는 점이 강조되었다.[20]

프랑스에서 1999년에 개설된 고교 시민교과의 목표는 역시 위의 내용과 별반 다르지 않다. "시민으로서의 삶에 필요한 지식과 기능을 습득하여 자유롭고 자율적이며, 지역사회에서 활동적으로 참여할 수 있는 시민 또한 비판정신을 행사할 수 있는 시민을 기르는 것, 그리고 타자를 존중하고, 공생을 위한 시민도덕을 습득하는 것"이라는 진술이

19 조철기, 「영국 국가교육과정에서의 시민성 교과의 출현과 지리교육의 동향」, 『한국지역지리학회지』 제12권 13호 (2006).

20 송용구, 「프랑스의 학교 시민교육에 관한 연구」, 『시민교육연구』 제42권 2호 (2010).

그러하다.[21]

21세기에 들어서 나타난 한 가지 변화라면, 프랑스의 시민교육이 일국 시민성을 넘어서 EU(유럽연합) 구성원으로서의 시민적 가치에 대한 논의를 강조하고 있다는 점이며, 사회적 갈등과 불평등을 해결하기 위한 학생들의 비판적 사고와 실천의 중요성을 교과의 중요한 목표로 제시하고 있다는 점이다. 이것은 프랑스의 다문화적 환경을 고려하는 것과 동시에 유럽의 통합과 글로벌화의 과정에서 노출될 수 있는 새로운 쟁점에 대한 이해와 인식, 문제해결능력을 학생들에게 요구하는 것으로 해석될 수 있다. 이러한 사실과 함께 프랑스의 경우 시민교육을 특정한 교과에서 다루기보다는 사회과에 해당하는 다양한 교과에서 학제적으로, 중층적으로 조망하고 있다는 점이 눈에 띈다. 오늘날 우리들이 살고 있는 시민적 세계는 정치, 경제, 사회, 법의 모든 카테고리에서의 능동적인 참여를 요구하고 있기 때문일 것이다.

영국과 프랑스의 사례를 들었지만, EU 전체의 차원에서도 시민교육의 중요성을 인식하고 있다. 가령 유럽정부간 협력기구인 유럽평의회(Status of The Council of Europe)는 시민권을 존중하는 정치체제로서 민주주의를 실현하는 것을 유럽연합의 원칙으로 보고 다음과 같은 세 가지 목표를 천명했다.

첫째, 인권, 다원주의, 법치의 가치를 수호한다. 둘째, 유럽문화의 정체성과 다양성에 관한 인식을 제고한다. 셋째, 유럽사회를 위협하는 사안(인종차별, 외국인 혐오, 테러)에 공동 대응하고 정치, 입법, 헌법개혁을

21 송용구, 「프랑스의 학교 시민교육에 관한 연구」.

지원해 유럽대륙의 민주주의 체제를 공고화한다. 이 중 마지막 목표는 유럽평의회가 민주주의 국제협력을 지지하는 발판으로 기능했다.[22]

이러한 목표를 실현하기 위해 유럽평의회는 1997년에서 2000년까지 3년간 '민주적 시민성을 위한 교육' 프로젝트를 출범시켰고 그 결과물인 『민주시민교육 프로젝트 : 유럽평의회 EDC 보고서』를 2000년 9월에 발표하게 되는데, 여기에는 민주시민교육의 글로벌 트렌드의 핵심내용이 잘 담겨있다고 판단된다. 이에 대해 논의하고 있는 한 연구자의 논점을 간략하게 발췌 요약하면 다음과 같다.[23]

(1) 시장의 한계 : 과거에는 시장만큼 효율적이고 유연하게 사회조직을 조정할 수 있는 제도는 없었다. 그러나 시장은 만병통치약이 아니며 경쟁력과 효율성의 극대화에 내몰린 시장은 스스로의 한계를 드러낸다. 실업과 고용불안, 사회적 응집성의 저하 등이 시장이 초래하는 문제점이다. 따라서 시장의 한계를 극복할 수 있는 대안적 가치를 탐색해야 한다.

(2) 지구화 : 지구화 추세는 민주주의적 시민권에 지대한 영향을 끼친다.

① 가치융합 : 탈공산주의 이행과 탈근대적 조건은 현대 시민들을 모종의 공통된 가치체계로 경사하게 만든다. 가령 집단적 가치보다는 개인적 가치의 우세, 물질주의적 가치로부터 탈물질주의적 가치로의 이행이 그러하다.

---

22 신형식, 「한국시민사회와 민주시민교육의 제도화 방안」, 127.

23 신형식, 「한국시민사회와 민주시민교육의 제도화 방안」, 129-142.

② 문화적 혼성화 : 지구화는 "문화적 동질화"의 정반대이다. 기존의 지역적 관습들이 상호작용과 상호교류를 통해 새로운 정체성과 관습을 요구하게 된다.

③ 세계시민권 : 특정 영토에 결부된 시민권 관념이 점차 약화되고 탈국가적 시민권이나 탈근대적 시민권으로 요약할 수 있는 세계시민권에 대한 요구가 등장한다.

④ 민주주의의 전망 : 세계적이고 범유럽적인 시야에서 민주시민교육을 전개해야 한다. 이를 위해서는 다음과 같은 9가지 범주에서의 민주주의의 모순을 통찰하고 사유하게 만들어야 한다. 그것을 제시하면 다음과 같다. 포용 대 배제, 시장 대 국가, 복지증진 대 빈곤증가, 연결망 대 자아, 보편성 대 지역성, 생산성 대 환경, 현대성 대 탈현대성, 국가시민권 내 세계시민권, 위로부터의 지구화 대 아래로부터의 지구화 등이 그것이다.

⑤ 학습사회 : 미래사회는 노동사회에서 학습사회로 이행해 갈 것이다. 그리하여 사회가 하나의 거대한 학습공동체가 되고, 공통의 시민적·도덕적 가치로 결집될 것이다. 미래사회에서는 교육능력의 축적이 경제발전의 자본이 될 것이다.

위의 논의에서도 알 수 있듯, 21세기 들어 개별 국가들에서의 시민교육에 대한 관심과 대응은 매우 높아지고 있다. 이들 시민교육을 시행하는 국가들에서 특징적인 것은 초중등 교육 단계부터 시민의 권리와 책임, 자유와 평등, 공존과 인권, 환경과 관용의 문제를 체계적인 교육이념으로 설계하고, 이것을 단지 학습의 수준에서가 아니라 실천적인 활동과 결합시키려 노력하고 있다는 것이다. 이러한 기초 아래서 고등교육과 평생교육으로 연장되는 시민교육은 결국 한 국가의 구성원이자 세계시민으로서 어떻게 자유를 실현하면서 동시에 공존의 윤리를 만들어 나갈 수 있는가라는 중요한 과제를 우리에게 던져주고 있다.

지금까지의 검토에서 알 수 있는 것처럼 시민교육의 역사는 동서양을 막론하고 상승계층이었던 자유 시민계급이 민주주의의 진전과 자본주의의 발전과정에서 주권의 주체로서의 권리와 책임을 확대하고 강화해 온 역사이며, 이 과정에서 시민 범주가 인민 전체로 확산되어 온 역사이다. 물론 시민 범주가 인민 전체로 확대된 데에는 천부인권과 만민평등의 관념이 보편화하고, 시민들의 정치참여와 시장에서의 활동의 자유를 보장하는 근대적 정치철학이 교육을 통해 보편적으로 제시되고 내면화된 데서 나타난 결과이다. 동시에 우리는 시민들이 자유인으로서의 권리와 책임을 자각하지 못할 때, 정치적 주체로서 정부에 참여하고 감시할 의무를 방기할 때, 반대로 정부가 시민들의 권리를 축소하고 책임과 의무만을 위로부터 강제할 때, 극단적인 내셔널리즘과 파시즘으로 전락할 수 있다는 점을 끝없이 상기해야 한다. 무엇보다 시민교육은 민주주의가 형성되고 발전하는 과정에서 시민들이 직면했던 영광의 기억은 물론이고 어두운 상처까지를 성찰적으로 음미하는 기억투쟁의 문제를 망각해서는 안 된다.

참고문헌

블로이엘, H. P. 이광주 역. 1980.『지성의 몰락』. 파주 : 한길사.

송용구. 2010.「프랑스의 학교 시민교육에 관한 연구」.『시민교육연구』 제42권 2호.

스토리, 존. 박모 역, 1994,『문화연구와 문화이론』. 서울 : 현실문화연구.

신카이, 히테유키. 2011.「제2차 세계대전 이후의 사회교육 전개」. 小林文人·伊藤長和·양병찬 공편.『일본의 사회교육·평생학습』. 서울 : 학지사.

신형식. 2010.『한국시민사회와 민주시민교육의 제도화 방안』. 경기대학교 박사논문.

안성찬. 2009.「전인교육으로서의 인문학 독일 신인문주의의 교양」.『인문논총』 제62집.

이광주. 2009.『교양의 탄생』. 파주 : 한길사.

이종국. 1996.「일본의 정치문화와 민주시민교육」.『민주교육논총』 제2호.

조상식. 2009.「민주시민교육의 이론적 지평」.『교육사상연구』 제23호.

조철기. 2006.「영국 국가교육과정에서의 시민성 교과의 출현과 지리교육의 동향」.『한국지역지리학회지』 제12권 13호.

전득주. 2002.「미국의 시민교육 : 그 현황, 배경, 문제점」.『한국민주시민교육학회보』 제7호.

차미란. 2011.「민주주의와 교육 : 듀이의 교육이론과 그 대안」.『도덕교육연구』 제22호.

宮田光雄. 1969.『現代日本の民主主義』. 동경 : 岩波書店.

筒井淸忠. 2009.『日本型「教養」の運命』. 동경 : 岩波書店.

2장
대학교육의 역사와 전개*

채진원

우리나라 대학교육이 어느새 정체성의 위기를 맞고 있다. 대학이 학문탐구와 진리의 전당 그리고 지성의 공간으로서의 목적기능을 제대로 수행하지 못하고 있다는 지적은 어제 오늘의 일이 아니다. 목적과 결과가 전도되는 효용극대화의 논리가 대학의 대세를 이루고 있다. 취업이 대학교육의 목적으로 둔갑한 나머지 대학의 중요한 목적인 학문탐구와 교육 및 봉사가 뒷전으로 밀려나고 있다. 언제부턴가 대학 캠퍼스에서 공무원 시험과 외국어 강좌가 공개적으로 이뤄지고, 어디에 누가 취업하고 어느 시험에 누가 붙었다는 플래카드가 학교, 학회, 동아리, 동문회 이름으로 내걸리게 되었다. 대학은 점차 취업률 향상에 혈안이 되어 가고 있으며, 학생은 점점 학점관리, 전공보다는 토익성적 올리기에 급급하고 있다.

이러한 현상들은 대학의 기능을 사회적으로 유용한 전문 직업인, 지식인을 양성하는 전문 취업기관의 관점에서 바라보려는 경향이 대세가 되었음을 의미한다. 사실 이러한 대학의 정체성 문제는 현대적 의미의 대학이 처음 생긴 중세부터 시작하여 현재 대학에 이르기까지 존재하는 것으로 그리 새로울 것은 없다. 중세의 볼노냐(Bologna) 대학, 살레르노(Salerno) 대학, 파리(Paris) 대학들, 르네상스시기 옥스퍼드(Oxford)나 캠브리지(Cambridge), 근대의 베를린(Berlin) 대학과 현대의 하버드(Harvard) 대학 등은 대학교육의 방향성과 대학이념을 놓고 치열한 논쟁을 벌여온 것이 사실이며[1], 그런 논쟁 속에서도 진리탐구의 사명을 통한 교육, 연구, 봉사의 역할을 포기하지 않았다.

오늘날 대학교육이 이러한 정체성의 위기를 맞고 있는 배경은 무엇일까? 여러 가지 배경이 있겠지만 크게 보면, 1) 기업과 자본논리에 의한 대학 공공성의 약화, 2) 변화하는 시대상황에 부합하는 대학의 사회적 역할과 규범에 대한 교육철학(이념·사명·책임)의 부재와 약화이다.[2]

---

* 이 원고는 2011년도 정부의(교육과학기술부) 재원으로 한국연구재단의 지원(NRF-2011-322-B00003)을 받아 연구되어 2013년 호남대학교 인문사화과학연구소의 저널인 『인문사회과학연구』 제39집에 게재된 것을 재구성한 것임을 밝힙니다.

1 김철, 「대학의 이념과 21세기의 대학교육」, 『이론과 실천』 제11권 제1호(2006a) ; 김철, 「대학이념의 역사적 변천과정과 21세기 대학이념에 관한 고찰」, 『교육의 이론과 실천』 제11권 제2호(2006b).

2 고부응 중앙대 교수는 '한국 대학의 기업화'는 우리나라 대학들이 미국 대학을 맹목적으로 좇아가면서 나타난 현상임을 짚는다. 전 세계 대부분의 대학이 국、공립 형태로 운영되는 것과 달리 미국 대학은 사립대학 형태로 운영되어 왔

특히, 후자인 대학 교육철학의 부재와 약화는 중앙대 재단의 이사장인 박용성 두산중공업 회장이 대한상공회의소 회장 시절인 2004년 서울대 초청 강연에서 "대학이 전인교육의 장, 학문의 전당이라는 헛소리는 이미 옛 이야기다. 이제는 '직업교육소'라는 점을 인정해야 한다"고 말한 것에서 단적으로 드러난 것처럼, 문제의 심각성을 보여준다.

그렇다면 오늘날 우리 대학교육이 기업과 자본이 요구하는 대로 취업인력 양성소로 전락해야 하는가? 대학교육이 학문탐구와 진리 및 봉사의 전당으로서의 역할을 포기해야 하는가? 전통적으로 대학교육이 중요하게 여겨왔던 건강한 시민육성의 사명은 포기해야 하는가? 이러한 질문에 대해 필자는 '아니오'라고 답하고자 한다. 더 이상 대학 졸업장이 단지 취업을 위한 증명서가 되어서는 안 되며, 전문대학과 일반대학의 교육목표와 역할은 달라야 하기 때문이다. 또한 대학교육이 본연의 역할을 포기하지 않고, 변화된 시대상황에 맞게 활성화될 필요성이 당위적이며, 이상적으로 제시된다면 그 대안적 방향성은 무엇이며, 어떻게 출발해야 하는가?

상술한 문제제기와 질문들에 답하기 위한 목적으로 이 글은 정체성

다. 때문에 재정 확충을 위해 기업의 입맛에 맞는 연구·교육을 제공해 기업의 돈을 끌어들이거나, 아예 스스로 기업이 되어 돈을 버는 길을 택해왔다고 비판하고 있다. 고부응, 「한국 대학의 기업화」, 『역사비평 92호』(서울 : 역사비평사, 2010) ; 김누리, 「시평 : 영혼을 팔아버린 대학 –대학의 기업화와 학문공동체의 위기(2)」, 『안과 밖 : 영미문학연구』 제28권 (2010) ; 안병진, 「21세기 고등교육의 메가트렌드」, 『새로운 명문의 조건』(서울 : 경희대학교 출판부, 2011), 54.

의 위기를 맞고 있는 대학교육의 현실을 비판적으로 살펴보는 가운데, 최근 심화되고 있는 세계화와 이에 따라 새롭게 등장하고 있는 '글로벌 시민성'의 탄생에 주목하여 이러한 흐름에 부합하는 대학교육의 새로운 사명과 역할모델을 찾아보고, 그것이 활성화되기 위한 과제를 모색하는 데 있다. 특히, 오늘날의 대학이 직면한 문제들에 대해 합당하게 대처하기 위해서는 대학의 기원과 역사적 전통으로 돌아가서 성찰하는 즉, 온고지신(溫故知新)의 정신으로 돌아가서 옛것에서 새것을 구하는 자세의 중요성을 강조하고자 한다.[3]

이를 위해 첫째, 우선 대학 본연의 기능과 역할이 무엇인지를 이해하기 위해 대학교육의 이념적 방향성과 정체성을 놓고 중세 대학부터 근대 대학까지 벌여온 논쟁점을 역사적 변천을 개괄적으로 살펴본다. 둘째, 오늘날 현대 대학의 특성을 세계화라는 사회구조적인의 변화요인이 있다는 것에 주목하여 그것이 교육에 주는 영향력 즉, 위기요소와 기회요소를 살펴본다. 특히, 기회요소와 관련하여 새로운 교육패러다임의 필요적 근거로서 세계화가 가져다주는 '글로벌 시민성'의 등장을 중요하게 파악한다. 셋째, 세계화가 창조하는 '글로벌 시민성'에 부응하는 새로운 대학교육의 방향성을 찾아보고 그것의 맹아적 실천사례와 유의미성을 검토한다.

---

3 이석우, 『대학의 역사』(파주 : 한길사, 1998).

1. 중세 대학의 태동

오늘날 현대적 의미로서 대학의 기원을 밝히는 데 있어서 중요한 접근법의 하나는 첫째, 대학이 서양 중세의 산물이라는 것 그리고 둘째, 대학이 위에서부터 아래로 '세워진 것'(making down)이 아니라 아래에서부터 위로 '자라나 형성된 것'(growing up)임을 이해하는 데 있다.[4] 오늘날 대학은 진리, 교육, 연구, 봉사와 같은 규범을 주된 이념으로 표방하면서, 산학협동 같은 사회적 필요에 반응성을 높이는 방향으로 운영되고 있다. 이러한 현대 대학의 기능은 12세기 중세 이후 지금까지 수세기에 걸쳐 연속과 단절을 통해 변화해온 결과이다. 그런 점에서 대학은 고정된 제도가 아니라 시대와 공간적 맥락에 따라 살아 움직이는 유기체로 보는 것이 타당하다.

현대적 의미의 대학은 고대의 아테네에 있었던 아카데미아나 9세기에 샤를마뉴가 세운 카롤링거 궁중학교와 다르게 규모와 제도적인 면에서 중세 대학의 풍토와 토양 속에서 자라고 형성되었다. 현대 대학의 기원은 중세 대학으로 거슬러 올라간다. 중세 대학의 출현은 중세 사회의 변화 즉, 상업과 도시의 발달 그리고 시민의식의 성장과 같은 환경변화와 무관하지 않다. 당시 '방랑하는 지식인들'(wandering scholars)이라 불러진 지식인들은 종교적 권위에 대한 맹목적인 순종과 믿음에서 벗어나 무한한 자유와 삶의 진실에 가까워지기 위해 뜻에 맞는 지

4 이석우, 『대학의 역사』, 33.

식인과 문화를 찾아 지적 자유를 누리고자 하였다.[5] 특히, 십자군전쟁으로 동서문화가 교류되면서 당시 유럽사회보다 선진문화를 선보였던 동방문화는 서구의 지식사회를 자극하게 되면서 12, 13세기에 이르러 도시 발전과 함께 도처에 대학들이 생겨나게 되었다.[6]

중세대학의 기원으로는 11세기에 형성된 것으로 간주되는 이탈리아의 살레르느(Salerno) 대학과 북부 이탈리아 지역의 볼로냐(Bologna) 대학 그리고 프랑스의 파리(Paris) 대학 등이 있으며, 이들 대학에서는 예비과정으로 대개 고대로부터 중시돼온 문법, 수사학, 논리학, 산술, 기하, 음악, 천문학 등의 7개 자유과(seven liberal arts)와 철학 중심의 인문학부와 신학, 법학, 의학을 하는 3개의 전문학부를 두어 총 4개 학부로 운영하였다. 이들 대학의 교육방법은 강의를 통한 필기와 토론식 방법을 사용하였는데, 토론시에는 주로 주제를 제시하고 반론을 진개시켜 결론을 이끌어 내는 형식논리학의 3단 논법을 사용하였다.[7]

이렇듯, 중세대학의 기원으로 간주되는 이들 세 대학들이 운영했던 4개 학부의 강의내용을 볼 때, 이것은 그동안 중세 대학발생과 출현의 동인(動因)을 놓고 학계에서 벌어진 논쟁점에 대해 시사점을 제공한다. 즉 학계는 대학발생의 원인에 대해 대체로 크게 세 가지 의견을 놓고 논쟁해왔다. 첫째는 대학이 순수 학문적 동기보다는 직업훈련(professional vocation)과 직업적 의도라는 실용적 목적에서 시작되었다는 주

5 이광주, 『대학의 역사』(서울 : 살림, 2008), 40.

6 오성삼, 『세계 대학의 이해』(서울 : 건국대학교 출판부, 1999).

7 오성삼, 『세계 대학의 이해』, 13.

장이다. 이 주장은 대표적으로 『13-14세기의 파리대학과 옥스퍼드 대학』을 썼던 레프(G. Leff)에 의해서 주장된다. 둘째는 대학의 기원을 지식과 학문을 사랑하고 추구하는 인간의 진보적 열정에서 설명하려는 주장이다. 이 주장의 대표자는 『중세유럽대학사』의 저자인 래시덜(H. Rashdall)이다. 셋째는 대학출현의 성격을 마르크스주의적 시각에서 체제유지를 위한 계층이익의 대변기구로 설명하려는 시각이다.

즉, 대학에서 학습되었던 지식이 당시 지배자에게 봉사하는 '체제유지의 수단'으로 사용되었다는 주장이다. 이 시각의 대표자는 『중세대학의 기원』을 쓴 그룬투만(H. Grundmann)이다. 앞서 설명된 세 가지 설 모두는 대학의 출현을 어떻게 접근하느냐에 따라 각자 다른 입장에 서 있다. 하지만 분명한 것은 단일 요인만으로는 대학의 발생과 출현을 설명하는데 한계가 많다는 점이다. 따라서 앞에서 강조했던 대학이 위에서부터 '세워진 것'(making down)이 아니라 아래에서부터 '자라나 형성된 것'(growing up)이라는 접근법을 사용할 경우 보다 많은 절충적인 시각의 유의미성을 얻을 수 있다. 대학이라는 제도가 먼저 생기고 인간들이 이것을 따라간 것이 아니라, 사람들이 모여 연구하고 공부하는 과정에서 대학이라는 조직의 필요성을 느껴 그것의 결과물로서 대학이 형성되었다는 것을 강조하고자 한다. 즉, 대학의 발생 원인을 순수 학문적 열정에 두건, 실용성에 두건 시기에 따라 시차를 두고 그 적용의 우선순위를 조정할 필요가 있다.

이러한 견해에서 볼 때, 중세 대학의 초기는 당연히 순수 학문적 열정과 지식탐구에 대한 사랑이 강했고, 점차 제도가 마련되면서 사회가 요구하는 직업적 훈련 등의 실용적 목적도 중시되었다. 중세대학의 발생에 대해 '자라나 형성된 것'(growing up)이라는 접근법이 주는 시사점은, 오늘날 대학이 실용적인 측면이 강조되는 추세 때문에 왕왕 중세대학의 출발을 지나치게 실용적이고 공리적인 측면에서 파악하려고 하는 경향이 존재하는데, 이런 경향에 비추어서 사회구조적 접근과 사회경제적인 측면이 강조되는 것을 경계하고 인간과 제도 그리고 순수학문과 실용을 균형감 있게 볼 필요가 있다.[8]

따라서 중세 대학의 기원은 거의 자연발생적이었다는 것이다. 그 성립형태는 크게 두 가지 방법에 의해 설립되었다는 것을 구별할 필요가 있다. 하나는 밑으로부터 자생적인 수준에서 출발하여 형성된 대학의 경우, 즉 '자라나 형성된 것'(growing up)의 사례로 볼로냐, 파리, 살레르느, 옥스퍼드 대학 그리고 이들로부터 분가해 나간 파도바 대학, 오를레앙 대학, 케임브리지 대학 등의 경우이다. 다른 하나는 위로부터 세워진 대학의 사례 즉, '세워진 것'(making down)으로 관헌이나 교황에 의해 세워진 대학들로 1224년 황제 프리드리히 2세가 세운 나폴리 대학, 1229년 교황 그레고리우스 9세가 세운 툴루즈 대학, 카를 4세에 의해 세워진 프라하 대학 등이다.[9]

상술한 바가 의미하는 것은 초기 중세대학들은 대체로 위로부터 고등교육기관의 직접적인 필요성에 의해서 설립되었던 것이 아니라, 아래로부터 학문적 연구의 필요성과 진리탐구에 대한 열망을 가지고 가르치고 배우는 사람들이 '우니베르지타스'(universitas)라는 일종의 길드

8 이광주, 『대학의 역사』, 54.

9 이광주, 『대학의 역사』, 61.

와 같은 동업조합을 형성해 교회나 국가 또는 도시로부터 공인을 받아 설립되어갔다는 것을 추론할 수 있다.[10] 중세대학이 동업조합의 형태로 출발했다는 것은 그들이 종교와 국가 및 도시의 간섭과 규제로부터 벗어나 나름의 '자율성'과 '학문적 자유'를 누렸다는 것을 의미한다. 따라서 초기의 중세대학들은 대체로 오늘날 대학처럼 취업에 대한 준비기관으로서의 역할을 수행한 것이 아니라 당시의 종교와 지배 권력으로부터 독립해 자유를 추구하는 가운데, 진리의 상아탑으로서 학문탐구의 역할을 담당했던 것으로 이해된다.

오늘날의 대학을 의미하는 유니버시티(university)라는 용어는 '우니베르지타스'(universitas)에서 기원한 것으로서, 우니베르지타스는 학생과 교수들이 중세의 길드(guild, corporation)적 전통을 이어받아 자신들의 공동의 관심사를 실현하고 협력하는 일종의 자치적인 조합을 의미한다. 중세대학은 학생과 교수들이 각각 참여하는 동업조합형태로 출발하여 마스터(master)를 정점으로 하는 장인조직의 직급과 유사한 학위체제(bachelor, master, doctor)를 발달시켰고, 자치권을 확보한 하나의 독자적인 자치단체로 발전하였다. 중세대학의 특징은 다양한 지역에서 온

---

10 이광주, 『대학의 역사』. 초기의 중세 대학들은 교정(campus)을 갖고 있지 않았다. 강의는 교회나 주택과 같이 강의가 가능한 곳이라면 어디서든 열렸다. 즉, 초기 중세 대학은 물리적인 공간이 아니라 우니베르시타스라는 조합으로 연합된 개인들의 집합이었다. 중세 대학은 교원의 급료를 부담하는 주체에 따라 크게 3가지 유형으로 분류된다. 첫 번째 유형은 교원을 학생조합이 고용하고 학생조합이 교원의 급료를 지급하는 볼로냐 대학교와 같은 유형이다. 두 번째 유형은 교회기관이 교원을 고용하고 급료를 부담하는 파리 대학교 유형이다. 마지막 유형은 왕(중앙정부)이나 지방정부에 의해 대학교의 운영이 지원되는 형태였다.

학생들이 네이션(nation)이라는 용어의 기원이 된 동향단(natio)을 조직하거나, 패컬티(faculty)의 어원이 된 교수단(facultus)을 교수들이 조직하여 서로 간에 상호작용하는 가운데 각 학과분야가 형성되고 그것에 따라 학과의 제도와 문화가 발전하였다. 그래서 우니베르시타스란 말은 어떤 집단의 위치 또는 장소와는 무관하게 '사람들로 구성된 집단'을 가리키는 의미가 더 강하였다. 오히려 오늘날 우리가 사용하는 의미의 시설 또는 장소적 의미의 대학을 가리킬 경우에는 '스투디움 제네랄네'(studium generale)가 더 근사적인 의미로 사용되었다. 즉 스투디움 제네랄레는 모든 과목이 가르쳐지는 장소를 의미했던 것이 아니라 학생들이 모여드는 시설과 장소를 의미하는 것이었다.[11]

대학은 중세이후 현재까지 지속적으로 확대되었다. 유럽에서 16세기에서 18세기까지의 기간(1500년부터 1790년까지) 동안 137개의 대학이 설립되었다. 북부유럽 및 식민지인 아메리카대륙에도 대학이 보급되어 라틴아메리카에 선교의 목적으로 대학이 세워지고 북아메리카에서도 17세기 이후 하버드, 예일 등의 칼리지들이 설립되었다. 유럽에서 종교개혁과 종교분쟁은 개신교 국가들로 하여금 고등교육의 기관망을 구축하게 하였고, 카톨릭도 예수회 등을 중심으로 변방에 대학을 세우고 교육을 기반으로 한 종교적 쇄신을 기하였다. 근대대학들에서는 중세적 보편성을 벗어나 국가적, 지역적 특성이 나타났다는 점, 보다 엄격한 정치권력의 통제를 받게 되었다는 점, 그리고 대학수학자의 사회계층이 달라졌다는 점 등을 주목할 수 있다. 이러한 변화는 17세기 절

11 이광주, 『대학의 역사』, 65-68.

대주의의 성장, 18세기 계몽전제군주의 출현과 관련이 있다. 특히 국가가 대학의 졸업자들을 사법직, 성직에 직접적으로 고용하게 되면서 대학에 대한 통제가 이루어졌기 때문이다.[12]

중세대학의 특징은 17세기에 절대권력을 지닌 군주와 국가권력의 출현으로 대학은 진리탐구와 교육이 아닌 수동적인 차원에서 국가의 기능적인 기관으로 전락하여 국가에서 필요로 하는 전문직업인을 양성하는 교육기관으로 변화하기도 했다. 그러나 18세기에 접어들면서 인간의 이성을 강조한 계몽주의의 영향으로 자유와 합리적인 사고, 이성적 도야(陶冶) 등이 대학교육의 특징으로 등장하였다. 독일 베를린대학의 창시자인 훔볼트(Wilhelm von Humboldt)는 대학의 본질을 '고독과 자유'로 표현하면서, 대학은 국가 및 사회와의 관계에서 '자주적으로 고독하고 자유로운 교수(教授)와 연구 활동이 이루어지는 곳'이라고 강조하였다.[13]

2. 근대 대학교육의 전개

18-19세기 민족국가의 출현은 대학 발전에 새로운 양상을 띠게 하

---

12 크리스토프 샤를, 김정인 역, 『대학의 역사』(파주 : 한길사, 1999), 61-64.

13 크리스토프 샤를, 오성삼 역, 『세계 대학의 이해』(서울 : 건국대학교 출판부, 1999).

였다. 베를린 대학은 1810년에 독일에서 창립된 것으로 근대 대학의 효시를 이루었고 대학 발달사에 뚜렷한 위치를 차지하였다. 독일에서 대학은 공동생활의 장소인 동시에 학문을 연구하고 진리를 탐구하는 곳임이 강조되었다. 특히 베를린 대학은 대학의 자유를 중추로 하여 학문을 연구하고 학자를 양성하는 것을 중시하는 좋은 선례를 남겼다. 프랑스에서는 나폴레옹이 1808년에 제국대학을 설립하여, 대학교육을 실시하였을 뿐만 아니라 중앙집권적인 교육행정조직의 기능을 겸하게 하였다. 그 후에 독특한 관료조직과 국가시험제도를 발전시킴으로써 대학교육은 주로 관리의 등용문 역할을 하게 되었다. 영국에서 옥스퍼드 대학과 케임브리지 대학은 오랫동안 귀족계급을 중심으로 인격교육을 존중하는 학풍을 가짐으로써 신사도(紳士道)의 함양과 지도자(指導者)의 양성 등의 기능을 담당하게 되있다. 그 후 린던 대학(1836)을 비롯하여 신제대학이 설립됨으로써 대학은 평민화가 되었고, 교육의 내용과 방법에서도 새로운 변혁이 일어났다. 반면 영국의 대학은 신사교육, 인격교육, 지도자 양성을 중시하는 전통을 가지게 되었다.[14]

미국에서 하버드 대학(1636)을 비롯한 초기의 대학은 영국 대학의 모형을 본받아 설립되었다. 그러나 미국에서 대학은 19세기 초부터 독일 대학의 영향을 받기 시작하였으며, 대학원(大學院) 제도는 19세기 이후에 독일 대학의 영향을 받아 발달된 것이다. 19세기 미국의 대학은 독자적인 길을 걷기 시작하였다. 미국의 대학교육은 학문의 실용

14 이광주, 『대학사』(서울 : 민음사, 1997).

성(實用性)을 강조하는 학풍이 확립되었고, 대학의 문호도 크게 개방되었다. 특히 대학의 문호 개방은 시민적 교양을 강조하는 미국의 독특한 환경에서 20세기에는 미국 특유의 초급 대학(community college)이 발전되게 만들었다. 이와 같이 대학은 각국의 독특한 배경에 따라 발전되었다. 오늘날 대학은 제도적으로 확립되어 있으며, 그 성격과 기능은 국가에 따라서 형태와 종류를 달리하고 있다.[15]

근대 대학의 모델이 되었던 중세말기의 대학은 처음부터 교육과 연구의 기능을 가지고 출발하였다. 그것은 연구의 중심인 신학, 법학, 의학 등을 연구하는 곳에서 출발한 사실에서도 알 수 있다.[16] 중세 이후 르네상스, 종교개혁, 절대주의와 근대 국민국가를 지나오는 시기 동안 대학이 교육의 방향성을 놓고 마주했던 큰 쟁점사항은 첫째, 변화하는 시대적 요구에 대학이 어떻게 대응할 것인가 하는 문제와 둘째, 증대하는 국가권력과 외부세력의 간섭과 영향력에서 대학의 독립적이고 자율적인 위상을 어떻게 지킬 것인가 하는 것과 관련한 대학교육의 이념[17]상이었다.

---

15 이광주, 『대학사』.

16 김종철, 『한국 고등교육 연구』(서울 : 배영사, 1979) ; 오성삼, 『세계 대학의 이해』, 42.

17 대학이념의 개념에 대해 김종철, 『한국 고등교육 연구』, 446은 "대학의 목적과 기능에 대한 일관된 사고방식을 뜻하고 대학교육의 본질에 대한 기본 철학을 의미하는 것으로서 대학의 존립양식을 규정하는 근본요소"라고 정의한다. 여기서 대학의 이념(idea of university)은 대학의 이상(ideal of university), 대학의 사명(mission of university), 대학의 목적(purpose of university), 대학의 기능(function of university) 또는 대학의 효용성(uses of university) 등의 용어와 같은 의미로

첫째의 문제에서 대학은 시대의 변화를 이끌지 못하고 오히려 보수적인 성향을 띠게 되었다는 비판을 받아왔으며, 둘째의 문제에서 대학교육이 국가정책의 예속적 수단이 될 수 있다는 경고를 받기도 하였다. 중세 대학의 출현 이후 국가권력이 대학의 위상에 많은 영향력을 행사한 것도 사실이지만, 그럼에도 불구하고 자율적이고 자주적인 대학교육의 상을 유지하려는 노력이 중단된 적은 없으며, 지구화와 후기산업화 및 정보화 사회로 대변되는 오늘날에도 그와 같은 정신은 여전히 계속되고 있다는 점에서 대학교육의 위상은 명과 암의 관점에서 접근되어야 할 것이다.[18]

르네상스 시기의 대학교육은 당시 일어나고 있던 인문주의 운동의 흐름을 선도하지 못했다는 비판을 받고 있다. 인문주의자들이 이상으로 여기는 학문을 위한 학문 즉, 학문주의 정신을 추구하기 보다는 중세 후기 대학들이 지나치게 성직자, 관료, 의사, 법률가들을 배출하는 도구적인 실용학문주의로 경도되었다는 것이다. 이른바 순수학문주의와 도구적 실용주의간의 갈등에서 중세후기시대의 대학교육은 전자보다 후자에 경도되어 있었다는 비판이다. 종교개혁 시대의 대학교육은 종교개혁을 촉발시키는 기폭제 역할을 수행하고, 인문학을 정착시키는 데 중요한 역할을 하였다. 이시기에 대학교육은 자연과학 교과과정을 인문주의 교육에 추가함으로써 향후 대학이 과학기술의 발전을 가져올 수 있는 잠재적 기반을 조성하였다. 절대주의 시대와 계몽주의

사용한다.

18 이석우, 『대학의 역사』, 393.

시대의 대학교육에 대해서는 대체로 부정적인 평가가 많다. 그 이유는 대학이 국가의 기능적인 기관으로 전락하고, 계몽적인 사상을 주도하지 못했기 때문이다. 그렇지만 이 시대의 대학교육은 행정학, 응용과학, 과학농업, 공공재정 같은 분야를 새롭게 개척하였다. 특히, 산업시대에서 대학은 국민국가의 건설과 산업사회 부응의 필요에 따라 국가와 더욱 밀착될 수밖에 없어, 순수 학문주의보다는 국가와 산업화시대가 요구하는 도구적인 실용주의를 걸을 수밖에 없었다.[19]

상술한 바와 같이 국가와 기업들이 요구하는 도구적인 실용주의에도 불구하고, 이러한 흐름을 비판하고 대학교육의 독자성과 자율적 위상을 확보하기 위해 실용주의와 순수 학문주의간의 균형을 잡으려는 대학교육의 시도는 계속되었다. 19세기 프로이센의 교유개혁을 담당하고 베를린 대학의 설립자로 19세기 이후 현재까지 유럽과 미국에서 대학교육의 위상과 교육이념의 방향성에 지대한 영향을 끼친 훔볼트(Humbolt)는 국가권력으로부터 대학의 자율성을 확보하기 위해 연구와 교육이라는 통일적인 대학교육의 이념을 확립하고, 대학의 본질을 '고독'과 '자유'로 표현하면서, 대학은 국가 및 사회와의 관계에서 '자주적으로 고독하고 자유로운 교수(敎授)와 연구 활동이 이루어지는 곳' 즉, 진리의 상아탑으로서 대학의 역할을 강조하였다.

훔볼트가 강조한 연구와 교육과 함께 현대 대학의 보편적 이념의 하나인 '사회봉사'는 대학이 속한 사회의 요구와 필요에 봉사함으로써 사회의 제반 분야를 개선하고 인류복지에 기여해야 한다는 미국 프래그

---

19 이석우, 『대학의 역사』, 394-402 ; 이광주, 『대학의 역사』.

머티즘의 영향을 받은 이념으로서, 19세기 중반에 미국 주립대학의 실용교육이념으로부터 더욱 촉진되었다. 이것은 농업교육과 공업교육 지원을 위한 연방정부 토지의 사용허가를 골자로 한 '모릴법'(Morill ACT)에 의해 출현한 것이었다. 이 법의 제정과 발효로 오늘날의 주립대학이 탄생할 수 있었을 뿐 아니라, 기존의 대학들도 광활한 땅을 개척하는 데 필요한 실용적인 학과를 설치하여 사회의 요구에 부응하는 대학으로 발전할 수 있었다.[20]

이렇듯 '사회봉사'는 학문연구, 교육과 더불어 대학의 본질을 규정하는 대학의 이념으로 자리 잡았다. 그런데 20세기가 되자 미국의 대학은 상업주의와 실리적, 실용적 직업훈련에 치우친 나머지 본래 대학의 이념을 상실하게 되었다. 당시 시카고대학 총장이었던 허친스(Hutchins)는 이를 비판하며, 대학은 학자들이 학문을 향한 공통적인 대화를 일삼는 독립적인 사고와 비판의 센터로서 독자적·자율적으로 사고하는 삶들로 구성되어 있는 장소라고 강조했다. 이것은 그가 대학의 본질적 기능인 진리탐구와 사회봉사, 전인적 지도자 양성을 실천하기 위해 대학의 자율성을 다시금 강조했기 때문이다. 이후 그의 영향력은 1945년 하버드 대학의 총장인 코넌트(Conant J. B)에게도 전수되어 인문주의교양보다 더 넓은 사회, 자연의 기초지식까지 포함된 '일반교양교육'(general education)[21]을 강조하는 기회가 되었다.[22] 특히, 이러한 그의 교육

---

20 김철, 「위기에 직면한 21세기의 대학개혁」, 『경기대 대학원신문』, 2010년 3월 3일.

21 여기서 일반교양교육이란 첫째, 자기 자신을 스스로 통제하고 계획하며 판단할 수 있는 자유로운 인간을 육성하는 것이며, 둘째, 편협주의를 극복하고 보편적, 객관적인 열린 마음을 가진 자유화된 인간을 형성하는 전인교육(全人敎育)을

이념은 21세기의 시대적 조류인 지구화, 정보화, 후기산업화로 표현되는 전환기적인 시대상황에 맞춰 실용주의를 표방한 많은 미국의 대학들 대학에게 실용적인 것을 위해 대학 본래의 기능인 진리탐구의 기능을 소홀히 않도록 하는 데 영향을 미쳤다. 이러한 경향은 2007년 하버드 대학에서의 '중핵교육과정'(Core Curriculum)의 교과과정 개혁을 통해 전문적인 지식인보다는 '지혜로운 교양인'을 강화하려는 흐름에서도 엿보인다. 이러한 흐름은 대학교육이 단순히 방어적인 차원에서 진리의 상아탑의 공간으로써가 아니라 국가주의와 산업주의시대 교육의 한계를 비판하고, 세계화와 글로벌 시민사회에 부합하는 보다 새로운 흐름을 형성하고 촉진하려는 대학의 사회적 책무라고 볼 수 있다.

3. 현대 대학교육의 특성

1970년대 초중반 세계자본주의가 금융위기에 빠지고 경제적 세계

말한다.

22 최선영, 「대학이념의 변천」, 『대구가톨릭대학교 연구논문집』 제53집 (1996); 강영계, 「대학의 이념과 인문학의 미래지향적 방향설정」, 『인문과학논총』 제32집 (1999); 김호진, 『지식혁명 시대의 교육과 대학』(서울: 박영사, 2004); 김철, 「대학의 이념과 21세기의 대학교육」; 김철, 「대학이념의 역사적 변천과정과 21세기 대학이념에 관한 고찰」; 송유진, 「새로운 미래사회를 위한 대학 교양교육의 혁신」, 『교육철학』제43집 (2011).

화가 촉진되면서, 영국과 미국을 중심으로 하는 주요 선진국에서는 신자유주의를 지배 이데올로기로 하는 교육정책이 크게 부상하면서 '대학의 시장화'와 '대학의 기업화'를 특징으로 하는 이른바 신자유주의적 대학교육이 크게 확대되었다. 신자유주의적 대학교육은 1980년대와 1990년대를 거치면서 세계적으로 확산되었으며, 그것의 결과로 고등교육의 시장화와 기업화가 촉진되었다.[23] 신자유주의는 일반적으로 사회복지를 강조하는 수정자유주의 이전의 고전적 자유주의로 돌아가자는 내용을 담고 있으며, 교육정책의 측면에서는 개인의 경쟁력을 강조하게 되었다. 즉, 수정자유주의에서는 국가개입의 필요성이 제기되고 교육에서도 사회복지 차원의 공교육의 강화를 추구하였지만 신자유주의적 교육 패러다임에서는 국가 경쟁력의 재고 차원에서 교육과정에 시장경세의 경쟁원리를 도입하여 효율성과 수월성을 추구한다는 것이 핵심적인 차이다. 다시 말해 신자유주의는 작고 강한 정부와 고전적 자유주의로의 복귀 논리를 핵심내용으로 하면서 시장질서만이 사회와 이기적인 개인들의 복리를 증진시킬 수 있다고 강조하게 된다. 따라서 교육에서도 시장주의적 관점으로 접근해 공교육의 약화를 유도하였다.

이러한 공교육의 약화는 고등교육의 매체이자 진리의 상아탑인 대학교육을 이윤추구를 목적으로 운영하도록 강제하였다. 이러한 강제는 세계의 주요 대학들을 '고등교육의 대중화'란 미명하에 인문학과 대

23 Roger Brown, ed. *Higher Education and the Market*(New York and London : Routledge, 2011).

학만을 고집하지 않고 각 분야의 전문인 양성을 위한 학교를 설립하도록 유도하게 되었다. 하지만 '고등교육의 대중화'란 허울일 뿐 대학은 거대한 사업장으로 전락했고 그들에게 학생은 진리의 탐구자라기 보단 돈벌이의 수단으로 밖에 여겨지지 않은 것이다. 그 결과 무분별한 학생의 증가와 캠퍼스의 확장으로 내실있는 학문의 발전은 가로막히게 되었다. 이에 따라 거대화되고 공룡화된 대학을 멀티버시티(multiversity)라는 이름으로 명명하게 되고 전통적으로 대학의 사명이자 역할이라 여겨지던 전인교육을 통한 인재양성 기능이나, 초등교육이나 중등교육과는 구분되는 연구기능을 통한 대학내부의 공동체 구성, 대학의 연구기능과 교육기능에 의한 결과를 직접 사회에 적용하거나 연계하여 사회에 환원하는 사회봉사기능과 사회체험학습기능(Social experiential learning)은 상당한 정도로 약화될 수밖에 없었다.

무엇보다 심각한건 인문학의 몰락이다. 오늘날의 대학은 전문직업인의 양성소로 돼버렸으며 예산부족과 교수진 부족, 대학의 자치침해 등으로 이상적인 대학상과는 먼 전문직업인 양성에만 급급한 감이 있다. 학생은 진리탐구라는 이상보다도 당장의 취직을 위해 소위 비전 있다는 인기학부로 몰리고 있다. 불행히도 그런 학부에 들어가지 못한 학생들은 하루 종일 토익, 토플과 씨름 중이다. 시장의 원리가 대학에 적용되면서 인문학은 실제적 취업에 필요하지 않다는 이유로 수요자가 줄어들고 '비인기 과목'으로 지목됐다. 실제로 현실적인 취업요건을 따져보면 인문학의 학습은 불필요한 것처럼 보인다. 이러한 인문학은 시장의 원리에 의해 수요가 없는 상품으로 여겨져 그 가치가 떨어진다. 소비자에게 외면받는 상품이라 버려지고 수요가 많은 상품은 점점 번성하게 마련이다.

하지만 살아남는 것이 목표인 경쟁사회에서 순수학문에 대한 실용학문의 승리는 상품으로 전락된 학문에 대한 문제제기를 유발시킨다. 대학의 학문탐구가 학문탐구 자체를 위한 것이 올바른 것이 아니냐는 의견이 제시되고 있는 것이다. 취업을 위한 전문인 육성은 대학의 근본적인 역할이 아니라는 말이다.[24] 특히, 이러한 신자유주의적 대학교육 정책은 적극적 사회복지 실현으로 인한 국가 재정 지원의 부담을 덜고자 하는 이데올로기로 시작되어 전세계적으로 확산되었으나, 프랑스를 비롯한 모든 나라의 교육현장에서 교사와 학생들이 신자유주의를 반대하며 대대적인 시위를 펼칠 만큼 그것의 문제점과 한계점에 대해 많은 비판과 더불어 새로운 개선요구가 일어나고 있다. 새로운 개선요구는 신자유주의적 패러다임을 비판하고 대안적인 패러다임의 제시로 구체화된다.

대안적 패러다임에 대해 많은 전문가와 학자들은 우선 변화된 시대상황으로 세계화(globalization)의 흐름에 주목할 것을 제기한다. 왜냐하면, 세계화시대의 도래는 다른 사회제도와 마찬가지로 대학교육에게도 위기요소와 기회요소를 동시에 주기 때문이다. 위기요소로서 세계화는 일국적 차원의 국민국가와 산업사회가 요구하는 교육패러다임에 큰 타격을 주는 경향이 있다. 하지만, 동시에 다른 한편의 기회요소로서 세계화는 초국가적인 지구시민사회(globlal civil society)의 형성과 학

24 홍수경, 「인문학의 위기-본질적 학문, 설 자리는 어디인가?」, 『한림학보』 2002년 10월 22일.

문간 융·복합 실천 그리고 학문과 실천 간의 소통 등 대안적 교육패러다임에 동참할 수 있는 새로운 환경을 제공해 주는 경향도 있다. 특히, 세계화는 세계화의 도래와 함께 새롭게 탄생되는 새로운 지구통치양식인 '글로벌 거버넌스'(global governance)[25]에 대학도 국가, 초국가기구, INGOs, NGO, 정당들과 함께 국제정치이론의 '구성주의'(constructivism) 패러다임이 강조하는 초국가적 네트워크의 중요 행위자로 참여하여, 새로운 규범과 역할(norm and role)을 통해 새로운 지구적 정체성의 형성을 실천할 수 있는 가능성을 제공한다. 지구시민사회와 글로벌 거버넌스의 중요 행위자로서 대학은 지구촌에서 벌어지고 있는 초국적 문제(지구온난화, 세계빈곤, 인권, 환경문제 등)에 참여하게 된다.

구성주의(constructivism)는 1980년대 후반 국제정치학 이론계에 본격적으로 출현한 이래, 다양한 단계의 발전을 거쳐 오늘날에는 중요한 이론적 갈래로 자리 잡았다. 구성주의는 기존의 국제정치이론들에서 간과하고 있었던 변수들인 규범, 정체성, 문화, 상호이해, 과정 등을 보다 적극적으로 고려하고 행위자와 구조, 혹은 제도와 행위자 사이의 관계를 강조함에 따라 국제정치를 보는 또 다른 시각을 제공해

---

25 글로벌 거버넌스에 대한 개념은 아직까지 통일되어 있다. 글로벌 거버넌스란 국가가 국가 이외의 다양한 수준의 행위자인 초국가적 지역기구, 국제기구, IGO, INGOs, 지방정부, 기업, 시민사회단체 등 다양한 행위자들에게 자신이 독점해왔던 권력과 권위를 위임·분산시킴으로써 공동으로 협력하여 운영하는 협치(協治)형태를 말한다. Jon Pierre and Guy Peters. *Governance, Politics and the State*(NY : St. Martin's Press, 2000) ; Jan Kooiman, *Governing as Governance*(London : Sage 2003).

주고 있다.[26] 구성주의에서 국제관계를 지속하는 힘은 관념(idea)과 규범(norm)이다. 이 관념과 규범은 현실주의에서 강조하는 '물리적인 힘'(force)도 아니며 신자유주의적 제도주의에서 강조하는 '이익'(interests)도 아닌 '공유된 인식'(관념/이념)을 바탕으로 하는 '정당성'(legitimacy)이다. 이러한 구성주의에서 국제관계의 구조와 국가이익은 외생적으로 주어져 고정되어 있는 것이 아니라 행위자들이 새로운 규범과 정체성을 창출하게 되면 국가의 이익과 국가의 행동이 바뀌게 되어 결국 새로운 국제관계가 만들어 질 수 있다고 본다. 따라서 구성주의는 행위자의 규범창출능력과 사회적 실천을 중요하게 강조한다.[27]

1) 세계화의 개념

우선 세계화의 개념에 대해 살펴보면 다음과 같다. 세계화란 국가의 배타적 경계선이 분명히 지켜지는 가운데 상호작용하는 국제화(internationalism)와 다르게 각 국가들 간의 경계가 약화되면서(cross-border), 새로 생겨나는 '지구시민적 정체성'(global citizen identity)으로 인해 시민들의 삶과 생활의 단위가 초국가적인 지구촌(global village)으로 변화되어 가는 시대전환적인 현상과 이러한 경향을 적극적으로 추구하는 운동

26 A. Wendt, *A Social Theory of International Politics*(Cambridge : Cambridge University Press, 1999).

27 채진원, "시민교육 1학기 평가와 과제 : 학생들의 반응의식과 시사점 논의" 발제문(2011년 7월 16일).

을 말한다.[28]

이러한 세계화는 다음과 같은 특성을 갖는다. 첫째, 세계화는 지구적인 수준에서 국가 간 그리고 지방-도시 간의 상호의존성과 교류를 확대시키고, 각 부문과 영역 및 수준간의 경계 넘나들기(crossing-border)를 심화시킨다. 둘째, 이러한 경계 넘나들기는 종전의 사회균열구조와 절대적인 국민주권개념에 타격을 가하면서 '국가중심의 통치양식'(mode of government)에서 벗어난 '다층적 거버넌스 양식'(mode of multi-lateral governance)을 창출한다. 이러한 다층적 거버넌스 양식은 글로벌 수준에서 글로벌 거버넌스, 지역에서는 지역주의와 함께 지역 거버넌스, 그리고 중앙차원에서 국가중심의 거버넌스, 지방차원에서는 로컬 거버넌스를 창출한다. 셋째, 세계화는 세방화(世方化·glocalization)와 세도화(世都化:glurbanization)라는 새로운 흐름을 창출한다. 세방화는 세계화(globalization)와 지방화(localization)를 합성한 신조어로 국내관계와 국제관계 및 외교관계에 있어 주권국가나 중앙정부뿐만 아니라 지방과 민간들이 중요한 행위자로 등장하도록 유도한다. 또한 세도화는 세계화(globalization)와 도시화(urbanization)가 합성된 신조어로 세방화가 심화됨에 따라 네트워크를 형성한 도시가 중앙정부로부터 벗어나 세계적인

---

28 David Held et al. *Global Transformations*(Standford : Standford University Press, 1999), 16 ; Anthony Giddens, *The Consequences of Modernity*(Cambridge : Polity Press, 1990) ; Jan A. Scholte, *Globalization : A Critical Introduction*(New York : Palgrave, 2000), 44-46 ; John Baylis and Steve Smith, eds. *The globalization of world politics : an introduction to international relations*, Second edtion(London : Oxford University Press, 2005).

도시로 중심성과 자율성을 가지도록 유도한다.[29]

2) 위기요소 : 국민국가와 산업 중심 패러다임에 대한 타격

이어서 세계화의 위기요소에 대해 살펴보면 다음과 같다. 그동안 지배적인 패러다임이었던 국민국가와 산업생산 중심적인 교육패러다임의 특징은 국민국가 건설기와 산업화시기에 요구되는 중앙집권적이고 산업생산에 요구되는 방식대로 전문화(specialization)와 부문화(departmentalization)가 핵심이 될 수밖에 없었고, 이러한 부문별로 전문화된 지식체계는 지식생산의 주체인 대학에도 긍정적으로 영향을 미쳐 학문발전을 가져올 수 있었다.[30]

하지만 국가의 경계가 약해지고, 각 부문과 부문 간에 경계가 초월되어 새로운 지구공동체가 출현하여 새로운 사회질서를 형성하는 세계화의 도래는 그동안 전문화와 부문화로 상징되는 기존의 교육패러다임과 지식질서에도 타격을 가하게 되어 그것의 적실성을 떨어뜨린다. 이러한 적실성의 한계는 학제간·학문간 단절과 소통부재의 부작용으로 작동하여 실제(reality)의 세계를 이해하는 데 어려움을 주게 된다. 즉, 각 부문과 영역 간 경계의 약화는 기존의 사회운영원리와 그것에 기초한 학문체계에도 영향을 미친다. 결국 그동안 학문을 세부 분야로 잘게 쪼개온 그동안의 지배적인 경향과 학문의 정체성에 타격을

---

29 홍익표·진시원, 『세계화시대의 정치학』(서울 : 오름, 2009).

30 안병진, 「21세기 고등교육의 메가트렌드」, 55.

가한다. 너무도 세부적으로 나뉜 각 분야에만 머물 경우 지엽적 깊이는 도모할 수 있지만 분야를 넘는 대화가 불가능해져 학문 전체의 포괄성과 통합성은 상실되기 때문이다. 세상은 날로 복잡하게 서로 얽히는데 부분적 지식만을 쌓고 그러한 수준의 지식으로 문제해결을 한다면 그 적실성과 효과성은 그만큼 떨어지는 것이 자명하기 때문이다.

3) 기회요소 : 새로운 대학교육 패러다임의 역할론 제기

따라서 세계화의 기회요소로서 기존 국가와 산업생산 중심 교육패러다임에 대한 강력한 타격과 이것에 대한 반성으로 대안적 교육패러다임의 필요성과 새로운 대학의 역할이 제기된다. 세계화시대의 등장은 대학이 사회에서 제기되는 문제와 담을 쌓고 순수하고 낭만적인 차원에서 학문과 진리를 탐구하고 고고한 지식을 축적하는 전통적인 상아탑주의에 타격을 가한다. 따라서 '작은 공부'가 아닌 '큰 공부'를 추구하는 대학이 변화된 시대상황에서 진정한 진리 탐구의 상아탑과 지성의 전당이 되려면, 사회와 담을 쌓고 자기 혼자만 고고하게 놀 것이 아니라 대학과 사회, 학문과 학문, 학문과 실천 사이의 경계를 허물고 부단히 교류하며, 치열한 생활현장의 목소리가 대학 안으로 들어올 있도록 열린 공간으로 변화해야 할 당위적 필요성을 요구받는다. 즉, 대학은 사회적 삶의 현장과 연계되어서 진리, 정의, 자유, 사랑, 봉사 등의 가치들을 실천할 것을 요청받는다.

이러한 사회적 요청들은 결국 대학이 전통적인 상아탑주의에 안주하지 말고, 변화된 위상과 변화된 사회적 책무에 부응하도록, 변화된 역할을 해야 한다는 이상적·당위적 필요성을 증가시킨다. 이러한 필요성에 공감하는 대학은 그동안 소홀했던 교양교육과 시민교육을 활성화하기 위한 노력을 시작하게 된다. 특히, 대학교육이 세계화가 심화됨에 따라 자라나는 글로벌 시민성에 부합하는 교양교육과 시민교육에 주목하도록 요구한다. 여기서 시민성(civility)이란 시민됨의 자격(qualification)과 소속(belonging) 및 권리-의무관계를 규정하는 출처인 법적 지위(status)와 제도적 장치를 가리키는 시민권(citizenship)과 다르게 시민의 자질(disposition)과 덕성(virtue) 그리고 시민행동(action)과 시민의식(manner)에 관한 것이다. 시민성은 한마디로, '시민으로서 요구되는 자질과 덕성'을 말한다. 이는 개별적인 수준의 개인으로서 요구되는 자질이라기보다는 특정한 공동체의 구성원으로서 살아가기 위해 요구되는 자질을 지칭한다. 즉, 시민성은 시민으로서 갖는 지위와 권리, 의무와 더불어 시민이 공동체의 한 구성원으로서 갖추어야 할 생활양식(생활습관과 태도) 내지 덕성 및 시민의식을 포함한다. 특히, 시민의식은 독립적이고 순수한 머릿속의 '의식의 영역'이라기보다는 시민들이 공동체 속에서 생활하면서 자연스럽게 형성되는 생활습관과 생활태도와 관련되어 있다는 의미에서, '몸과 마음 의식'을 말한다.[31]

이러한 시민성 혹은 시민의식은 시대와 장소에 따라 그리고 시대적

---

31 따라서 바람직한 시민교육의 방향성은 단순한 의식변화(의식화)가 아니라 생활습관과 생활태도의 변화에 초점을 맞추는 것이 핵심이라 할 수 있다. 이와 관련하여 미국의 민주주의를 연구한 토크빌은 이러한 미국인의 생활습관과 태도를 '마음의 습속'(habits of the heart)으로 표현한 바 있다. 그리고 『지각의 현상학』을 저술한 메를로 퐁티(2002)는 이것을 '몸 의식'이라 표현했다.

변화에 따라 다양한 모습으로 현상하고 있다. 그렇다면 세계화시대에 부합하는 시민성은 어떤 모습일까? 이것에 대한 답은 앞서 세계화가 시민들이 살아가는 생활공간과 삶의 단위가 국가가 아닌 지구촌으로 확대되고, 그것에 따라서 시민들의 정체성이 국가의 정체성을 넘어 지구시민적 정체성(global citizen identity)으로 점차 변해가면서 동시에 '세방화'(世方化 · glocalization)와 '세도화'(世都化 · glurbanization)의 정체성을 촉진시킨다는 점에서 〈그림 1〉과 같이 다층적인 수준의 시민성을 갖는다고 볼 수 있다. 즉, 개인은 지방수준에서 주민/시민 정체성과 국가수준에서 국민/시민정체성 그리고 지역과 세계수준에서 글로벌 시민정체성을 갖는다. 이러한 점에서 볼 때, 세계화시대에 부합하는 바람직한 시민성은 개인이 지방과 국가의 경계에 갇히지 않고, 이것의 경계를 넘어서 시민성이 확장된다는 점에서 '글로벌 시민성'이라 할 수 있다.

다시 말해서, 세계화의 추세와 경향은 종래 특정 국가의 시민성을 강조하던 시민사회(civil society)의 개념을 넘어 지구시민사회(global civil society)를 촉진한다. 경제적 통합의 증대와 국제적인 노동력의 이동이 증대하여 다문화(multi-culture) 사회가 도래하고, 지구온난화 등으로 인한 지구환경문제에 공동으로 대처하면서 지속가능한 발전을 위한 지구적 연합 등의 지구적 현상이 등장한다. 따라서 이러한 세계화의 진전은 우리사회를 지구시민사회로 변모하게 하고, 우리로 하여금 지구시민사회에서 살아가는 삶의 주체로서 글로벌 시민성(global civility)을 요구한다.[32]

따라서 대학은 이러한 변화된 시대상황에 부응하기 위해서 국가와

〈그림 1〉 세계화시대 다층적 수준의 글로벌 시민성

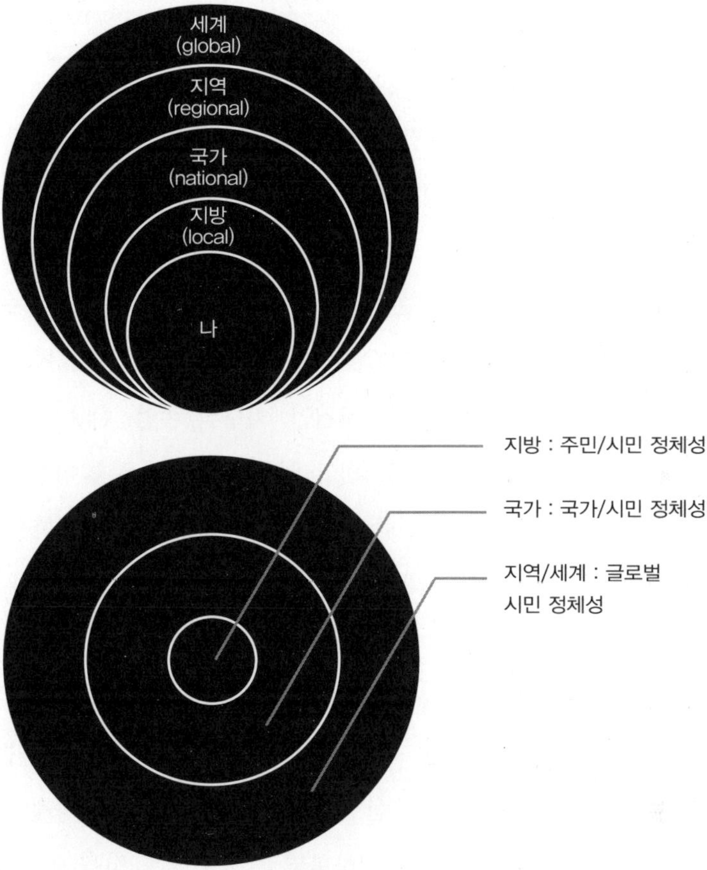

기업의 요구를 넘어 인류애에 바탕한 지구적 보편가치를 추구하는 진리탐구의 전당이자, 세계와 인간성에 대한 철학과 실천능력을 갖춘 교양인을 양성하고 사회적 공헌을 실천하는 변화된 역할을 요구받게 된다.

4. 지구적 존엄(global eminence)과 대학교육

초국가적인 지구적 문제가 발생하는 상황에 대해 "대학은 지금 이 순간 새로운 도전을 필요로 한다. 현실과 유리된 상아탑을 넘어, 궁핍과 풍요, 소외와 포용, 고통과 연민의 간극을 좁혀가는 고등교육의 미래를 창조해야 한다."[33] 특히, 고등교육기관으로서의 대학은 학문연구, 교육, 실천을 입체적으로 결합시킨 프로그램을 작동시킴으로써 실현할 수 있는 고귀한 인류의 보편적 가치인 '지구적 존엄'(eminence)을 추구하는 대학의 새로운 사명을 인식하고 인간의 존엄성을 높이는 고등교육의 역할을 지속적으로 실천할 필요가 있다. 이를 위해 대학은 사회적 약자와 지구적 난제에 대한 관심을 갖고 사회적 책임(intellectual social responsibility)을 다할 필요가 있다.[34] 그동안 우리 대학교육은 교육철학의 부재와 대학 사명의 부재 속에서 급속한 근대국가화와 산업화를 이루기 위해 국가와 기업이 필요한 전문성있는 인재를 양성하는데 매몰될 수 밖에 없었다. 하지만, 산업화시대를 지나 국가의 경계가 약화되는 세계화 시대에는 단순히 전문화되고 부문화된 것을 이해하고 외우는 것이 아니라 기존에 없던 새로운 것을 융·복합하여 문제를 만

---

32 김태완, "글로벌 시민문화 형성을 위한 시민교육의 방향" 발제문(2010년 4월 28일).

33 조인원, "평화를 위한 또 다른 제언:UNAI-경희 국제회의 총장 기조연설"(2011년 9월 14일 UN 본부, 뉴욕).

34 경희대학교, 『새로운 명문의 조건』(서울:경희대 출판문화원, 2011).

들어내고, 해결할 수 있는 창의력 그리고 타인의 고통에 연민을 느끼는 시민적 덕성을 두루 갖춘 '존엄한 인격체를 필요로 한다. 뿐만 아니라 세계화시대에는 지구촌의 구성원으로서 책임있게 행동하는 글로벌 시민성을 갖는 '존엄한 인재'(dignity talent)를 필요로 한다.

하지만 최근 우리 대학교육의 위기상황은 여전히 국가건설기와 산업시대의 교육목표인 노동과 이윤추구를 위한 전문적 기능인과 직업인을 배출하거나 국가의 산업발전과 기업의 이윤추구를 위해 연구를 수행하는 것에 초점을 두고 있다는 점 그리고 입시교육의 연장에서 취업을 목표로 한 교육이 계속되고 있는 현실이 만들어 낸 우울한 결과라는 점에서 깊은 성찰이 필요하다. 즉, 세계화시대에 부합하지 못하는 시대착오적인 교육패러다임이 계속되면서 정상화되지 못하는 것에 대해 깊은 반성이 필요한 부분이다. 이러한 시대착오적인 대학의 교육패러다임에 대한 반성과 더불어 대학은 세계화시대에 부합하는 대학교육의 목표와 취지를 대학의 사회적 책무로서 새로운 대학교육의 패러다임을 제시해야 할 것이다. 그것의 핵심은 첫째, 지구적 존엄을 실현하는 지구사회봉사와 지구적 연대의 실천이다. 둘째, 글로벌 시민성을 육성하는 교양교육과 시민교육의 강화이며, 셋째, 학문간 융복합의 활성화이다. 넷째, 학문과 실천 간의 소통이다.

1) 지구적 존엄을 실현하는 대학의 사명과 실천

우선 존엄(eminence)을 수월성(excellence)과 구별할 필요가 있다. 수월성(excellence)은 '수월성의 전문성'이라고 한다면, 존엄(eminence)은 '덕성

(virtu)과 실천력을 갖춘 전문성'이라고 할 수 있다. excellence는 말 그대로 전문 분야에서 우수한 성적을 낸 경우이지만, eminence는 인간적 품위와 품격을 갖춘 전문인을 지향하는 개념으로 '새로운 시민적 덕성'을 보여주는 표현이다. 요약하자면 전문성을 갖춘 교양인 혹은 시민적 덕성을 갖춘 전문인이라 할 수 있다. eminent한 인재, eminent한 전문인을 이러한 개념으로 사용한다면, 사회의 측면과 역사의 측면 그리고 문명의 측면에서 지향하고 실현하고자 하는 '지구적 존엄'은 '평화'를 위협하는 것들(전쟁, 기아, 빈곤, 질병, 종교적 인종적 계층적 지역적 갈등, 불평등, 환경과 생태 등등)을 제거하고 '더 나은 인간', '더 나은 세계'를 지향하는 개념으로 사용할 수 있다. 결국 '지구적 존엄'은 고등교육기관으로서의 대학의 새로운 사명과 실천과제라 할 수 있다.[35]

특히, 대학의 사명으로서 '지구적 존엄'의 실현과 관련해서는 고등교육 분야의 대표적 UN 산하기구인 2010년 11월에 출범한 UN Academic Impact(UNAI)[36]을 주목할 필요가 있다. UNAI는 경제, 사회적 발전과 세계평화 진작을 위해 고등교육의 역할이 매우 중요함을 인식하고, 전 세계 고등교육 기관과 교류 협력하면서 지구적 현안을 해결하기 위해 고등교육 지도자들의 지혜와 의견을 수렴하는 것을 목적으로 한다. 2008년 반기문 UN 사무총장은 "세계 고등교육기관에 UN의 문호를 개방하겠다"고 제안한 뒤 2년여 동안 UNAI 설립을 추진해

35 우기동, "'지구적 존엄'(global eminence)에 관한 고민과 실천" 토론방 메모, UNAI-경희 국제회의 사이트(2011).

36 http://academicimpact.org/index.php(2013년 1월 10일 접속).

왔다. UNAI는 "경제·사회적 발전과 세계평화 수호에 고등교육의 역할이 매우 중요하다는 것을 인식하고(The critical role of higher education in economic and social development as well as for world peace is widely acknowledged.)", 지구적 현안을 해결하기 위해 세계 각국 고등교육 지도자들의 지혜와 의견을 수렴하고 실천적 행동을 촉구하고 있다. 2011년 8월 현재 40여 개 파트너 기관(Partner Organizations)과 100여 개국 675개 회원교가 가입해 있다. UNAI 탄생의 맹아는 이미 30년 전인 1981년 11월 30일, UN 총회에서 기원하고 있다. 당시 UN 총회에서는 "모든 국가와 국민이 평화의 이상(理想)을 기리고, UN 회원국, UN 산하 모든 기관과 기구, 지역기구, NGO 단체를 포함한 모든 국민과 개인이 '교육적 수단'을 통해, 그리고 UN과 협력하여 이 날의 의미를 되새기게 하기 위해 세계평화의 날을 제성, 선포한다"고 만상일치로 결의한 바 있다. UNAI는 인간의 존엄성 유지와 각종 지구의 난제들을 해결하고자 다음과 같은 10대 원칙을 제시하면서 세계의 대학들이 실천적으로 동참해줄 것을 촉구하고 있다. 1) 유엔헌장의 원칙들을 증진하고 실행하는데 도움을 주는 교육 제공 2) 인권, 특히, 사상과 표현의 자유 신장 3) 성, 인종, 종교, 민족에 따른 차별 없는 교육기회의 제공 4) 고등교육을 받기를 원하는 모든 사람들에게 기회 제공 5) 세계 전역에 고등교육시스템 구축을 위한 능력 제고 6) 교육을 통한 글로벌 시민 양성 7) 교육을 통한 평화와 분쟁해결 달성 8) 교육을 통한 세계 빈곤 문제에 대한 인식 제고 9) 교육을 통한 지속가능한 개발 인식 제고 10) 교육을 통한 문명간 대화와 이해, 관용 증진.

2) 글로벌 시민육성을 위한 교양교육과 시민교육

새로운 대학교육의 사명과 실천으로 글로벌 시민 육성교육이 제시될 필요가 있다. 우선 글로벌 시민이란 어떤 사람인가? 글로벌 시민성을 소유한 인간형의 특징을 추론해 보면 다음과 같다. 첫째, 자신이 사는 지역과 국가사회를 넘어 더 넓은 세상인 지구촌이 있다는 것을 인식하고, 지구촌의 구성원으로서의 책임과 역할에 대해 인식하는 사람이다. 둘째, 지구촌 사람들이 살아가는 삶의 방식과 문화적 다양성을 존중하고 그것의 가치를 부여하는 사람이다. 셋째, 우리가 사는 세상을 더 평등, 평화롭고 지속가능한 곳으로 만들기 위해 행동하는 사람이다. 넷째, 자신의 말과 행동에 대하여 책임을 지는 사람이다. 그리고 지구시민사회가 요구하는 글로벌 시민성(시민의식)을 구현하기 위한 구체적인 능력으로 ①국제사회의 일원으로서 문제를 접근하고 조망할 수 있는 능력 ②타인과 협동하고 사회적 역할과 의무를 수행할 수 있는 능력 ③타문화에 대한 이해와 수용 능력 ④비판적 사고능력 ⑤비폭력적인 방식으로 갈등을 해결할 수 있는 능력 ⑥환경보존을 위해 소비습관이나 생활방식을 변화시킬 수 있는 능력 ⑦취약계층의 권익을 보호할 줄 아는 능력 ⑧지역과 국가 및 국제적 수준에서 정치에 참여할 수 있는 능력 등이 요구된다.[37]

글로벌 시민교육은 지구촌의 주요 이슈와 문제 이해교육, 평화교육,

---

37 J. J. Cogan, *Citizenship for the 21st century : an international perspective on education*(London : Kogan Page, 2000).

환경교육, 문화교육, 미래교육, 개발 교육, 다양성 교육 등을 포괄하며 그 내용은 다음과 같다. 첫째, 지구촌 안에서 함께 생활하는 개인과 주체들의 다양한 이해관계와 갈등을 타협할 수 있는 시각을 제공한다. 둘째, 엄청나게 복잡한 지구촌의 현상을 현실에 가깝게 파악할 수 있는 사고능력을 배양한다. 셋째, 각각의 문화가 고유성을 가지고 성장하면서 서로를 풍요롭게 할 수 있는 다원주의를 함양한다. 넷째, 지리적으로 떨어져 있거나 문화적으로 다른 사람들과 도덕적 감정 이입을 통하여 전 지구적 시각에 기초한 지구시민의식을 갖게 한다. 다섯째, 현재의 전 지구적 문제들을 지구시민의 공동적 노력을 통해 해결 할 수 있는 신념을 키운다.[38]

3) 융·복합의 활성화 및 학문과 실천 간의 소통

새로운 대학교육의 사명과 실천으로 학문간 융·복합의 활성화가 필요하다. 세계화시대의 학문은 경계의 복잡성(complexity)이라는 성격을 갖는다. 따라서 단순한 전문지식을 넘어, 경계를 초월하는 융·복합 전문지식이 필요하다. 세계화시대의 대학은 융·복합의 활성화로 교육의 방향을 전환할 필요가 있다. 학문간 경계 넘기(transdisciplinary)가 활성화되어야 한다.[39] 따라서 대안적 교육 패러다임의 핵심은 학문간 경

38 B. R. Joice and A. M. Nicholson, "Imperative for global education," in *Schooling for Global Age*, ed. J. M. Becker(New York : McGraw-Hill, 1979), 95-109.

39 안병진, 「21세기 고등교육의 메가트렌드」.

계 가로지르기 또는 융·복합 교육이다. 이러한 학문간 경계가로지기와 융·복합이 필요한 이유는 다음과 같은 예를 통해서 보면 분명해진다. 정치와 문화라는 거대한 개념을 다루기 위해서도 문학, 역사학, 철학 등 인문학은 물론 심리학, 인류학, 경제학 등 사회과학의 모든 분야가 동원될 필요가 있다. 기존 분야를 뛰어넘는 학문간 대화를 통해 융합적 시각을 갖춰야 정치와 문화에 대한 총체적 이해가 가능하기 때문이다. 그리고 새로운 대학교육의 사명과 실천으로 대학 본연의 가치나 사명감을 결코 잊어서는 안 될 것이다. 취업은 양질의 교육에 따라오는 결과물이어야지, 그것이 거꾸로 목적이 되어서는 곤란하다. 대학은 단순히 기업이 요구하는 기능인을 기르는 곳이 아니라 비판적 사고와 상상력을 바탕으로 창조적인 지성인을 양성하는 진짜 실용기관이 되어야 한다. 학문을 탐구하는 과정 속에서 자신의 가치관, 합리적 사고력을 형성하고 사회에 공헌할 수 있는 공동체적 가치를 실현할 수 있는 지성인을 배출하는 것이 대학의 중요한 사명으로 인식될 필요가 있다. 세계화시대의 대학의 사명을 한마디로 말한다면, 사회와 공동체가 제기하는 문제에 대해 대학과 학생들이 참여하여 대안을 찾고 제시함으로써 학문과 사회적 실천 간의 소통을 도모하는 것이다. 이것이 가능하기 위해서는 학문이 요구하는 주요 개념과 이론이, 이미 정답이 있는 결과론적인 입장에서 현상을 끼워 맞추는 것에서 출발하는 것이 아닌 반대로 시민들의 구체적인 사회적 삶의 고통과 필요 및 문제점이라는 현상에서 출발하여 점차 개념과 이론으로 나아가는 '현상학적 방법'(phenomenological method)[40]으로 접근될 필요가 있다.

4) 사례 : 하버드 교양대학과 경희대 후마니타스 칼리지

대학이 자본의 이익에 복무하는 인력을 공급하는 직업양성소로 전락하는 분위기속에서, 대학이 대학 본연의 사명을 포기하지 않고, 시대상황에 부응하는 글로벌 시민을 육성하는 사명을 지켜가는 일은 결코 쉬운 일이 아니다. 하지만 이것은 결코 포기해서는 안 되는 일이다. 다행스럽게도 미국 하버드대와 한국 경희대 후마니타스 칼리지의 사례는 비록 그 시작은 미약하지만 변화된 시대상황에 부합하는 대학의 새로운 역할 모델을 보여주는 긍정적인 예라 할 수 있다. 특히, 경희대 후마니타스 칼리지에서는 전문성을 갖춘 교양인 양성, 시민적 덕성을 갖춘 전문인 양성 등을 교육과정의 목표로 한다는 점에서 주목할 필요가 있다.

---

40 현상학적 방법론은 개념과 이론적 지식이전에 우선하는 생활세계(life world)를 인간의 지각활동(perception)을 통해 풍부하게 이해하려는 접근방법이다. 인간의 지각활동은 인간을 둘러싼 주변 환경(surrounding world)과 인간의 주관적 의식을 연결시킴으로써 주관주의적 지식체계(관념론/주관론)와 객관주의적 지식체계(유물론/대상론)간 분리의 문제점을 극복해보려는 접근이다. 이러한 현상학적 방법론은 자연스럽게 인간과 지식, 학문과 학문 간의 전문화와 부문화에서 나타나는 분절화와 소외문제를 통합하고 포괄함으로써 해결하게 된다. 현상학적 방법론에 대한 자세한 설명과 이해는 김홍우, 『현상학과 정치철학』(서울 : 문학과 지성사, 1999) ; 메를로 퐁티, 류의근 역, 『지각의 현상학』(서울 : 문학과 지성사, 2002) 참조.

① 미국 하버드 대학교

〈표 1〉 새로운 하버드 대학교 교양필수 과목

새로운 교양필수 과목	교육목표
문화와 신앙	문화와 신앙을 통해 자신과 세계에 대한 이해능력 제고
미학해석의 이해	문화에 대한 심미적 반응 및 이해 능력 개발
경험적 사고	불확실한 세상에서 마주치는 각종 갈등을 대하는 방법 교육
윤리적 사고	자신과 다른 가치체계를 만날 때의 윤리적 갈등 극복
생활과학	교실 밖에서 마주칠 생활과하고가 기술개념 이해
물리적 세계의 과학	졸업 후 일상생활에서 부닥치는 과학상식 교육
세계의 다양한 사회	미국 이외의 다른 나라에 대한 이해를 높여 편협성을 극복
세계 속의 미국	미국과 다른 나라의 사회적 정치적 법적 경제적 연계를 이해

*출처 : *Report of the Task Force on General Education*, http://curriculumreform.org/harvard-university-task-force-on-general-education-report/.

2007년 5월 15일 미국 하버드 대학교 교양대학(The Faculty of Arts and Sciences)은 1970년 이후 처음으로 사상 최대의 교양필수과목 교과개정을 개편하였다. 개편된 교양필수과목 8개 부문은 ▲문화와 신앙 ▲미학해석의 이해 ▲경험적 사고 ▲윤리적 사고 ▲생명과학 ▲물리적 세계의 과학 ▲세계의 다양한 사회 ▲세계 속의 미국 등이다.[41] 〈표 1〉과 같이, 새로 개편된 하버드대의 교과과정은 민감한 종교·문화 문제와

41 Harvard University, *Report of the Task Force on General Education*(Cambridge : Harvard University, 2007).

과학 교육을 강화하고 미국적인 편협한 지방색을 극복하는 데 중점을 두었다. 하버드대의 개편된 교양필수과목 커리큘럼은 기존 교과과정이 지나치게 학문적 주제에만 집중돼 변화된 시대상황과 관련된 문제가 소홀하게 다뤄지고 있다는 비판에 따른 것이다.

개편된 교과과정 중 가장 눈에 띄는 것은 '세계의 다양한 사회'(societies of the world) 과목이다. 하버드대 학부생들이 과거와 달리 미국이 유일 강대국인 전례 없는 시대에 성장한 세대이기 때문에 국제사회 속에서의 미국을 이해하는 데도 어려움을 겪고 있다는 현실 인식에서 출발한 것이다. 또한 하버드대는 필수과목으로 종교와 사상에 대한 이해를 제고하기 위해 '문화와 신앙'(culture and belief)을 포함하였다. 그 이유는 하버드대가 비종교 기관이지만 종교는 학생들의 삶에 가장 중요한 부분임을 인식했기 때문이다. 그리고 하버드대가 '윤리적 사고'(Ethical Reasoning)를 포함한 이유는 학생들이 어떤 정치인을 지지하고, 정책을 평가하고, 협상을 하거나, 가족 내 딜레마를 해결하는 등의 결정에는 윤리적인 이슈가 연관되므로 이에 대비토록 하겠다는 취지다. 그리고 대학이 '물리적 세계의 과학'(Science of the Physical Universe)을 포함한 이유는 과학 발달로 급속하게 변화하는 세계 속에서 화석연료 의존, 우주 탐사, 핵무기 확산, 기후 변화, 인터넷 시대의 각종 이슈 에 대처할 수 있는 능력을 가르치겠다는 것이다. 하버드대가 이러한 교양필수과목의 개편을 통해 추구하는 목표는 교양교육의 강화가 단순한 지식 습득이 아니라 학생들의 비판적 사고 및 능동성 향상에 있다는 점이다. 학생들을 변화하는 세계에 적극적으로 대처하고 능동적인 지도자로 키우겠다는 것이다. 대학당국은 교양 과목이 단순한 학점 취득 수준에서 머물지 않도록 하기 위해 전공과목 교수뿐만 아니라 대학원 교수와 연계토록 권고함으로써 살아있는 교육이 될 수 있도록 주문하고 있다.

② 경희대 후마니타스 칼리지

〈그림 2〉 후마니타스 칼리지 교과과정의 네 트랙

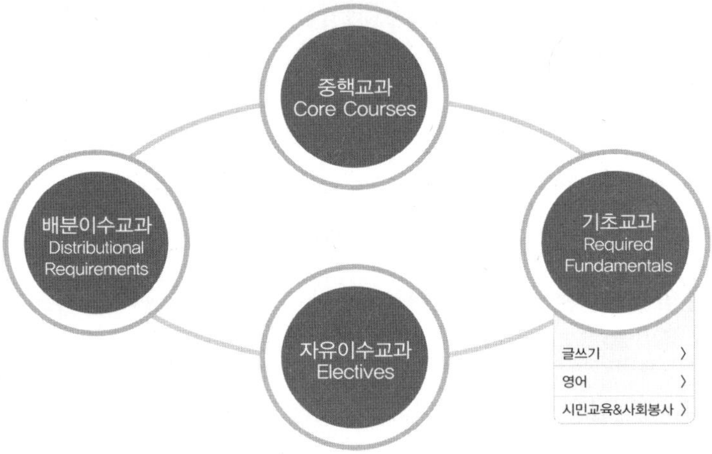

*출처 : 경희대 후마니타스 칼리지 홈페이지

경희대학교는 2011학년도 봄 학기부터 교양교육 전담 기구인 후마니타스 칼리지(Humanitas College)를 설립하여 운영하는 등 학부 교양교육 프로그램을 전면 개편하였다. 교양교육 개편의 핵심은 〈그림 2〉처럼, ▲교양교육 전담 기구인 후마니타스 칼리지(Humanitas College) 설립 ▲신입생 공통필수 '중핵교과' 2과목 신설 ▲7개 주제영역 가운데 5개 영역을 필수 이수하게 하는 '배분이수교과제' 도입 ▲'시민교육 교과' 신설 ▲사회봉사 프로그램 강화 등이다. 후마니타스 칼리지로 표현되는 경희대의 새 교과과정의 특징은 크게 세 가지 부분이다. 첫 째는 신입생 전체가 전공이나 소속 캠퍼스에 상관없이 '중핵(core)과목'을 수강하는 것이다. 경희대학교의 창학 이념과 비전이 녹아들어가 있는 중핵과목은 〈문명전개의 지구적 문맥 I, II〉이라는 교재로 수업이 운영된다. 둘째는 난립하는 교양과목들을 60-70여개의 과목으로 정리하고, 이를 과목군으로 나누어 배분이수과목을 운영하는 것이다. 이는 기존의 영역별 과목 이수제와 유사하여 7-8개의 영역 중 4-5개 영역에 해당되는 과목을 필수적으로 이수하게 하는 방식이다. 현재 운영되고 있는 영역들의 학제적 주제는 생명, 자연과학, 의미와 상징, 시민과 사회, 평화와 윤리, 세계와 문화다양성, 논리와 분석 등이다. 셋째는 교양과정과 긴밀하게 연계되는 사회공헌 과목을 개발하고, 학생들의 실천과 연계한다는 것이다. 이를 위해 사회공헌에 관계되는 이론적 배경과 사례를 배울 수 있는 시민교육 과목 혹은 과목군을 교양과정에서 제공한다. 특히, 사회 공헌과 실천을 위해 경희대 미래문명원, 경희대 Global Service Corps(GSC)의 전문인력과 경험을 활용한다.

경희대는 창학 당시부터 '사상의 민주화, 생활의 민주화, 학원의 민주화'를 교훈(校訓)으로 삼고 평화로운 '문화세계의 창조'를 교시로 확립했으며 '세계시민'을 키우는 데 지속적인 노력을 기울여 왔다. 이러한 경희대의 교훈은 '시민교육'이라는 교과목으로 구체화되었다. 시민교육 교과목은 경희대가 지금까지 추구해온 교훈을 현장활동과 체험교육을 통해 구체화시킨 프로그램이다. "시민교육의 핵심목적은 비판적 사고, 분석적 사고, 도덕적 사고능력을 길러주는 것이다. 배운 것이 사회에 접합되도록 교육과 실천을 연결해 체험학습을 제공하는 것이다."[42] 즉, 시민교육 교과목은 이론과 실천의 소통을 위해 시민교육과 현장활동을 연계시켰다. 시민교육을 수강하는 학생들은 1학기가 끝나기 전까지 학생 자신이 제기한 문제의식에 따라 현장활동을 진행하고 그것의 경험과 체험담을 최종보고서를 통해 제출하도록 되어 있다. 경희대의 이러한 시도는 시민교육의 필요성을 깊게 인식하지 못한 우리나라 대학교육의 현실을 생각할 때, 대학의 사회적 책임을 우선 교육 차원에서 찾고, 그것을 수행하려는 특별한 노력의 상징이라고 할 수 있다.

〈표 2〉 시민교육을 수강한 후 학생들의 변화

그룹	내용
1 그룹	"원래 발표나 토론 수업을 꺼리는 경향이 있었는데 발표를 하고 타인의 이야기에 귀를 기울임으로써 자신감을 얻고 타인에 대한 배려를 배웠다. 수업을 같이 듣는 학우들과 친밀해졌다. … 대학에 들어와서 수업시간에 긴장하지 않고 편안한 분위기로 수업을 들은 것은 거의 처음인 것 같다." "나의 서울 생활을 되돌아보고 반성 했으며, 더불어서 함께 사는 삶의 가치 즉, 공동체 의식에 대하여 크게 깨달았다. 삶은 나 혼자서 이루어지는 것이 아니고 지금 내가 존재하는 것도 혼자 힘이 아니라는 점 그리고 항상 이 세상은 바쁘게 움직이며 그 속에서의 다른 형태의 삶이 여러 방식으로 존재한다는 가치를 배웠다."

42 도정일, 「경희의 현재와 미래 가능성」, 『새로운 명문의 조건』(서울: 경희대학교 출판부, 2011).

2 그룹	"우선 자신감이 많이 생겼다. 매 시간마다 다른 학생들 앞에 나와서 짧지만 내 의견이 들어가 있는 코멘트를 한다는 것은 꽤나 어려운 일인데 매번 발표를 하다 보니 내 의견을 조금 더 정확하게 피력할 수 있게 되었고 사람 앞에 나서는 것을 두려워하지 않게 되어서 다른 수업 발표 때도 전공수업 때 내 그림에 대한 작품 설명을 할 때에도 다른 친구들의 작품에 기 눌리지 않고 내 작품에 대해 자신 있게 말할 수 있게 되어 많은 도움이 되었다."
2 그룹	"생활패턴 전부를 바꾼 셈이다. 언제나 남는 시간에 게임 밖에 안하던 내가 매주 정기 교육봉사를 나가고, 격주로 양로원과 요양원에 다니고, 매달 초 고아원을 다니게 되었다. 힘든 생활에도 불구하고, 더 많은 봉사활동을 생각하고 있는 사고회로도 가장 큰 변화에 속한다." "활동을 하면서 대학교를 들어온 후 잠시 방황을 해 혼란스러웠던 마음이 차분해졌다. 그리고 가족에 대한 소중함을 많이 깨닫게 되었다. 더욱 행복해진 것 같다." "다양한 사회변화에 대해 지속적으로 고민하게 되었다." "이론적인 것을 넘어 몸소 실천하고 같은 공간에 있다 보니 장애인분들을 이해하고 쉽게 다가갈 수 있는 발판을 마련한 것 같다." "나 자신만의 문제가 아닌 다른 사람, 사회의 문제에 대해 조금 더 관심을 가질 수 있는 것 같다. 세상을 살아가는 방식이나 미래를 설계하는 데 많은 관점이 바뀐 것 같다." "활동을 통해 고동학교 때까지 지내왔던 세월과 지금을 비교해보고 그 때 계획했던 것을 다 이루었는지 혹은 지키고 있는지에 대해 생각해 볼 수 있었다." "나를 되돌아 볼 수 있었던 시간이었다. 현장활동을 하면서 내 주위를 되돌아보게 되었는데 여태껏 나는 정말 나본 보고 살아왔던 것 같다."

3 그룹	"나의 생각을 이야기하는 것을 즐거워하게 되었다는 점이 가장 큰 변화다. 사람들과 의견을 나누다 보니 서로의 의견을 듣는 것이 즐거워졌고, 의견을 나누기 위해 뉴스를 보는 것이 즐거워졌다. 이 강의를 처음 들었을 때 이러한 결과가 나오리라고 예상하지 못했다." "발표에 대한 두려움을 떨친 것이 제게 나타난 가장 변화입니다." "봉사에 대한 생각이 변했다. 봉사는 불쌍한 사람들에 대한 동정이 아니다. 인간 대 인간으로 보살핀다. 봉사자들이 무슨 마음으로 이런 활동을 하는지 짐작이 간다."
4 그룹	"청소노동자에 대한 편견을 바로 잡을 수 있었다." "발표에 자신감이 생겼다. 그리고 활동을 통해 사회성이 많이 향상되었다." "발표에 대한 자신감이 생겼다. 내 주변에 대해 관심을 갖게 되었다. 지역사회에 도움이 되는 사람이 되고 싶다는 생각까지 했다." "타인과 소통하는 즐거움을 깨달았다. 앞으로 학점에 연연하지 않고 내가 속한 사회에 관심을 갖고 도움이 되도록 살고 싶다." "발표에 자신감이 생겼다."

*출처 : 채진원. "시민교육 1학기 평가와 과제 : 학생들의 반응의식과 시사점 논의" 발제문(2011년 7월 16일).

**질문 : 시민교육과정(현장참여교육)을 수강하면서 자신에게 나타난 가장 큰 변화는 어떤 것이 있는가?

그렇다면, 후마니타스 칼리지 시민교육 교과목의 교육적 효과는 있는 것일까? 어느 정도일까? 〈표 2〉는 2011년 1학기 시민교육을 수강한 학생들의 반응을 보여주는 설문응답이다. 이 데이터에 의하면, 시민교육 수강하면서 나타난 가장 큰 변화로는 '발표력 향상', '자신감 증대',

'타인과의 소통', '자신의 과거 삶 되돌아보기', '사회와 공동체 중요성에 대한 재인식', '각종 편견에서 벗어날 수 있었다'고 답변하고 있다. 경희대 후마니타스 칼리지가 출범한지가 얼마 되지 않아서 더 지켜봐야 하겠지만, 이러한 학생들의 반응을 볼 때 출발점으로서의 시민교육 교과목의 효과는 다소 긍정적이라 할 수 있다.

이 글은 우리나라 대학교육이 언제부턴가 건강한 시민육성이라는 대학 본연의 역할을 포기하고, 기업과 자본이 요구하는 직업적 기능인을 배출하는 취업양성 교육으로 전락하는 현실을 개선하고 세계화로 표현되는 전환기적 시대상황에 부합하는 시민성을 찾는 가운데 이러한 시민성을 함양하는 것이 대학교육의 중요한 목표로 되어야 한다는 당위성을 강조할 필요성이 있다는 것에서 출발하였다. 주요 내용으로 정체싱의 위기를 맞고 있는 대학교육의 현실을 비판적으로 살펴보기 위해 온고지신의 정신으로 대학의 기원과 대학교육의 변천사를 통해, 즉 중세 대학 이후 현재까지 포기되지 않는 순수학문주의와 도구적 실용주의간의 팽팽한 긴장을 통해 대학의 사명을 비판적으로 살펴보았다. 아울러 세계화의 진전에 따라 새로운 정체성으로 등장하고 있는 '글로벌 시민성'에 주목하여 이러한 흐름에 부합하는 새로운 대학교육의 방향으로 '지구적 존엄을 위한 사회적 공헌'과 '시민교육'을 강조하고자 하였다. 시민교육의 맹아적인 사례를 하버드 대학과 경희대 후마니타스 칼리지에서 찾아보고, 그것의 실천 가능성과 유의미성을 검토하였다.

이 글은 정체성의 위기에 빠진 대학교육의 배경이 대체로 신자유주의적 교육정책 그리고 자본과 대학당국의 편향적인 교육철학이라는 것을 비판하고 바람직한 대학교육의 방향성에 대해 균형을 잡고자 하는 실험적 시도에서 출발한 만큼 많은 한계를 가지고 있다. 특히, 이러한 시도 자체가 어찌 보면 현실을 무시한 매우 이상주의적이고 당위적인 견해로 그칠 수도 있다. 또한 논리전개에 있어서도 구체적인 데이터에 의존하지 않는 등 비약적인 논리도 있을 수 있다. 하지만 이러한 당위적, 이상주의적 시각을 강조할 수밖에 없는 이유는 최근 우리나라 대학교육의 현실이 의식적으로 당위성, 이상성을 강조하며 변화를 시도하지 않을 수 없을 만큼 심각하기 때문이다. 당위적 이상을 목표로 제시함으로써 변화의 방향성을 찾아 변화를 강력하게 추진할 수 있고, 비록 이상적인 목표와 방향 쪽으로 만족스럽게 다가가지 못하더라도 현재보다는 상대적으로 나아질 수 있을 것이라는 가정 때문이다. 여러 가지 제기되는 비판들은 추후 많은 보완이 이뤄져야 할 것이다.

이 글은 이러한 많은 한계에도 불구하고, 국제정치이론의 한 조류인 '구성주의'(constructivism) 패러다임이 강조하는 시각, 즉 새로운 규범과 역할을 통해 새로운 정체성을 형성하고 그러한 힘과 영향력이 글로벌 거버넌스를 이끌어 낼 수 있다는 관점에서, 세계화시대에 부합하는 글로벌 시민성을 함양하는 것이 대학교육의 중요한 사명이 되어야 한다고 강조하고 있다. 특히, 세계화는 기존 국가와 산업생산 중심 교육패러다임에 대해 강력한 타격을 가함으로써 그 교육의 적실성을 떨어뜨린다는 점에서, 시대착오적인 종전의 교육패러다임 대신에 글로벌 시민성을 함양하는 방향으로 대안적 교육패러다임이 제시될 필요성이 있다는 것과 그러한 흐름을 대학이 적극 수용하여 새로운 사명으로 인식하고 실천할 필요성이 있다는 것을 강조하였다.

대학이 세계화시대에 부합하여 글로벌 시민성을 육성하는 일을 포기하지 않고 지켜나가는 것은 결코 쉬운 일이 아니다. 많은 시행착오와 어려움이 불가피하다. 대학의 글로벌 시민교육이 활성화되고 전사회적으로 확산되기 위해서는 무엇보다 각 대학 구성원의 적극적인 참여와 실천 그리고 인식변화가 중요하다. 특히, 대학을 대표하는 최고의사결정권자인 설립자와 대학총장들의 인식변화와 변화된 리더십이 중요하다. 이러한 측면에서, 지금 새로운 길을 가면서 새로운 전범을 만들고 있는 하버드 대학과 경희대 후마니타스 칼리지의 선도적 시도가 중요하고 가치가 있는 것은 당연하다. 새로운 것을 시도하는 대학 당국, 교수, 학생, 교직원 등 구성원 전체의 더 많은 공감대 형성과 헌신적 노력이 절실하다.

참고문헌

강영계. 1999. 「대학의 이념과 인문학의 미래지향적 방향설정」. 『인문과학논총』 제32집.

고부응. 2010. 「한국 대학의 기업화」. 『역사비평』 92호.

김누리. 2010. 「시평 : 영혼을 팔아버린 대학-대학의 기업화와 학문공동체의 위기(2)」. 『안과 밖 : 영미문학연구』 제28권.

김종철. 1979. 『한국 고등교육 연구』. 서울 : 배영사.

김 철. 2006a. 「대학의 이념과 21세기의 대학교육」. 『이론과 실천』 제11권 제1호.

______. 2006b. 「대학이념의 역사적 변천과정과 21세기 대학이념에 관한 고찰」. 『교육의 이론과 실천』 제11권 제2호.

______. 2010. 「위기에 직면한 21세기의 대학개혁」. 『경기대 대학원신문』 3월 3일.

김태완. 2010. 「글로벌 시민문화 형성을 위한 시민교육의 방향」. 한국교육개발원 워크샵 발제문(서울, 4월 28일).

김호진. 2004. 『지식혁명 시대의 교육과 대학』. 서울 : 박영사.

김홍우. 1999. 『현상학과 정치철학』. 서울 : 문학과 지성사.

송유진. 2011. 「새로운 미래사회를 위한 대학 교양교육의 혁신」. 『교육철학』 제43집.

샤를, 크리스토프. 김정인 역. 1999. 『대학의 역사』. 파주 : 한길사.

안병진. 2011. 「21세기 고등교육의 메가트렌드」. 『새로운 명문의 조건』. 서

울 : 경희대학교 출판부.

오성삼. 1999. 『세계 대학의 이해』. 서울 : 건국대학교 출판부.

이광주. 1997. 『대학사』. 서울 : 민음사.

_____. 2008. 『대학의 역사』. 서울 : 살림.

이석우. 1998, 『대학의 역사』. 파주 : 한길사.

채진원. 2011. "시민교육 1학기 평가와 과제 : 학생들의 반응의식과 시사점 논의." 시민교육워크샵 발제문(서울, 7월 16일).

_____. 2013. 『지구화시대 동북아 상호인식의 현황과 구성주의적 과제』. 『아시아문화연구』 제32권.

최선영. 1996. 「대학이념의 변천」. 『대구가톨릭대학교 연구논문집』 제53집.

퐁티, 메를로. 류의근 역. 2002. 『지각의 현상학』. 서울 : 문학과 지성사.

홍익표·진시원. 2009. 『세계화시대의 정치학』. 서울 : 오름.

Baylis, J. and S. Smith, Eds. 2005. *The globalization of world politics : an introduction to international relations*, Second edition. London : Oxford University Press.

Brown, Roger, Ed. 2011. *Higher Education and the Market.* New York and London : Routledge.

Cogan, J. J. 2000. *Citizenship for the 21st century : an international perspective on education.* London : Kogan Page.

EAI. 2007. "국내대학의 위기와 조기유학 인식." 여론브리핑 16-5호.

Giddens, Anthony. 1990. *The Consequences of Modernity.* Cambridge : Polity Press.

Harvard University. 2007. *Report of the Task Force on General Education.* Cambridge : Harvard University, 2007.

Held, David et al. 1999. *Global Transformations.* Standford : Standford University Press.

Joice, B. R. and A. M. Nicholson. 1979. "Imperative for global education." In *Schooling for Global Age*. Ed. J. M. Becker. New York : McGraw-Hill : 95-109.

Kooiman, Jan. 2003. *Governing as Governance.* London : Sage Publications.

Pierre, Jon and Guy, Peters. 2000. *Governance, Politics and the State.* NY : St. Martin's Press.

Scholte, Jan A. 2000. *Globalization : A Critical Introduction.* N.Y. : Palgrave.

Wendt, A. 1999. *A Social Theory of International Politics.* Cambridge : Cambridge University Press.

3장
대학에서의 시민교육

우기동

청소년 자살이 심각하다. 매일 1명꼴이란다. 대부분 성적과 학교 생활의 비관이 원인이다. 그런데 우리 사회가 너무 조용하다. 내 자식이 자살했다면 이렇게 조용할 수 있을까? 우리 사회의 자녀가 하루에 한 명씩 죽어간다. 매일 TV의 머리 뉴스여야 하고, 신문 1면 머리 기사여야 하는데, 왜 이렇게 조용할까? 교육 문제에 관해 하루도 조용해서는 안 될 일인데, 왜 이렇게 조용할까? 결국 '경쟁'이 원인인데, 경쟁을 철칙으로 받아들이는 사회에서는 모두 남의 일로 받아들인다. 이 기회에 교육과 만남(사회적 관계)에 대해 다시 한번 고민해 보자.

1990년대 중반 쯤에 〈서편제〉라는 영화가 있었다. 소리꾼들의 삶을 통해 우리 시대의 변화를 그린 작은 역사의 이야기였다. 소리의 특색에 따라 서편제와 동편제로 나누어지는데, 서편제는 애절함을 동편제는 무거움을 좀더 담고 있다고 한다. 그런데 어렴풋이나마 새겨져 있었던 소리의 경지에 관한 대사가 떠오른다. '한(恨)에 사무쳐서 한 풀이를 하고, 그리고 그 한을 넘어서면 서편제도 없고 동편제도 없다. 한에 묻혔다가 묻히지 말고 한을 실었다가 한을 넘어서면, 득음(得音)의 경지만 있다.' 어려운 듯하면서도 참으로 삶의 지혜가 있는 듯하기도 하다.

우리는 어떤 의도와 목적을 가지고 사람들을 만나는 경우가 많다. 그런데 의도와 목적에 갇힌 만남은 이해관계에 따른 약효가 떨어지면 지속될 수 없다. 지속되더라도 형식적 만남에 그친다. 중요한 것은, 비록 우리가 의도와 목적을 가지고 만났다 하더라도, 의도와 목적을 넘어설 때 인간적인 만남이나 만남의 순수성에 이를 수 있을 것이다. 오늘날과 같은 자본주의적 상품 사회에서, 더구나 온통 돈이 지배하는 사회 풍토에서, 오로지 경쟁만 있는 사회에서 '인간'의 진정한 만남은 드물다고 해야 할 것이다. 아마도 대부분 의도와 목적과 이해관계를 넘어서는 만남으로 나아가지 못하기 때문일 것이다.

한에 사무쳐서 출발했지만 한을 넘어서면 득음의 경지만 있는 것처럼, 의도와 목적과 이해관계로 만났지만 그것을 넘어서면 인간적으로 이루어지는 순수한 만남의 지점이 있을 것이다. 거기에는 인간사 온갖 희로애락이 분출되기에, 서로 부대끼면서 서로 배려하고 서로 다투면서 서로 나누는 보통사람들의 삶의 정(情)으로 가득 채울 수 있을 것이다. 그리하여 우리의 삶에 필요한 모든 정신적, 물질적, 문화적, 사회경제적 가치도 본래의 빛과 향기를 뿜어낼 수 있을 것이다.

우리 모두는 너무 다르다. 생김새도 다르고, 생각도 다르고, 여러 환경도 다르고, 통상의 사회적 지위도 다르다. 그런데 다름은 만남이요, 만남은 인정함이다. 인정함은 배려요, 배려는 나눔이다. 그리고 나눔은 함께함이다. 그래서 우리 모두의 다름은 우리 모두 함께함이다. 경쟁 상대인 어느 집 누구의 아들 딸들의 자살이 아니다. 바로 우리 자식이 매일 자살하고 있다. 우리 자식을 경쟁 속에서 자살시킬 수 없다. 우리의 삶도 만남도 그래서 교육도 다름의 함께함이다.

인간다운 만남, 인간다운 사회적 관계는 품격 있는 사람들이 만들어내는 품위 있는 사회다. 이런 품위 있는 사회는 민주사회의 다른 이름이라 할 수 있을 것이다. 그리고 이런 사회를 지속적으로 유지하는 데 필요한 능력과 덕목과 합리성의 수준을 체득한 사람을 길러내는 것이 '교양교육'이다. 경쟁으로 인해 나타나는 우리 교육의 여러 부작용을 심각하게 받아들인다면 교양교육을 회복하고 실질화해야 한다. 교양교육은 어떤 측면에서 민주사회의 시민적 덕목을 갖추고 유지하는 '평생교육'이기도 하고, 이런 의미에서 교양교육은 오늘날 우리의 청소년 교육을 새롭게 고민하게 하는 인간교육이고 인재교육이기도 하다. 또한 대학에서의 교양교육의 철학과 목표는 청소년 교육의 올바른 방향을 제시해 줄 수 있을 것이다.

이러한 교양교육의 중심축에 '시민교육'이 있다. '시민'으로서의 '나'는 가족, 이웃, 지역, 국가, 세계라는 모둠판에서 살아가고 있다. 그래서 〈시민교육〉은 다음과 같은 '시민' 양성이라는 교육목표를 설정할 수 있다. 첫째 민주사회를 발전시킬 역량을 가진 합리적 비판적 민주시민, 둘째 공동체적 삶을 유지하는 데 필요한 신뢰, 선의, 공감, 배려, 봉사, 유대의 덕목을 가진 따뜻한 이웃, 셋째 한 나라의 시민임과 동시에 지구사회를 생각하는 '세계시민'이 그것이다.

그런데 이러한 '시민교육' 목표의 근저에는 스스로 문제를 찾고 나름대로의 해결책을 모색하는 '문제해결의 상상력과 능력'을 키우는 일이 깔려 있다. '나라면 이 문제를 어떻게 풀 것인가?', '나의 대안은 무엇인가?', '더 나은 세계를 위해 내가 할 수 있는 일은 무엇인가?' 등등.

이 글은 교양교육의 의미와 목표를 바탕으로 대학에서 시민교육의 필요성과 목표를 검토한 후, 시민교육을 통해 성찰적 비판적 사고능력을 함양하고, 경험을 확장하는 과정과 방법을 정리하고자 한다. 〈경희대학교 후마니타스 칼리지〉의 교양교육 사례를 첨가하면서 논의를 진행하고자 한다.

1. 대학에서 교양교육의 의미와 목표

1) 교양교육의 의미 – 교양과 교양인

흔히 교양이란 '교육이 도달할 수 있는 최고의 높이'라고 말한다. 그래서 교양인으로 살아가는 삶은 '훌륭한 삶'이라 말할 수 있다. 희랍철학(소크라테스, 플라톤)에서도 교양인은 인간의 '훌륭함(aretē, 아레테)'을 실현하는 삶이다. 이런 의미로 볼 때 교양은 우리 인간의 '일생동안의 삶의 방식'이어야 한다. 매슈 아널드의 말처럼 교양은 '완성을 향한 공부'이며, '자기완성을 향한 인류의 충동'이다.[1]

그런데 희랍철학에서 훌륭함(아레테)은 앎(epistēmē, 에피스테메)이다. 그리고앎은 존재의 올바름(본질)에 대한 앎이다.[2] 따라서 훌륭한 삶은 존재의 본질을 이해하는 '지적 능력'[3]을 필요로 한다. 교양이 지적 능력을 갖추는 데에서 출발하는 이유도 바로 여기에 있다. 사람으로서 훌륭함은 사람의 올바름(사람됨)에 대한 앎과 동시에 사람 구실을 할 줄 아는 앎에서 비롯되고, 그래서 훌륭한 삶은 앎이 곧 실천과 합일할 때에만 구체적으로 실현된다. 사람의 훌륭함은 앎과 실천이 분리되지 않는다. 훌륭한 삶은 지적 능력이 바로 '윤리적 능력'[4]과 '사회적 능력'[5]으로 나타나야 하고, 동시에 윤리적 능력과 사회적 능력의 성숙을 통해 지적 능력 또한 성숙해야 한다. 교양이 지적 능력과 더불어 윤리적 능력과 사회적 능력의 성숙을 의미하는 이유이다.

---

1 경희대 후마니타스 칼리지, 『인간의 가치 탐색』(서울 : 경희대 출판문화원, 2012), 704.

2 박종현, 『헬라스 사상의 심층』(서울 : 서광사, 2001), 72-77.

3 〈지적 능력〉: "사회적 삶에서 마주하게 될 온갖 종류의 문제들을 합리적으로 분석하고 이성적으로 판단하고 결정하는 능력." 경희대 후마니타스 칼리지, 『더 나은 인간, 더 나은 세계를 향한 교육』(서울 : 경희대 출판문화원, 2011), 18 참조.

4 〈윤리적 능력〉: "지식과 실천을 연결하는 능력, 인간의 보편적 가치를 실현하고자 하는 능력." 경희대 후마니타스 칼리지, 『더 나은 인간, 더 나은 세계를 향한 교육』, 18 참조.

5 〈사회적 능력〉: "인간의 복잡한 감정과 심리적 현실들을 이해하고 해석하여 세계의 다양한 정치적 사회적 문화적 문제들을 여러 각도에서 볼 줄 아는 능력, 개인들 혹은 집단들 사이에서 상충하는 이해관계를 조정하고 소통, 연대, 협력의 가능성을 확장하는 능력" 경희대 후마니타스 칼리지, 『더 나은 인간, 더 나은 세계를 향한 교육』, 18 참조.

교양교육을 실질화하고 강화한 〈경희대학교 후마니타스 칼리지〉는 바로 이러한 철학적 사상적 역사적 토대에 기반하고 있다. 교양인을 아래와 같이 정의하고 있다[6].

후마니타스(Humanitas)는 일반적으로 '인간' 또는 '인류'를 의미하는 말로 이해되고 있지만 이 용어를 만든 로마 철학자 키케로는 '문명을 만드는 인간'이라는 의미로 사용했다. 그 후 르네상스 시기의 이탈리아 인문주의자들은 키케로의 생각과 유사한 '이상적 인간'을 말하기 위해 이 용어를 부활시킨다.

경희대학교 후마니타스 칼리지는 지구사회 전체의 문명과 문화를 포괄하는 현대적 문맥에서 크게 다음의 네 가지 의미로 그 용어를 재정의하여 사용한다.

첫째, 자신의 지적 윤리적 심미적 상승을 부단히 시도하는 인간
둘째, 자연과 생명을 존중하고 타자에 대한 이해와 배려의 능력을 키우는 인간
셋째, 인류사회와 연대하고 문화세계를 추구하며 정의와 결속하는 인간
넷째, 문명을 만들고 문명을 성찰하면서 지구문명의 난제들을 풀어가는 인간

후마니타스의 이런 의미들은 '교양인'이라는 말 속에 집약될 수 있

6 경희대 후마니타스 칼리지, 『더 나은 인간, 더 나은 세계를 향한 교육』, 서문.

다. 교양인(a cultivated human being)은 문명의 제도인 '교육'을 문화적 의미 차원으로 끌어올리는 사람이다. 문화는 무엇보다 문명을 성찰하는 힘이며, 이 힘이 '교양'의 핵심이다. 이 의미에서 교양이란 '교육이 도달할 수 있는 최고의 높이'이다. 교양인으로서의 후마니타스는 그러므로 '문명을 만들고 문명에 참여하면서 지구사회의 문명을 성찰하는 인간', 자신의 성찰을 실천으로 연결시키는 '지구적 실천인'이라는 뜻을 가진다.

2) 교양교육의 목표

존재세계(자연, 사회)의 올바름을 이해하면서 교양을 갖추고 교양인으로서 훌륭한 삶을 살아간다는 것은 개인적으로는 만족스러운 삶이며 사회적으로는 합리성과 진보를 촉진하는 공동체적 역량이 될 수 있다. 그래서 교양교육의 일반적 목표를 '폭넓은 일련의 정신적 기량과 습관을 계발하고 향상시키면서 문제를 해결하는 공동의 협력과정'이라 하고, 지적 윤리적 능력을 향상시키고 삶의 지평을 확장하면서 '개인적 만족과 공공선을 추구하는 삶'이라 말한다[7].

그래서 경희대 후마니타스 칼리지에서는 교양교육의 기본 목표와 궁극 목표를 다음과 같이 설정하고 있다[8].

① 교양교육의 기본 목표 : 탁월한 개인, 책임 있는 시민, 성숙한 공동

---

7 Anne Colby et al., *Educating Citizens*(San Francisco : Jossey-Bass, 2003), 23-26.

8 경희대 후마니타스 칼리지, 『더 나은 인간, 더 나은 세계를 향한 교육』, 6-7.

체 성원의 양성

'아이가 어른 되는' 그 성숙의 조건들은 거대한 모험이고 도전이다. 대학에 들어오면서부터 그는 그때까지 의존해왔던 부모, 학교, 선생님의 긴 영향에서 벗어나 자신의 독립된 '정신의 삶'(life of the mind)을 시작해야 한다. 대학에서 그는 자기가 누구이고 타인은 누구이며 그가 사는 세계는 어떤 세계인지, 자신의 삶을 이끌 가치, 이상, 목적은 어떤 것일 수 있는지를 탐색해야 한다. 대학 입학과 함께 그는 자신을 책임지고 사회에 대해서도 책임질 준비를 해야 한다.

정신이 의존 상태를 벗어나 독립의 단계로 이동하고, 책임지지 않아도 된다고 여겨졌던 것들에 대해서도 책임을 의식한다는 것은 성숙의 조건들 중에서도 결정적으로 중요한 부분이며 매우 어려운 부분이다. 다수의 신입생들이 그 도전을 감당하지 못해 혼란, 방황, 도피에 빠진다. 이러한 혼란과 방황이 장기화되면 4년간의 대학생활은 큰 타격을 받고 헛되이 공전한다. 학부생이 대학의 도전에 잘 대응하고 즐겁게 응전하면서 자신을 변모시켜 나갈 수 있도록 이끌고 지원하는 것, 탁월한 개인, 책임 있는 시민, 성숙한 공동체 성원의 양성이라는 대학교육의 본질 목적을 교양교육의 차원에서 실현해나가는 것, 이것이 교양교육의 기본 목표이다.

② 교양교육의 궁극 목표 : 삶의 불확실성 앞에서 자기 생애를 이끌어나갈 내적 견고성 함양

학부생의 성숙을 돕는 일이 교양교육의 기본 목표라면, 교양교육의 궁극적 목표는 한 인간이 삶의 불확실성 앞에서도 의미 있고 행복한

방식으로 자신의 한 생애를 이끌어나갈 수 있게 할 내적 견고성의 바탕을 길러주는 데 있다. 삶이 안길 수 있는 온갖 어려움과 영욕의 순간에도 한 인간의 삶을 지탱해주고 의미와 가치를 공급해주는 것이 내적 견고성이라는 바탕이다. 이 바탕이 '교양'(culture)이다.

이 의미의 교양은 한두 해의 교양과정 학점을 따는 것으로 달성되지 않고 대학 졸업장이나 무슨 자격증 같은 것으로 획득되지 않는다. 교양은 대학 졸업을 위한 한시적 절차도 수단도 아니다. 그것은 그 자체로 목적이며, 교육이 도달할 수 있는 최고의 높이이다. 대학교육이 지향해야 할 궁극적 가치, 교육의 최종 효과가 교양이다. 그 교양은 단순 지식이 아니다. 대학에서 배운 지식들이 다 잊히고 다른 지식들로 대체되어도 여전히 내게 남아 나를 지탱하는 강한 힘, 대학에서 들은 강의의 내용들이 기억에서 사라지고 성공과 영광의 순간들이 다 지나갔을 때에도 여전히 내 몸에 남아 나를 지키는 무형의 자산, 그것이 교양이다. 세월이 바뀌고 삶의 외적 조건들이 바뀌어도 이 자산은 줄어들지 않고 없어지지 않는다. 더 성숙한 인간, 더 나은 인간, 더 유용한 인간을 최종적으로 정의해주는 것은 이런 의미의 교양이다. 예컨대 의사와 변호사와 경영인, 전문가와 정책입안자가 이런 교양의 인간일 때 그들은 분명 더 나은 의사이고 변호사일 것이며 더 나은 경영인, 전문가, 정책입안자일 것이다. 대학 교양교육은 그 궁극적 목표로서의 교양, 교육의 정점으로서의 교양을 망각할 수 없다.

3) 교양교육의 지향점

이어서 경희대 후마니타스 칼리지는 교양교육의 기본 목표를 바탕에 깔고 그것의 궁극적 목표를 북극성 삼아 다음 다섯 층위에서 후마니타스 교양교육의 지향점을 설정하고 있다[9].

① 인간, 사회, 자연, 역사에 대한 다각적 이해 방식들을 폭넓게 접할 수 있게 하고 인문학, 사회과학, 자연과학을 포함한 여러 학문 분야들의 관심 대상, 접근법, 사유 원칙들을 기본 수준에서 이해하게 하는 교육, 비판적 사고력을 키워줘 대학에서 자유롭고 창조적인 탐구 활동과 정신 가꾸기를 지속할 수 있는 교육을 지향한다.

② 온갖 정보와 지식, 상충하는 진리 주장들, 상이한 가치관, 경쟁적 주장과 의견 등을 이성적으로 검토하여 오류와 편견을 가려내고 옳고 그름을 판단할 능력을 길러주는 교육, 의미 있는 질문을 던지고 중요한 문제들을 찾아내며 합리적 설명, 타당한 주장, 설득력 있는 해석을 추구할 능력을 길러주고 과학적 사고 습관을 함양하는 교육을 지향한다.

③ 성찰의 능력과 습관을 길러주고 평등의 가치를 존중하며 타자에 대한 윤리적 책임을 알게 하는 교육, 사적 이익과 공적 이익을 분별할 힘을 키워주며 자신이 사는 사회의 민주적 원칙들을 지

---

9 경희대 후마니타스 칼리지, 『더 나은 인간, 더 나은 세계를 향한 교육』, 7-8.

키고 발전시킬 시민적 역량들을 터득하게 하는 교육, 계층과 신분, 종교, 지역, 성차 등의 벽을 넘어 타자의 이야기를 경청하고 이해하는 능력, 선의와 배려와 공감의 공동체적 가치들을 체득하게 하고 봉사정신을 길러주는 교육을 지향한다.

④ 유연한 상상력, 열린 정신, 지구사회적 마음가짐으로 두려움 없이 변화와 위기에 대응하고 문제를 선도적으로 해결할 힘을 길러주는 교육, 국제사회와 협력하고 세계의 정치적, 사회적, 문화적 다양성과 역사적 경험들에 대한 이해를 넓혀 인류 공통의 관심사를 인지함과 동시에 국적, 인종, 집단의 울타리를 넘어 지구사회 공통의 문제들을 풀어갈 세계 시민적 역량을 길러주는 교육을 지향한다.

⑤ 사건, 현상, 상징, 텍스트를 정확히 읽고 의미와 해석을 구성해내는 능력, 문서 생산력, 아름다운 것을 인지하고 평가하는 심미적 교감과 표현의 능력, 예술을 이해하고 사랑하며 예술적 창조성을 존중하는 능력, 기억할 것을 기억하고 사회의 역사적 경험들을 공유하게 하며 좋은 이야기의 사회적 유통을 촉진할 소통, 전달, 표현의 능력, 새로운 기술 매체들을 유효하게 사용할 문화적 능력을 함양하는 교육을 지향한다.

2. 대학에서 시민교육의 필요성

앞에서 살펴본 것처럼 대학의 교양교육이 '개인적인 만족과 공공선'을 추구하는 교양인을 길러내는 것이 목표라고 한다면, 그러한 교양인이 민주사회에서 '시민'으로 살아가기 위한 역량을 길러 주는 것이 '시민교육'이라 할 수 있다. 시민교육은 교양교육의 중요한 한 축인 셈이다. 다시 말하자면 민주사회에서 주체적 역량을 갖춘 '시민되기'는 공동체적 삶을 살아가는 교양인의 필수요건이다. 따라서 대학에서 공공체적 삶을 살아가는 민주시민을 양성하기 위한 시민교육의 필요성이 제기되는 것이다.

1) 민주사회와 시민교육

권력이 미디어와 결탁하여 사건과 여론을 조작하여 주권자인 국민을 기만하는 뉴스 속에서 살아가는 현실이라면, 빈부의 격차와 양극화는 심화되고 부와 권력을 가진 자들이 더욱 살기 좋아지는 세상을 목도하는 현실이라면, 경제적 물질의 가치만을 최고의 가치로 내세우면서 불확실한 미래의 희망으로 선동하는 정치를 일상으로 마주하는 현실이라면, 오로지 경쟁을 통해 소수의 승리자만을 위한 정책이 난무하는 현실이라면, 이러한 사회에서는 민주주의의 핵심 가치인 자유, 평등, 정의가 실종되고 있다. 민주주의의 위기다. 더구나 이러한 현실을 시민이 망각하고 있다면, 민주주의의 심각한 위기다.

민주주의가 위험에 빠지는 것은 크게 보아 세 가지 경우이다. 첫째, 국가 권력의 오용과 남용이 시민의 민주적 권리를 침해하고 민주적 사회 운영의 원칙을 파괴할 때, 둘째, 시민성 또는 시민정신(citizenship)의 약화나 포기가 광범위하게 진행되어 민주주의를 지키려는 파수꾼이 실종되었을 때, 그리고 셋째, 공적 사적 기관들을 포함한 사회 모든 영역에서 민주주의의 원칙이 무시되고 짓밟히고 무너져 내릴 때이다.

국가 권력이 시민의 민주적 권리를 심각하게 침해하고, 사회 모든 영역에서 민주주의 원칙이 무참히 짓밟히고 있는 현실에서, 우리가 다시 민주주의를 말하기 위해 엄정한 눈으로 그 중요성을 직시하고 실패를 성찰해야 할 것은 두 번째 요소, 곧 시민정신의 약화와 포기라는 문제이다. 파수꾼이 잠들면 민주주의는 되지 않는다. 민주사회의 핵심 중의 핵심이 시민성이고, 이 시민성의 중심개념은 '참여의 책임과 권리'이다. 시민의 참여의 권리를 지켜주는 것은 국민에게 권력을 위임받은 국가의 의무이다. 국가는 국민의 자유와 권리를 지키고 보장해 주기 위해 존재하는 것이지, 국민을 위협하고 내리누르고 권리를 짓밟기 위해 존재하는 것이 아니다. 국민의 동의에 의해 권력을 위임받은 정부와 국가 기관들이 꿈에도 잊지 말아야 할 것은 바로 그 점이다. 이 엄정한 사실을 망각할 때, 국가는 괴물이 되어 국민을 집어삼키고 민주주의는 그 근원에서부터 파괴된다. 국가가 괴물이 되는 사태를 막아야 하는 것은 누구인가? 바로 시민이다. 레비아탄(괴물)의 시간이 시민의 시간을 접수하려 들 때, 그 발톱을 향해 "안 돼!"라고 말하고 저항권을 발동하는 것, 그것이 시민의 책임이고 의무이다. 민주사회는 어느 때 무너지는가? 사회는 언제 망하는가에 대한 다이아몬드의 진단에서처럼 민주사회는 민주주의의 위기를 시민이 인식하지 못할 때, 위기를 인식하고도 대처하지 않을 때, 틀린 방식으로 위기에 대처할 때, 그리고 대처할 시간을 놓쳤을 때 여지없이 무너진다...(중략)... 몰랐다면 '무지의 죄'이고, 알면서도 손쓰지 않았다면 '무능의 죄'이거나 '나태의 죄'이다. 지금 한국 교육에서 심각한 문제 가운데 하나는 '민주적 역량을 발휘할 줄 아는 시민의 양성'이 교육의 핵심 목표에 포함되어야 한다는 것을 단 한 번도 제대로 인식한 적이 없고, 그것을 교육목표의 하나로 천명하는 일도 없다는 것이다. '시민교육'이나 '시민학Civics'을 대학 교양교육의 기초과목 혹은 필수과목에 넣어 가르치는 대학은 우리나라에서 한 곳도 없다. 놀라운 일이다. 물론 시민은 공교육을 통해서만 길러지는 것은 아니다. 그러나 중고등교육 과정에서 시민을 길러내는 일은 민주사회에서 생략할 수 없는 교육과제이다...(중략)...

민주사회를 만들고 민주주의를 유지할 수 있게 하는 것은 시민이다. 구청 공무원도 시민이고, 국방부 직원도 시민이며, 국회의원도 시민이다. 교사도 기업인도 기자도 주부도 교수도 그리고 그 누구도 민주사회의 일원인 이상은 시민이다. 그런데 그 시민들이 민주주의를 모르고 민주주의가 어떻게 운영되는지 모른다면, 민주주의는 어떻게 가능한가? 민주주의 안착을 위한 노력이 사회 모든 영역에서 다양하게 지속적으로 진행되어야 한다는 문제의식은 그 질문에서 출발한다...(중략)...시민교육은 현실적 적절성을 가져야 하고, 구체적인 문제와 이슈 중심이어야 하며, 생활세계에 밀착된 것이어야 한다. 권력과 권위, 자유와 책임, 사회정의, 분배, 프라이버시, 인권, 생명존중과 인간 품위, 환경, 평등, 공존, 공동체, 세계시민, 윤리 같은 시민교육의 주요 내용들은 현실 속에서는 그 어느 것도 추상이 아니다[10].

덴마크의 국민대학(folk high school)운동을 주도했던 그룬트비히는 "만일 국민들이 무지하여 정치를 알지 못한다면, 그래서 선거에 관한 권한과 의무조차 알지 못한다면, 그런 사람들에게 선거권이 무슨 소용이 있겠는가?"라고 하면서 시민교육을 제일 중요한 교과목으로 선정하였다. 교육의 기회가 모든 국민들에게 주어지고, 그 교육을 통해 국민들의 민주적 자질이 일정한 궤도에 이르렀을 때, 비로소 민주주의는 가능하다고 보고, 학교의 제도 교육이 미치지 않는 사람들에게는 평생교육을 통해 시민의 자질을 향상시키고자 하였다. 그룬트비히의 국민대학운동은 마을마다 학습 동아리를 만들어 시민들의 학습력을 키웠고, 지역사회의 문제를 스스로 해결하는 자치력을 갖추게 하였다. 이러한 시민교육의 힘이 오늘날 북유럽의 대표적인 민주적 복지국가 덴마크를 건설하였다[11].

이렇듯 시민이 '참여의 권리와 책임'을 통해 민주주의를 운영하고 지키는 파수꾼이 될 때, 그 사회는 시민의 품격이 살아있는 민주사회라 할 수 있다. 이러한 민주주의의 '참여의 권리와 책임'이 바로 시민적 존엄성의 근거이기도 하다.

---

10 도정일, 「더 나은 세계를 위해 우리는 무엇을 할 것인가」, 도정일 편, 『다시, 민주주의를 말한다』(서울 : 후마니타스, 2010), 15-22.

11 민주화운동기념사업회, 『시민교육 현장 지침서』(자료집, 2010).

2) 대학 시민교육의 필요성

대학의 교양교육이 청년들로 하여금 삶의 불확실성 앞에서 자신생애의 내적 견고성을 확립하고 탁월한 개인, 책임 있는 시민, 따뜻한 공동체 성원으로 성장할 수 있도록 하는 데 그 목표를 두고 있다면, 민주사회에서 주체적 역량을 갖춘 성숙한 시민되기의 교육 또한 대학의 교육적·사회적 책임이라 할 수 있다.

루소의 말처럼 청년은 '생활'을 위해 두 번째 탄생한다. 이 '제2의 탄생'을 통해 청년은 스스로의 삶의 주인이 되어야 하고, 공동체 안에서 정치적으로 또 사회적으로 주체로 다시 태어나야 한다. 정치적 주체는 민주사회에서 시민적 덕목을 갖춘 '시민'으로 거듭 태어나는 것이고, 사회적 주체는 원만하고 합리적인 사회적 관계를 맺고 살아가는 따뜻한 이웃, 즉 '공동체 성원'으로 거듭 태어나는 것이다. 대학의 시민교육은 청년들이 '시민'으로서 '공동체적 삶'을 살아갈 수 있도록 지적·윤리적·사회적 능력과 역량을 길러주는 교양교육이며, 그러한 능력과 역량을 갖추어 '제2의 탄생'을 하도록 돕는 산파교육이다.

민주사회에서 시민은 민주주의의 가치를 발명하고 실현하고 지키는 건설자이며 운영자이고 파수꾼이다. 그래서 성숙한 시민은 '어떤 사회, 어떤 공동체를 만들 것인가?', '어떤 제도, 어떤 기구, 어떤 조직을 만들 것인가?', '어떤 실천적 활동(운동)을 할 것인가?'를 고민하고 실천한다. 그래서 시민은 '자율성'을 가져야 하며 동시에 '책임'도 떠맡아야 한다. 대학에서의 시민교육은 이러한 성숙한 시민이 탄생할 수 있는 교육과정을 구성하고 문화적 조건을 만들어가야 한다.

① 시민적 덕목

대학에서 성숙한 시민을 양성하기 위해 시민교육이 필요하다면, 그 교육과정은 시민적 덕목(혹은 덕성, civic virtue)에서 출발해야 한다. 앞에서 언급했듯이 일반적으로 시민의 덕목은 '자율성'과 '책임'이다.

자율성(autonomy)은 주체적으로 사고하고 판단하는 능력이다. '주체적 사고와 판단'은 인간의 이성(logos)에 의해 이루어진다. 그래서 자율성은 이성적으로 판단하고 결정하는 능력에 기반한다. 이렇게 볼 때 자율성은 '사회적 삶에서 마주하게 될 온갖 종류의 문제들을 합리적으로 분석하고 이성적으로 판단하고 결정하는 능력', 즉 지적 능력과 성숙성을 요청한다. 교양인으로서 훌륭한 삶이 올바름에 대한 앎에서 비롯된다는 철학적 언명은, 성숙한 시민의 첫 번째 덕목이 당연히 지적 능력을 바탕으로 하는 자율성임을 그대로 보여 주고 있다.

책임(responsibility)은 '~의 결과' 대한 책임이다. 우리는 사회적 삶에서 마주하는 온갖 종류의 문제나 일(사건, 사태, 현안 등)과 관련해서 어떤 경우에는 '선택'의 문제에 직면하고 또 어떤 경우에는 '행동'의 문제에 맞닥뜨리게 된다. 그 때 우리는 자유의지에 따라 선택하고 행동한다. '선택'과 '행동'은 나의 '자유'다. 사회적 관계와 사회적 삶 속에서 나의 '선택의 자유'와 '행동의 자유'는 어떤 결과를 낳는다. 그 결과에 대한 책임은 선택과 행동의 자유를 누린 나의 책임이다. 자유의 결과에 대해 책임을 짊어져야 한다. 자유의지에 따라 선택하고 행동한 자율적 주체는 곧 책임의 주체이기도 하다. 그런데 선택과 행동의 자유는 '지식과 실천을 연결하는 능력, 인간의 보편적 가치를 실현하고자 하는 능력', 즉 윤리적 능력과 성숙성, 그리고 '인간의 복잡한 감정과 심리적 현실들을 이해하고 해석하여 세계의 다양한 정치적 사회적 문화적 문제들을 여러 각도에서 볼 줄 아는 능력, 개인들 혹은 집단들 사이에서 상충하는 이해관계를 조정하고 소통, 연대, 협력의 가능성을 확장하는 능력', 즉 사회적 능력과 성숙성을 요청한다. 동시에 윤리적 사회적 능력과 성숙 정도는 책임감의 무게와 사명으로 나타난다. 교양인으로서 훌륭한 삶이 올바름에 대한 앎과 실천의 합일을 통해 실현된다는 의미는, 성숙한 시민의 두 번째 덕목이 당연히 선택과 행동의 자유와 그 결과에 대한 책임임을 자연스럽게 유추할 수 있게 한다.

그리고 시민의 덕목에서 빼놓을 수 없는 것이 '관용'의 능력이다. 관용은 타인의 주장을 듣고 이해하려는 능력이고, 다양성을 인정하는 열린 마음이며, 공존의 윤리를 지키려는 삶의 자세다. 볼테르는 관용의 가치를 가장 극적으로 표현하고 있다. "나는 당신의 생각에 동의하지 않는다. 그러나 당신이 그 생각을 표현할 수 있는 자유를 지켜주기 위해서라면 나는 내 목숨도 내놓을 용의가 있다."

② 공동체적 삶

대학의 시민교육은 왜 사회적 주체로서 시민의 공동체적 삶의 문제를 가르쳐야 하는가? 우리는 왜 '공동체'에 관해 고민해야 하는가? 사회적 관계는 '나(인간, 개인)'라는 존재의 '삶의 관계'이며, 사회는 '나(인간, 개인)'라는 존재의 '생활의 세계'이다. 나와 사회의 관계는 곧 '나인 우리, 우리인 나'라는 공동체적 의식의 토대요, 공동체적 삶의 기초다. 그렇기에 나와 사회는 통일적으로 연관·구성되어 있으며, 그래서 통일적으로 파악되어야 한다. 여기에는 소통에 의한 자유로운 인간들의 합리적인 관계가 전제되어 있다.

인간의 이러한 사회적 관계를 아리스토텔레스는 '인간은 사회적 동물이다'라는 명제로 표현했다. 아리스토텔레스에 의하면 인간은 언어를 통해 의사를 전달하는 언어적 동물(소통)이고, 또 언어를 매개로 이해관계와 갈등을 풀어가는 정치적 동물(공감)이며, 이러한 소통과 정치를 바탕으로 함께 살아가는 사회적 동물(공존)이다. 이러한 사회적 관계는 삶의 관계나 생활의 영역과 연관해서 다층적으로 이루어져 있다. 운명공동체(민족), 인류공동체, 교육공동체, 경제공동체(일자리), 생활공동체,

문화공동체 등으로 구별되기도 하고, 가족공동체, 학교공동체, 마을공동체, 지역공동체, 국가공동체, 지구촌공동체 등으로 분류되기도 한다. 이처럼 사회적 관계의 상대적 단위인 공동체는 우리들이 더불어 함께 살아가는 삶의 현장이고 생활공간이다. 이러한 삶의 현장과 생활공간에서 형성되어 나타나는 사회적 의식이 바로 공동체 의식이다. 그래서 공동체 의식은 구성원들 모두 따뜻한 이웃으로 더불어 함께 살아가고자 하는 '삶의 방식'의 표현이다.

그런데 공동체적 삶의 현장은 즐거움과 희망을 나누면서도 또 좌초하고 분노하며 환멸을 느끼면서 욕망과 꿈을 실현하기 위해 치열하게 살아가는 개인들의 열정에 가득찬 행위들이 있는 삶의 모둠판이다. 그래서 갈등과 대립이 있다. 보통 우리는 삶의 목표를 행복이라 말한다. 행복한 삶은 훌륭한 삶에 토대를 두고 있고 있기 때문에, 개인적으로 만족하면서 공공선을 추구하는 삶이라 말할 수 있다. 그러한 삶은 사회적 관계, 즉 공동체 속에서 이루어질 수밖에 없다. 그래서 인류는

역사적으로 개인들이 행복한 더 좋은 공동체 사회를 만들기 위하여 부단히 노력해 왔고, 많은 철학자와 사상가들이 개인과 사회의 합리적인 관계에 관한 이론을 제시하였다. 그 결과 자유, 평등, 정의에 바탕을 둔 민주주의의 가치를 발명하였고, 이런 가치를 실현하는 민주사회를 만들고자 엄청난 희생을 감수해 왔다. 그렇지만 공동체를 위협하는 요인들이 구조적으로 뿌리를 내리고 있고, 그래서 대립과 갈등을 끊임없이 불러일으키고 있다. 분명 오늘날 자본주의는 과학과 기술의 힘으로 물질적 풍요와 생활상의 편리함을 우리에게 가져다 주었다. 반면에 전쟁, 불평등, 경쟁에 의한 승자독식, 경제적 사회적 양극화, 생태계 파괴 등 이루 말할 수 없을 정도의 많은 요인들이 우리의 공동체적 삶을 어렵게 하고 있다. 물론 개인적 측면에서 보면 여기에는 인간의 탐욕(이해관계)이 깔려 있다. 그러나 여전히 공동체를 위협하는 중요한 요인은 사회구조의 문제라 할 수 있다. 이는 '월가를 점령하라', '분노하라' 등 시민의 저항운동이 단적으로 보여 주고 있다. 공동체적 삶을 회복하려는 노력들이다. 바로 여기에 대학의 교양교육, 특히 시민교육이 민주주의의 가치를 지키고 더욱 건강하고 합리적인 공동체 사회를 만들어가기 위해 지적 윤리적 사회적 능력을 갖춘 사회적 주체로서의 시민을 양성해야 하는 필요성이 있다.

③ '나인 우리, 우리인 나'의 공동체 – 그 철학적·역사적 기반

물질적 가치를 최우선으로 여기면서 부자되기의 무한 경쟁 속에서 살아가고 있는 오늘날 우리의 현실을 진단한다면, 그것은 인간과 인간의 관계, 인간과 사회의 관계, 인간과 일(노동)의 관계 등등에서 나타나

는 전반적인 사회적 소외 현상이라 할 수 있다. 이런 소외된 삶에서는 공동체적 나눔의 생활 문화는 찾아 보기 힘들다. 오로지 물질을 향한 고립된 개인들간의 이전투구식 투쟁만 있을 뿐이다. 함께 일하면서 서로 나누는 일의 터전이어야 하고, 서로 배려하면서 서로 어우러지는 삶의 터전이어야 할 나눔의 공동체가 사라지고 없다. 일 하지 않고 벌어서 부자 되고자 하는 투기의식과 사회의식이 지배적이다. 여기에는 건전한 노동의식이 있을 리 만무하다. 우리의 삶은 일을 중심으로 짜여진 생활의 그물망 가운데에서 희로애락을 겪으면서 어우러지는 하나의 모둠판이다. 그런데 사회적 소외 현상은 일과 생활 속에서 이루어지는 사람들의 관계가 인간존중과 이해심은 없고 전반적으로 소원한 상태로 있음을 의미한다. 철학적으로 말하자면 그 중심에 노동소외가 자리하고 있기 때문이다.

주지하듯 노동은 한편에서는 '인간과 자연의 관계'이면서, 다른 한편에서는 '인간과 인간의 관계'이기도 하다. 노동은 욕망을 충족시키기 위한 자연물의 취득 과정이고, 인간과 자연 사이의 물질대사의 보편적 조건이며, 인간 생활의 영원한 자연스런 필요조건이다. 말하자면 인간과 자연의 관계, 인간과 인간의 관계는 노동하는 가운데 맺어지는 생활이다. 인간 생활이 이루어지는 모든 사회 형태에 다같이 공통된 것이다. 그 속에 갈등하고 대립하고 배려하고 나누는 물질적 정신적 가치가 모두 자리하고 있다. 그러나 모든 인간적 관계가 경제 논리에 의해 완벽하게 지배당하고 있는 현실은 노동에 의한 인간과 인간의 관계를 물질적인 형태로 완전히 환원시키고 소외시켜 버렸다. 인간적 가치를 소중히 여기는 사회의식이 없다. 이런 사회적 소외현상을 극복하는 길은 역사적으로 공동체적 나눔의 문화에서 찾고 있다. 공동체적 나눔의 문화를 새로이 창출하기 위해, 먼저 노동, 인간관계, 공동체 의식에 관한 철학자들의 이야기를 들어 보기로 하자.

헤겔은 노동을 본격적으로 탐구한 철학자다. 그래서 헤겔 철학을 통해 노동의 의미, 노동과 인간 소외, 노동과 자유로운 삶, 공동체적 의식 등에 관해 이해할 수 있다. 헤겔은 최초로 노동에 철학적 의미를 부여하고, 그 노동을 바탕으로 근대의 시대 정신을 형상화하는 데까지 나아갔다. 『정신현상학』「자기의식」장의 주인과 노예의 변증법에 가장 잘 나타나 있다. 꽤 난해한 편이기는 하지만 자의식, 자의식간의 갈등, 조화를 찾아나가는 과정을 깊이 있게 사유해 보자.

헤겔에 의하면 자의식은 자신의 자립성을 견지하는 주체적 자아이며, 자신의 내부를 성찰하는 반성적 자아이다. 헤겔은 이 자의식을 욕망으로, 그것도 타인에 대해 스스로를 인정받고 싶어하는 인정에 대한 욕망으로 간주한다. 욕망으로서의 자의식은 스스로의 자립성을 확신하는 개별적 자아이지만, 그 자립성은 다른 자의식의 인정에 의해서만 성립할 수 있는 것이다. 이처럼 스스로의 자립성을 인정받고 싶은 욕망으로 인해, 두 자의식간에 현실적인 인정투쟁이 벌어진다.

자의식은 자기를 절대적으로 내세우고 다른 자의식의 생명을 빼앗으려 한다. 자의식은 타인의 생명을 노리는 만큼 자신도 생명을 걸어야 한다. 인정투쟁은 자의식의 본질에 근거를 두고 있기 때문에, 자의식은 모두 이 투쟁에서 벗어날 수 없다. 그런데 만약 한 자의식이라도 죽는다면, 인정투쟁은 의미가 없어진다. 왜냐하면 살아남은 자의식이 다른 자의식으로부터 인정받을 수 없기 때문이다. 따라서 죽음은 인정투쟁의 한계 지평이고, 하나의 자의식이 승리할 수 있는 계기이다. 이렇게 볼 때 이 투쟁에서 승리의 관건은 목숨을 내던질 수 있는 자세다. 헤겔은 이러한 인정투쟁에서 자립성을 확립하기 위해 목숨을 걸고 자의식을 고수하여 승리한 의식을 주인(의식)이라 명명하고, 생명에 집착하고 죽음이 두려워 굴복한 의식을 노예(의식)라고 명명한다.

인정투쟁에서 패배한 노예는 이제 자신을 살려 준 대가로 주인을 위해 봉사해야 한다. 노예는 노동을 매개로 자연에 관계하면서 주인의 생활을 떠맡는다. 주인은 노예의 노동 산물을 향유한다. 이것은 죽음을 각오로 인정투쟁에서 승리한 결과다. 주인은 생명의 구속으로부터 벗어난 권력자요, 생명에 집착하는 노예에 대한 권력자다. 이로부터 주인과 노예의 관계는 향유와 노동의 예속적 관계로 나타난다.

그런데 노예의 노동은 현실적으로 이중의 어려움에 직면해 있다. 한편으로, 노예는 끊임없이 주인으로부터 죽음의 공포를 경험한다. 노예의 게으름은 곧 죽음을 의미한다. 노예는 열심히 일을 해야 한다. 그래야만 주인이 불어넣는 죽음의 공포(현대 자본주의 사회에서의 정리해고 혹은 구조조정 대상)로부터 벗어날 수 있다. 노동은 이제 노예의 생존 방식이다. 다른 한편, 노예는 노동을 통해 자연을 가공하지만, 자연은 노예의 뜻대로 쉽게 정복되지 않고 끊임없이 노예에게 저항한다. 이처럼 노예의 노동은 주인의 생명 위협과 자연의 저항이라는 이중의 고통 속에서 이루어진다. 이와같은 고통의 노동과정에서 노예는 자립적 의식으로 발전하는 계기를 마련한다. 주인으로부터 죽음의 공포를 경험하는 과정에서 노예는 죽음이라는 절대적 공포가 절대적 주인임을 깨닫게 된다. 다시 말해 죽음이 생명을 빼앗아 가는 생명의 절대적 부정임을 깨닫는다. 절대적 주인인 죽음의 공포는 노예로 하여금 현실 세계에서의 노동만이 공포를 부정하면서 생명을 유지할 수 있는 유일한 길임을 알려 준다. 이리하여 노예는 주인의 예속보다 죽음과의 관계에서 자신의 삶을 발견하는 자립적 의식으로 성립한다. 노예의 이러한 자립적 의식의 확립은 사실은 죽음의 공포를 경험함으로써 가능한 것이었다. 여기서 헤겔은 실존적인 죽음의 공포 하에서 이루어지는 노동이야말로 자립적이고 본질적인 자의식을 확립하는 계기라고 강조한다.

이제 노예는 죽음의 공포로 인해 자신 내부에서 전율을 느끼면서 자기 자신을 해체하지 않는다. 오히려 노예는 노동 대상인 자연의 객관적인 법칙성을 인식하여 이를 가공함으로써 자연을 자신의 의지에 종속시킬 수 있다고 생각한다. 이러한 능력의 발휘는 본질적으로 노예 자신의 주체적인 잠재 능력에 대한 확인이다. 이리하여 노예는 노동을 통해 대상을 가공하고 변형하며, 동시에 자기 자신을 변화시킨다. 대상을 합목적적으로 변형하여 자신의 욕망을 충족시킬 때, 노예는 진정으로 자신의 능력에 대해 강한 확신을 가질 수 있다. 헤겔의 시대정신과 역사적 필연성에 근거할 때, 노예는 노동을 통해 자연의 필연성과 법칙성을 인식함으로써, 자유를 실현하는 진정한 자립적인 주체로 등장한다.

이에 반해서 주인은 물질 생활 전체를 노예에 의존함으로써 오히려 자립성을 상실한다. 그리하여 마침내 주인은 노예의 노예가 되고, 노예는 주인의 주인이 된다. 이처럼 헤겔은 인정투쟁을 통한 주인과 노예의 변증법에서 노동이야말로 내세의 모든 허구적 관념을 거부하고, 참으로 현실 세계를 형성하는 원천임을 보여 주고 있다. 노동은 이제 자연과 인간을 매개하는 중심으로서, 인간과 인간의 사회적 관계를 형성하는 핵심 계기로서 자유를 실현하는 철학적 의미를 획득하게 되었다. 여기서 헤겔은 '노동하는 의식'(노예의식)을 인간의 보편적 의식으로 승화시켜 '나인 우리, 우리인 나'의 공동체적 삶의 방식을 제시한다.

그런데 마르크스는 헤겔의 노동관에 내재해 있는 노동의 긍정적 측면과 부정적 측면을 명확하게 구별하였다. 마르크스에 의하면, 헤겔은 구체적이고 물질적인 노동, 역사 발전의 특정 단계에서 보여지는 노동의 부정적 측면을 통찰하지 못했다. 바로 노동의 부정적 측면과 관련하여 소외 문제를 거론할 수 있다. 마르크스는 그의 저서 『경제학 철학수고』에서 소외된 노동이라는 개념을 통해 자본주의 사회에서 이루어지는 구체적이고 물질적인 노동을 분석한다. 근대 상품사회는 새롭게 창출된 값싼 노동력과 자본가에게 사적으로 소유된 생산 수단이라는 대립적 요소에 기초하여 성립하였다. 자본주의적 관계에서 임노동자에 의해 창출된 가치는 자본가에게 사적으로 전유된다. 이리하여 노동이란 인간의 본질과 능력을 대상에 발현시킨다라는 본래의 의미를 상실하고, 노동은 소외된 노동이 된다.

노동은 무조건적으로 항상 긍정적 역할만 하는 것은 아니다. 똑같은 노동이 어떤 사람에게는 끝없는 굴종과 오욕으로 점철된 강제 노동이 되어, 자기의 능력을 실현하고 확신하기보다는 자기를 상실하고 자기를 부정하는 과정이 될 수 있다. 똑같은 노동이 누구에게는 그의 비참한 삶의 조건을 극복하는 데 기여하기보다는 오히려 비참한 삶을 지속적으로 재생산하는 데 기여하는 경우도 있다. 물론 노동은 물질적 삶을 생산하면서 인간의 역사를 형성하는 본질적인 동력이다. 하지만 특정한 조건 하에서는 노동이 노동하는 자의 자기상실과 자기부정이 되기도 한다. 그러한 부정적 노동의 산물은 노동하는 자에게 소원한 위력으로 다가오며, 동시에 현재의 부정적인 노동, 노동 산물, 노동 조건을 재생산하는 데 결정적인 원인을 제공하기도 한다. 따라서 소외된 노동으로 인한 인간 소외를 극복하기 위해서는 헤겔이 밝힌 노동의 긍정적 의미를 회복해야 한다. 노동이 인간 본질의 실현과정이 되려면 무엇보다 우선 노동의 주체성이 회복되어야 한다. 노동자가 스스로 자신의 노동 과정을 통제하지 못하고 타인의 명령에 따라야 한다면, 노동의 인간적 의미는 애당초 실현될 수 없다. 또한 노동의 창조성도 회복되어야 한다. 무미건조한 추상적 노동은 노동자의 본질을 실현하는 과정이 될 수 없다. 창조적인 노동이야말로 노동자의 인간적 본질과 능력을 대상화하고 실현할 수 있기 때문이다.

이런 맥락에서 주체적이고 창조적인 노동 과정이야말로 바로 인간의 자유를 진정으로 실현하는 과정이다. 노동 과정이 인간의 자유로운 삶의 과정이 되기 위해서는 무엇보다도 노동(사회 구성원의 일터)을 중심으로 하는 사회적 관계가 합리적으로 짜여져야 한다. 말하자면 주체적이고 창조적인 노동이 보장되는 일터를 구성해야 한다. 노동하는 의식을 인간의 보편적 의식으로 승화시켜 '나인 우리, 우리인 나'의 공동체적 삶의 방식을 논의한 헤겔의 사상이나 이를 구체적인 사회적 관계, 조건, 환경에서 실현하고자 했던 마르크스의 사상도 이런 맥락에서 이해할 수 있다.

3) 대학 시민교육의 목표

서론에서 언급했듯이 대학의 시민교육은 첫째, 민주사회를 발전시킬 역량을 가진 합리적 비판적 민주시민 둘째, 공동체적 삶을 유지하는 데 필요한 신뢰, 선의, 공감, 배려, 봉사, 유대의 덕목을 가진 따뜻한 이웃 셋째, 한 나라의 시민임과 동시에 지구사회를 생각하는 '세계시민'의 양성을 목표로 하고 있다.

공동체적 삶의 현장은 즐거움과 희망을 나누면서도 또 좌초하고 분노하며 환멸을 느끼면서 욕망과 꿈을 실현하기 위해 치열하게 살아가는 개인들의 열정에 가득찬 행위들이 있는 삶의 모둠판이다. 그래서 갈등과 대립이 있다. 갈등과 대립이 있다는 것은 서로의 생각과 의견에 다름이 있음이요, 생각과 의견의 다름을 인정하는 것은 서로 다른 삶의 가치를 똑같이 인정함을 의미하는 것이기도 하다. 그렇지만 대화와 소통과 만남을 통해 하나의 삶의 모둠판에서 어우러지면서 살아간다. 그래서 이 삶의 현장은 개인들의 다양성의 가치가 인정되고 단절없는 소통이 이루어지며 공동체 의식을 나누는 만남의 광장이다.

소통은 상호이해와 합의를 지향하는 상호작용이다. 소통은 지배, 강압, 권위로부터 자유로운 인간을 전제하거나 만들어낸다. 다시 말해서 자유로운 인간들의 합리적인 사회적 관계에 의해서만 소통은 이루어진다. 이런 소통은 일상적인 생활세계의 영역에 자리잡고 있어야 한다. 이때 생활세계의 영역은 개인이나 가정과 같은 사적 영역과 지역사회, 시민사회단체 등과 같은 공적 영역으로 나뉘어진다. 그리고 소통을 매개로 조정되는 이 생활세계의 영역에서 개인의 사회화, 문화적 재생산,

사회통합 등이 이루어진다. 이런 생활영역에서 민주주의의 가치는 실현되고, 그 사회는 발전한다. 대학의 시민교육이 민주사회를 발전시킬 역량을 가진 합리적 비판적 민주시민을 양성하고, 공동체적 삶을 유지하는 데 필요한 신뢰, 선의, 공감, 배려, 봉사, 유대의 덕목을 가진 따뜻한 이웃을 길러내는 것을 목표로 삼는 이유가 여기에 있다.

우리는 아프리카에서 헌신적으로 살았던 슈바이처의 삶을 보고, 또 수단 남부 톤즈 지역에서 한평생 봉사하며 살았던 이태석 신부의 삶을 보고 눈물을 흘리며 감동한다. '사람이 사람에게 저렇게 아름다울 수가 있을까?'라고 그들의 삶의 빛과 향기에 탄복한다. 인간의 따뜻함에 감복할 뿐만 아니라 우리 스스로 이미 지구촌 공동체를 생각하는 '세계시민'임이 근저에 깔려 있다.

오늘날 세계사회의 특징은 말 그대로 세계화, 글로벌, 지구촌, 지구화이다. 그리고 지속 가능한 인류의 미래 문명은 문명간의 대화와 공존, 타자와의 공감능력을 요구하고 있다. 가령, 빈곤, 전쟁, 기후, 생태환경의 심각한 형평성의 상실 등의 문제는 이미 특정 국가의 특수한 문제 아니다. 그래서 공존의 윤리는 지구촌 공동체와 새로운 사회를 향한 시민들의 열망과 실천적 노력으로 나타나고 있다. '세계시민'이 새로운 주체로 등장하면서 지구적 문제의 해결책을 모색하고 있다. 세계시민은 근대적 시민과 구별되는 새로운 존재가 아니라 지구적 거버넌스의 요청을 수행할 시민의 덕목(공감, 나눔, 참여, 연대)을 갖춘 역량이다. 지구적 차원의 공정과 정의, 세계평화를 실현하고자 한다. 지역의 풀뿌리 공동체에서부터 세계공화국의 의제까지 등장한다. '지구적으로 사고하고 지역적으로 행동하라.' 대학의 시민교육이 세계시민의 양성을 소홀히 할 수 없다.

3. 대학 시민교육과 비판적 성찰적 사고

왜 비판적 사고(critical thinking) 능력이 필요할까? 왜 성찰적 삶을 살아야 할까? 앞서 살펴보았듯이 주체적으로 사고하고 판단하는 자율성을 갖춘 시민, 선택과 행동의 자유에 대해 책임지는 능력을 갖춘 시민에게는 지적 성숙과 윤리적 사회적 성숙을 요청한다. 어떤 문제에 대해 주체적으로 사고하고 판단하기 위해서는 그 문제를 논리적으로 분석하고 합리적으로 판단하고 이성적으로 결정해야 한다. 그래서 지적 능력이 있어야 한다. 자유의지에 따라 타당한 선택을 하고 올바른 행동을 하기 위해서는 마주한 문제의 옳고 그름을 판별하고, 그 문제에 관한 정보의 참과 거짓을 가리고, 이치에 맞고 보편적 가치를 실현하는 해결방안을 제시해 한다. 그리고 선택하고 행동해야 한다. 바로 윤리적 사회적 능력이 필요한 이유이다. 이처럼 논리적 타당성, 이성적 분별력, 객관적 합리성 등과 관계하는 인간의 능력이 비판적 사고력이다.

비판적 사고과정은 마주한 문제, 정보, 사안 등에 대해 의문을 갖는 데에서부터 시작된다. 의문을 갖는 것은 의심하고 회의하는 철학적 사고방법이다.[12] 의문을 갖는 이러한 방법적 회의는 타당성과 합리성을 찾아가는 사고의 길이다. 이 방법적 회의는 지식 정보의 측면에서 되새겨 보고(인식론적 반성), 보편적 가치의 측면에서 성찰하는(윤리적 반성) 사고의 과정을 거친다. 이러한 비판적 사고과정의 내용은 자기비판의 용기와 능력, 사회적 관계와 세상일에 대한 합리적 분별력, 우주에 대한 경외심까지를 포함한다.

비판적 사고력을 기르는 훈련술이 대표적으로 소크라테스의 문답법이다. 소크라테스의 문답법은 선입견이나 편견을 버리도록 인식주관을 순수화(katharsis)하는 논박의 과정과 상기(想起)를 통해 참지식을 산출하는 산파술로 이루어져 있다. 이른바 소크라테스의 대화술이다. 학(學)적 인식(체계), 즉 진리 인식의 목표를 '개념은 대상에 대상은 개념에 일치하는 곳이다'라고 언명한 헤겔(Hegel)의 방법도 비판적 사고의 과정이다. 헤겔철학에서 진리 인식에 도달하는 의식의 경험 과정은 치열한 도야(陶冶 Bildung)의 과정이고, 또한 교양(敎養 Bildung)형성의 과정이다. 도야와 교양형성의 과정은 자기반성에서 출발하고, 자기반성은 타자(자연적 대상, 사회적 관계, 세상일 등)와 자기자신의 매개 관계를 언표한다. 특히 자기반성은 대립관계를 통일시켜 동일성(주객 동일성)으로 귀환시키는 이성의 작용이고, 또한 대립적인 타자를 인정함으로써 자기자신을 인정한다. 인간은 사회 속에서 다른 인간과의 관계 실현을 통해서만 참된 인간인 것이다. 이처럼 철학자들은 비판적 사고과정을 통해 반성하고 성찰하는 고단한 일련의 경험 속에서 '나인 우리, 우리인 나'라는 공동체적 삶의 의미를 구축했다. 바로 여기에 대학의 시민교

12 '나는 생각한다. 고로 나는 존재한다'라는 데카르트의 방법적 회의가 대표적이다.

육이 비판적 사고력을 주춧돌로 삼아 자율성과 책임 그리고 관용의 능력을 기르는 철학적 배경이 있다.

4. 대학 시민교육과 현장활동

1) 현장활동

현장활동(봉사활동 포함)이란 우리 주변의 삶과 생활에서 이루어지는 모든 자발적인 활동을 의미한다. 현장활동은 자신의 의지와 선택으로 이웃, 지역사회, 국가, 세계에서 일어나고 있는 각종의 문제를 해결하기 위해 자발적으로 또 적극적으로 참여함으로써 사회 발전과 변화를 이루어내는 것이다. 현장활동은 가진 사람이 가지지 못한 사람에게 일방적으로 베푸는 시혜적 활동이 아니라 쌍방의 교류를 통해 현안의 문제를 해결하고 인간 생활에 필요한 가치를 실현하는 나와 너, 우리의 공동의 활동이다. 그래서 현장활동은 나와 너, 우리 모두의 능력을 향상시키는 교육적 효과를 낳는다.[13]

이러한 교육적 효과를 낳기 위하여, 시민교육의 현장활동이 갖는 교육적·실천적 의미를 다음의 네 가지 정도로 목록화할 수 있다.[14]

---

13 경희대 후마니타스 칼리지, 『제2의 탄생』, 제6장 참조.

14 경희대 후마니타스 칼리지, 『제2의 탄생』, 「책머리에」 참조.

① 문제해결의 상상력과 능력 키우기

〈물음〉 어떤 일들이 어디에서 어떻게 벌어지고 있는가?

- 현실 알기 : 무엇이 문제인가?
- 탐색 하기 : 문제의 경과는 어떠하고 사회에 어떤 영향을 미쳤는가?
- 상상력 키우기 : 나라면 이런 문제를 어떻게 해결할 것인가?

② 세계알기와 경험확장

〈물음〉 누가 어디에서 무엇을 하고 있는가?

- 공감 : 그들은 누구인가? - 신뢰 : 그들을 어떻게 이해할 것인가?
- 소통 : 그들과 어떻게 관계할 수 있는가?
- 연대 : 그들과 함께 할 수 있는 일은 무엇인가?
- 공존 : 갈등은 무엇이고 어떻게 풀 수 있는가?

③ '더 나은 인간' – 자기변화

〈물음〉 무엇을 느끼고 어떻게 변해 갈 것인가?

- 앎 : 무엇을 알아야 하는가?
- 실천 : 어떻게 실천할 것인가?
- 삶 : 어떤 가치를 세울 것인가?

④ '더 나은 세계' – 미래문명 만들기

〈물음〉 무엇을 어떻게 만들 것인가?

- 인간에 대한 책임 : 관계맺기, 나누기, 함께하기

- 사회에 대한 책임 : 불편하고 불평등한 사회제도 변화시키기
- 역사에 대한 책임 : 정의로운 민주사회 발전시키기
- 문명에 대한 책임 : 인간의 보편적 가치를 실현하는 새로운 문명 창조하기

2) 현장활동의 범주와 목록

현장활동의 말 그대로 '현장'은 사람들이 살아가는 장소 만큼이나 다양하기 때문에 일정한 기준이나 틀로 나누기는 쉽지 않다. 다만 현장활동을 기획하고 구상하는 데 도움이나 참고가 될 수 있다. 다음과 같이 범주별로 목록화할 수 있다.

〈활동의 범주와 목록〉

범주	현장활동
권력감시	– 선거참여활동(공약제안, 투표율 제고 활동, 후보자 지지활동을 위한 자원활동, 불법선거자금 감시 등) – 20대 정치참여 홍보 활동 – 국정 및 의정 감시 모니터링, 거짓말하는 정치인 모니터링 – 기업 감시, 소비자권리운동
사회적 소수자 권리옹호	– 여성, 장애인, 아동, 노인, 성소수자, 다문화 이주민 등 사회적 약자, 소수자와 노동 · 농민 등의 권리옹호를 위한 실태와 법제도의 문제점 조사
사회복지적 나눔활동	[협의의 사회복지] – 실태조사 : 장애인 편의시설 조사, 소수자 인권 실태 조사, 차상위계층 실태 조사, 지하철 이동권 등 편의시설 실태 조사 – 보건 · 의료 : 재활치료, 간병활동, 의료보조활동, 한방진료, 의료상담활동 등

사회복지적 나눔활동	[광의의 사회복지] – 전 국민들을 대상으로 한 예방차원의 사회복지와 건전한 사회관계 형성을 위한 각종 문화복지시설 자원활동

* 출처 : 경희대 후마니타스 칼리지, 『제2의 탄생』, 제6장.

참고문헌

경희대 후마니타스 칼리지. 2011. 『더 나은 인간, 더 나은 세계를 향한 교육』(자료집).

________________. 2012. 『인간의 가치탐색』, 서울 : 경희대 출판문화원.

________________. 2012. 『제2의 탄생』, 서울 : 경희대 출판문화원.

김진식. 2005. 『르네 지라르에 의지한 경제논리 비판』. 울산 : UUP(울산대학교 출판부).

도정일. 2010. 「더 나은 세계를 위해 우리는 무엇을 할 것인가」. 『다시, 민주주의를 말한다』. 서울 : 후마니타스.

민주화운동기념 사업회. 2010. 『시민교육 현장 지침서』(자료집).

박종현. 2001. 『헬라스 사상의 심층』. 서울 : 서광사.

우기동. 1998. 「과연 삶과 사회의 철학이었나」. 『한국 인문사회과학의 현재와 미래』. 파주 : 푸른숲.

_____. 2008. 「실천인문학과 삶의 철학」. 『인문학연구』 제14호.

이병창. 2003. 「일제퇴각 이후 한국에서의 헤겔철학 연구사」. 『철학연구 50년』. 서울 : 혜안.

이한구. 1992. 『칸트의 역사철학』, 서울 : 서광사.

Aristoteles. 1967. *Metaphysica*. Trans. W. D. Ross and F. H. Fobes. Hildesheim : Georg Olms.

Bauerman, R. and Rötscher, H. J. 1973. "Der Subjektivismus der revisionistischen Praxisphilosophie." Deutsche *Zeitschrift für Philosophie*.

Colby, Anne et al. 2003. *Educating Citizens*. San Francisco : Jossey-Bass.

Earl Shorris. 고병헌 외 공역. 2006. 『희망의 인문학』. 서울 : 이매진.

Hegel, G. W. F. 1952. *Phänomenologie des Geistes*. Eds. V. J. Hoffmeister and Verlag von Felix Meiner. Hamburg.

__________. 1971. *Wissenschaft der Logik I, II*, Suhrkamp Verlag.

Marx, K. and Engels, F. Werke(MEW), Bd. 40, 42.

Nussbaum, Martha C. 우석영 역. 2011. 『공부를 넘어 교육으로』. 서울 : 궁리.

Vollmer, G. 1988. *Was Können Wir Wissen?* Stuttgart : S. Hirzel

II부 세계대학의 시민교육

우리가 시민이 되기 위해서 반드시 대학교육을 받아야 하는 것은 아니다. 초중등교육과정에서 혹은 사회생활에서 우리는 자연스럽게 시민이 되어가고 있으며, 또한 시민은 외부로부터 주어지는 것이 아니라 스스로 시민으로 성장하는 존재이다.

4장
프랑스의 시민교육

이병택

1. 대학의 성장과 자율성

대학은 독특하게 중세적인 제도이다. 중세인들은 제도를 만들고 구현하는 데 천재였다고 한다. 그들은 이상(ideal)을 제도로 구현하는 데 뛰어났다. 그러나 정신을 구체적인 제도로 만드는 중세인들의 탁월한 재능은 다른 한편으로 이상의 열망이 전진하는 데 방해요인으로 작용하기도 했다. 중세대학의 기원은 11세기부터 시작된 다양한 결사 혹은 조합의 열망에 뿌리를 두고 있다. 우리가 익히 알고 있는 "길드"(guild)와 그 뿌리와 동일하다는 뜻이다. 대학(universitas)은 연구자들 중심의 결사나 학생들 중심의 결사를 의미했다. 래쉬덜(Hastings Rashdall)

에 따르면, 파리대학은 대표적인 연구자들 중심의 결사였다. 이것은 학생들 중심의 결사가 강했던 이탈리아의 볼로냐대학과 대조적이었다. 그러나 대학의 성장과정에서 연구자들 중심의 대학은 조만간 학생들 중심의 대학에 밀리는 경향을 보였다.

'대학'하면 건물이나 장소를 떠올리기 쉽다. 대학은 건물이 아니라 연구자들이나 학생들의 결사임을 명심해야 한다. 오히려 장소로서의 대학은 컬리지(college)의 설립과 관련이 된다. 컬리지는 가난한 학생들을 위한 기숙사였고 대학의 성장과는 다른 것이었다. 그것도 상당히 시간이 흐른 이후에 수립된 것이었다. 그렇기 때문에 중세대학은 오늘날 한국대학의 형성과는 사뭇 다른 전통에 의거한다. 대표적으로 한국의 대학은 누구에 의해서 만들어진 것이지만, 중세대학은 결사 혹은 조합을 통해서 성장한 것이다. 이런 특징은 향후 대학의 성장역사에 중요한 역할을 한다.[1]

중세는 종교 이외에는 사람들을 묶어줄 수 있는 사회적·정치적 제도가 정착되지 않았다. 이런 상황에서 종교의 교리를 잘 해설해주고 전파할 인재들을 배출할 필요성이 있었다. 다시 말하면, 중세의 교육은 종교의 교리를 가르칠 수 있는 사람들을 배출해야 할 필요성으로

---

1 우리의 연구소에 대해서도 비슷한 주장을 할 수 있다. 연구소의 건물을 세우고 사람들을 뽑는 관습을 가진 우리나라와 달리 연구주제를 중심으로 사람들이 모이는 서구의 연구관행은 중세대학의 성립과 밀접한 관련이 있다고 생각한다. 이 점과 관련해서는 이면우, 『신창조론』(서울 : 한국경제신문사, 1998) 참조.

부터 나왔다. 이런 관점에서 보면 대학은 순수하게 학문을 연구하는 '상아탑'이란 이상에 기초한 적이 없다고 말해야 할 것이다. 교육은 항상 현실의 필요에 의해서 지배되었다. 여기서 문제는 그 필요를 어떻게 해석할 것인지에 있었다고 보아야 할 것이다. 중세의 교육은 수도원 내의 교육과 성당의 교육으로 대별되었다. 수도원 내의 교육은 대학으로 성장하지 못했다. 파리대학은 성당의 교육으로부터 성장했다. 성당의 회랑(cloister) 등이 대학의 기원에서 중요한 역할을 한 것이다. 이렇게 대학은 성당의 주변부로부터 성장한 것이다.

대학의 기원과 관련해서 한 가지 더 언급할 점은 "스투디움 게네랄레"(studium generale)이다. 이것은 흔히 모든 과목들을 가르치는 집합소로서의 대학의 개념과 다르다. 스투디움 게네랄레는 다른 지역으로부터 학생들을 받아서 가르치는 것을 의미했다. 이런 초기의 의미는 이후에 보편교권(ius ubique docendi : 어느 곳에서도 시험을 치르지 않고 가르칠 수 있는 자격증)의 의미를 가지게 되었다. 이런 특권은 교황이나 황제의 칙서에 의해서 인정받게 되었다. 여기서도 관행의 우선성이 핵심적이었다는 점을 잊어서는 안 될 것이다. 수립된 사실에 대한 관습적인 존경에 의해서(ex consuetudine) 학교는 스투디움 게네랄레로 인정받았다. 원래 대학과 스투디움 게네랄레란 용어는 서로 구별되는 용어였으나, 시간이 흐른 후 서로 동일한 것을 나타내는 동의어로 사용되었다. 래쉬덜의 아래 인용은 대학의 기원과 성장에 대한 특징을 잘 드러낸다.

> 대학은 원래 배움과 관련된 길드(scholastic guild)였다. 그것이 연구자들의 길드이든 학생들의 길드이든 말이다. 다른 길드들과 마

> 찬가지로 그런 길드들도 왕, 교황, 제후, 고위 성직자의 어떤 명시적인 공인이 없이 생성되었다. 결사의 열망(instinct)은 11세기와 12세기 동안 유럽의 도시들을 휩쓸었다. 배움과 관련된 길드들도 이런 열망으로부터 자발적으로 생겨난 것이었다.[2]

파리대학의 성장에서 초기의 대립은 교회와 도시를 중심으로 해서 나타났다. 무엇보다도 신앙의 구속으로부터 학문연구의 자유를 획득하는 것이 주된 관심사로 부각되었다. 법학을 중심으로 발달한 이탈리아 볼로냐대학과는 다른 방식으로, 신학을 중심으로 발달한 파리대학은 교회로부터 학문의 자유를 획득해야 했다. 이런 의미에서 그 투쟁의 선봉장 격이었던 아벨라르(Abelard)의 생애는 신앙의 구속으로부터 자유롭고자한 '이성'의 분출로서 간주된다. 아벨라르의 생애는 이유가 제시되지 않은 맹목적인 믿음은 받아들여질 수 없다는 이성의 담대한 표현으로 해석된다. 아벨라르는 종교적인 사안에 대한 자유로운 연구의 원칙과 진리에 대한 개인적인 충성의 원칙을 대표했다. 이런 의미에서 아벨라르는 프로테스탄트 신학을 예기하고 있다고 해도 과언이 아니다.

중세대학의 역사에서 한 가지 흥미로운 점은 "명목론"(nominalism)이 가진 신앙에 대한 급진적인 비판력이다. 중세의 역사를 통해서 명목론과 실재론(realism)은 계속적인 갈등의 상황에 있었다. 그리고 오늘날까

---

2 H. Rashdall, *The Universities of Europe in the Middle Ages*(London : Oxford Univ. Press, 1936), Vol. I, 15.

지도 이 논쟁은 다른 형태를 띠면서 전개되고 있다. 거칠게 말하자면, 명목론은 "보편자"(the universal)는 단지 이름에 불과하다는 입장이고, 실재론은 보편자가 실재한다는 학설이다. 명목론자의 입장에서 실재하는 것은 '이' 사람이나 '저' 사람일 뿐이지, "인간"이란 보편자는 이름에 불과하다는 입장이다. 대체로 성직자들은 실재론에 친화력을 가지고 있었다. 가령 기독교의 "삼위일체설"(성부, 성자, 성신이 하나라는 교리)이나 "실재설"(real presence : 성찬에서 빵과 포도주에 구세주의 피와 살이 실재한다는 교리)은 명목론과 화해하기 어려운 것이었다. 명목론과 실재론 사이의 논쟁은 처음에는 단지 문법이나 논리학의 문제로부터 시작되었으나, 그 이후에 형이상학적인 논쟁으로 심화되었다. 앞서 언급한 아벨라르는 로스켈리누스(Roscellinus)의 조야한 명목론을 세련되게 만든 인물로 평가된다. 대체로 교회와의 갈등은 명목론자들이 일반적으로 받아들여지는 종교적인 "상식"을 뒤흔들어 놓음으로써 시작되었다.

파리대학은 만들어진 것이 아니라 성장한 것이기 때문에 그 기원을 정확하게 특정하기는 힘들다. 그럼에도 불구하고 몇 가지 점들을 언급할 수는 있다. 우선 파리대학은 파리의 성당학교가 성장한 것이다. 이 학교는 11세기가 저물어갈 때까지 명성을 얻지 못했다. 그러나 교육활동이 수도승에서 세속적인 사제로 이전한 것은 교육에 있어서의 급진적인 변화를 가져왔고 대학운동의 씨앗을 잉태했다. 이런 의미에서 샹포의 윌리엄 학교(School of William of Champeaux)는 대학의 요람역할을 했다고 보인다. 윌리엄은 성당학교의 첫 번째 마스터(master)이자 스콜라철학의 발전에 족적을 남긴 첫 번째 파리의 교사였다. 이때부터 파리대학은 다른 지역의 학교와 대등하게 경쟁하는 학교로 자리를 잡았다. 그리고 윌리엄의 제자이자 적대자인 아벨라르는 전 유럽으로부터 학생들을 매료시키며 끌어들이고 중세 내내 파리의 학교들이 특권적인 지위를 가지게 한 기초를 놓았다.

위에서 파리대학의 발달에서 두 가지 대립이 있었음을 언급했다. 여기서는 먼저 대학과 도시시민들과의 대립을 간략하게 살펴본 뒤에 대학과 교회의 대립을 살펴보겠다. 도시와 대학관계자(town and gown) 사이에 일어난 기록된 최초의 분란은 1200년이다. 독일계 귀족학생의 하인이 습격을 당하자, 그의 동향단(nation) 소속의 사람들이 그 여관주인을 덮쳐 "반쯤 죽여 놓았다"(left half-dead). 그러자 파리의 시행정관(Provost of Paris)이 앞장서서 일군의 무장한 시민들을 끌고서 독일동향단 학생들의 기숙사를 공격했다. 싸움에서 몇 명의 학생들이 죽게 되었다. 이에 마스터들은 시정을 요구하면 왕에게 호소하기에 이르렀다. 이 사건으로 대학관계자들은 왕으로부터 처음으로 특권보증서를 이끌어내었다. 두 번째 사건은 1228-9년 사육제(사순절 직전 3일 내지 일주일 간에 걸친 축제) 기간 중에 발생한 것으로 포도주 값의 계산서 때문에 일어난 말싸움으로 시작되었다. 말싸움은 주먹다짐으로, 급기야 귀와 머리를 끌어당기는 싸움으로 번졌고, 여관 주인은 이웃주민들을 불러 학생들을 구타하고 몰아내었다. 다음 날 학생들은 칼과 막대기로 무장하고 그 선술집을 깨고 들어가 동료들의 복수를 했다. 그리고는 길 위에 포도주를 뿌리면서 시민들의 평화를 어지럽히면서 거리를 활보하였다. 그러나 곧 형세는 뒤바뀌고 시행정관과 경찰들은 관련자들을 색출하는 과정에서 무고한 학생들까지 덮쳐서 싸움이 일어났고, 그 싸움에서 몇 명의 학생이 죽게 되었다. 이에 마스터들은 왕에 의해서 허락된 저항의 방식으로 수업을 거부하면서 교황특사와 주교에게 항의했지만 받아들여지지 않았다.

수업거부가 효력이 없자, 마스터들은 다가오는 부활절에 더 극단적인 처방을 채택했다. 만일 한 달 이내에 시정이 이루어지지 않는다면, 그들은 6년 동안 대학을 해산할 것이고 그 이후에도 시정되지 않으면 다시 돌아오지 않을 것이라고 결의했다. 그러나 이런 위협도 효력이 없자 마스터들은 자신들이 결의한대로 해산하여 영국이나 파리 이외의 지역으로 흩어졌다. 이에 교황 그레고리 9세는 자신의 피후견인격인 그들을 포기할 뜻을 내비지 않았다. 그는 국왕에게 주동자들을 벌할 것을 요구하고 교황특사 로마노(Romano)를 소환하는 조치를 취했다. 궁정 또한 학문하는 사람들로 인해서 수도가 누렸던 특권과 상업적인 번영이 소멸하는 네 심각한 경각심을 가지게 되었다. 이 사건은 대학의 성장과정에서 해산의 방식으로 저항한 대표적인 사례로 간주된다.

파리대학은 자율성을 획득하는 과정에서 교황의 도움을 구하곤 했다. 파리대학은 파리교회의 권위를 위협하는 존재여서 주교나 그 고문(chancellor)은 대학을 억누르려고 했다. 파리교회의 입장과는 달리 교황은 파리대학을 비호하면서 교황의 교서로 대학의 특권을 인정하였다. 이런 비호 하에서 파리대학은 학위자격 수여절차에서 고문(chancellor)의 개입을 배제하는 데 성공하게 된다. 이런 대학의 노력은 다른 한편으로는 대학의 자율성을 저해하면서 교황에게 종속되는 결과를 가져왔다.

대학의 합리주의(rationalism)에 대한 또 다른 저항은 수도원으로부터 나왔다. 수도원은 문명을 이끄는 작인으로서의 가치를 상실해 갔음에도, 수도사적인 삶의 이상을 전파하기 위해서 합리주의를 깨부순다기 보다는 통제해야 할 필요성에 직면했다. 가장 잘 알려진 탁발수도회는 도미니크 수도회와 프란체스코 수도회였다. 도미니크 수도회는 수도사적인 삶의 이상과 정교(orthodoxy)를 지속시키기 위해서 교육의 중심을 장악하려고 파리 등에 본부를 두고 활동했다. 프란체스코 수도회는 그 설립자의 이상에 적합하게 보다 순박하고 덜 지적인 평신도의 삶에 초점을 두었지만, 도미니크 수도회와 마찬가지로 그 당시 분출하는 지적인 합리주의에 대항하는 데 공동의 보조를 취하였다. 특히 보다 민주적인 성격의 프란체스코주의는 향후 새로운 철학과 사회운동을 일으키는 자양분으로 작용했다. 나아가 이런 탁발수도회는 그 이후 300년간 교육에 큰 영향을 끼친 제수이트 수사들(Jesuits)의 활동을 예견케 한다. 탁발수도회와 대학의 갈등은 앞서 언급한 1229년 대해산(great dispersion)에서 탁발수도회의 해산 거부로 불거졌다. 그리고 1255년 탁발수도사들을 대학의 학칙에 복종하게 하려는 시도에 거세게 반발했으나, 그 후 60년이 지난 1318년 탁발수도사들로부터 대학의 학칙에 복종한다는 서약을 받아낼 수 있을 만큼 대학의 위상은 강화되었다.

탁발수도회와 파리대학의 갈등은 몇 가지 주목할 만한 결과를 가져왔다. 우선 기존에는 신학부가 대학으로부터 독립된 집단으로 보였으나 차츰 대학연대의 구성원으로 자리를 잡아가는 계기를 주었다. 그리고 탁발수도회를 대상으로 한 소송의 과정에서 많은 돈이 들어갔기 때문에, 대학은 소송비용의 충당을 위해서 각 구성원들로부터 일정한 비율로 돈을 갹출하는 관행을 형성하게 되었다. 이런 관행은 대학의 재정적인 체계를 형성하는 데 기여했다. 끝으로 탁발수도회는 파리대학과의 갈등에서 로마교황청으로부터 지원을 얻으려고 노력했다. 이런 과정에서 기존의 파리대학과 교황과의 연대에 차츰 금이 가기 시작했다. 그리고 이런 분열은 파리대학에 골리즘(Gallicanism : 일종의 프랑스 민족주의)의 씨앗을 뿌려지는 계기를 마련했다.

2. 대학의 퇴락과 국가에의 귀속

파리대학도 인간본성의 일반적인 경향을 벗어나지 못했다. 대학의 사회적 지위가 공고해지고 기독교권에서 파리대학의 영향력이 강력해짐에 따라서 자신의 이권을 더욱 공고하게 유지하고 확장하려는 경향을 보였다. 1440년 이후 영국과의 100년 전쟁이 종식되어가고, 그런 가운데 귀족들의 파벌갈등이 봉합되어 가면서 프랑스 내에 민족주의 정신이 일어나고 있었다. 이즈음 국가와 파리대학의 갈등이 불거지기 시작했다. 기존에는 대학 내의 갈등이 생기면 탄압받는 쪽은 국왕의 동의를 받지 않고서 교황이나 그 특사에게 의존해 왔었다. 그러나 14세기에는 국왕대권이 대학에 점차 주장되기 시작했다. 그리고 15세기에는 의회가 더욱 빈번하게 대학의 사태에 간섭하게 되었다. 이때 대학은 자신을 프랑스 국왕의 "큰 딸"(elder daughter)로 주장하면서 국왕 이외에는 어떠한 세속적 심판자 앞에 서지 않을 권리를 주장했다. 그리고 그 주장이 어느 정도 먹히곤 했다.

그러나 영국과의 100년 전쟁 이후 프랑스 내의 세금징수가 가중되고, 그 가운데 대학 내의 성직자들의 부가 주목을 받으면서 궁정은 대학관련자들이 누렸던 면세의 특권에 대해서 좋지 않은 눈길을 보내기 시작했다. 그러다 1446년 샤를 7세 때에 국왕칙령에 의해서 대학의 문제가 의회의 사법권한 내에 있음을 명시하게 되었다. 이를 계기로 국왕이나 의회에 대해서 위협적인 말을 구사하던 구시대의 대학이 누린 오만한 지위의 추락이 시작되었다. 또한 대학의 오만은 광범위한 인적인 관계의 망을 통해서 그 구성원을 구속했을 뿐 아니라 촌지비리와 같은 대학 내의 부패를 가중시켰다. 사회의 다른 영역에서와 마찬가지로 이런 대학의 특권들은 시대의 흐름과 점차 맞지 않게 되었다. 그럼에도 불구하고 대학이 이런 특권들을 좀 더 신중하게 활용했더라면 좀 더 오래 동안 유지할 수 있었을 것이다.

루이 11세(1461-1483)의 치세에 고전적인 대학의 독자성과 영향력은 종식되었다. 이것은 다른 고전적인 특권들이 종식되는 것과 동일한 맥락이었다. 국왕은 대학의 정치개입을 금했을 뿐만 아니라 총장의 선출 같은 대학의 문제에 사사건건 개입을 하기 시작했다. 1474년에는 그의 신민만이 대학총장이 될 수 있다고 못을 박았다. 이 명령을 거부했기 때문에 외국인 총장은 강제로 사임되었고, 대학의 특권들은 모두 정지되었다. 이런 과정을 통해서 한때 오만했던 대학법인의 정신은 완전히 깨졌다. 루이 12세(1515-1547)의 치세에 이르러서 대학은 '설교와 강의 정지권리'(cessation from sermons and lectures)라는 대학의 주요한 투쟁수단을 상실했다. 루이의 특권금지에 대해서 대학은 어느 정도 저항을 해보았지만, 끝내 굴복하고 말았다. 그 일 이후로 파리대학은 다시는 그러한 수단에 의존하지 못했다. 이 사건은 중세시대의 마지막 끝자락이라고 볼 수 있다. 이제 대학은 국왕과 궁정에 완전히 종속되었다. 그리고 중세시대를 특징짓던 특권적인 방만이나 무법적인 자유들은 마지막 흔적을 남기며 사라졌다.

파리대학이 누렸던 유럽의 신학적 중재자로서의 위상은 교회의 지적인 전제(despotism)에 맞서는 역할을 오래 지속시키지 못했다. 박해, 뇌물수수, 곧잘 식어버리는 지적인 활동의 자연적인 경향이 작용했고, 무엇보다도 정교를 주장하는 스콜라신학자들의 득세는 자유로운 사변적 활동을 침잠시켰다. 그러나 파리대학이 누렸던 신학적인 독재는 12세기로부터 시작된 지적인 계몽의 전망을 날려버린 결과를 가져왔지만, 교황청의 종교심문으로 인한 참화로부터 프랑스를 보호한 측면도 있었다. 물론 그러한 심문이 파리에도 실존했지만 파리대학의 온건한 방식의 중재 덕택에 그다지 강하게 횡횡하진 않았다. 이런 측면에서 파리대학은 계몽과 문명을 이끄는 작용인으로서의 역할을 수행한 것이었다.

파리대학은 1415년 콩스탕스 공회에서 유럽에서의 지도적인 위치에 힘입어 큰 영향력을 행사했다. 그러나 그 당시 성직자들의 일반적인 행위방식에서 예상할 수 있듯이 콩스탕스 공회는 실패로 돌아갔고, 교회는 자체적인 개혁이 불가능한 것으로 드러났다. 그리고 교황은 더 이상 기독교영역을 대변하는 자가 아니라 이탈리아의 교황으로 인식되었다. 파리대학은 콩스탕스 공회를 끝으로 민족적인 색체를 띠는 기관으로 점차 기울어지게 된다. 각 국가들 또한 이제 자신들의 길을 가야할 것이었다. 들뢰즈에 의하면, 아마도 스페인은 교회에 너무 종속되어 있었고 이탈리아 또한 로마교회의 영향력에 너무 "가까이" 있었다. 아마도 카톨릭교와의 결별이 영국과 독일을 정신적으로 구했고, 프랑스를 구한 것은 아마도 골리즘(Gallicanism)이었다.[3]

프랑스에서는 영국이나 독일에 비견될만한 종교적인 운동이 대학의 담장 안에서 일어나지 않았다. 파리의 지적인 삶은 그 담장 밖에서 일어나는 강력한 대중적인 종교운동과의 접촉으로부터 상대적으로 고립되었다. 이점은 파리대학의 대단히 이해하기 힘든 사실들 중의 하나라고 래쉬덜은 말한다. 그럼에도 파리대학의 이러한 측면은 과거로부터 현재를 관통하는 프랑스의 지적인 습관을 이해하는 데 중요한 통찰을 준다고 생각된다. 이것은 파리대학이 어떠한 철학적인 학설에 물들어 있더라도 반복해서 나타나는 일종의 '반복강박증세'(Wiederholungsz-wang) 현상으로 생각된다.

프랑스의 대학사를 돌이켜보면, 영국의 명목론적인 입장으로부터 지적인 활기를 수혈할 때 가끔씩 대학이 활기를 보이곤 했지만, 파리대학은 곧 지적인 활기를 잃곤 했다. 이런 현상은 그 이후에도 계속 지속되었던 것처럼 보인다. 가령 몽테스키외, 토크빌 등이 외부의 눈으로부터 프랑스를 보려했고, 오늘날 들뢰즈가 데이비드 흄의 경험론을 받아들이는 것이라든지, 아니면 스탕제가 화이트헤드의 경험론적 사변이론을 받아들이는 것은 우리에게 흥미로운 관찰이 된다. 어쨌거나 살롱을 중심으로 한 프랑스의 자유로운 토론문화가 우리에게 소개된 반

---

3 G. Deleuze and F. Guattari, *What is Philosophy?* trans. H. Tomlinson and G. Burchell(New York : Columbia Univ. Press, 1994), 102-103.

면에 프랑스의 보수적 성격은 잘 알려져 있지 않았다.

파리대학은 밖에서 보는 것과는 달리 고전적이고 보수적이었으며, 르네상스의 놀라운 진보에도 불구하고 대학 본래의 가치와 사명을 상실한 채 중세의 교부철학에 의한 최면으로부터 17세기까지지도 깨어나지 못하고 있었다.[4]

이런 파리대학은 18세기에 이르러 변화를 거부하는 과격한 보수적인 집단으로 변화되어 계몽사상가와 서적을 탄압하였다. 소르본의 교수들은 대부분 프로테스탄트와 백과전서파들에 대항해서 카톨릭의 충실한 보호자가 되었다. 그리고 예수회와 그들이 세운 학교를 폐교시켰다. 이런 행위에 분노한 볼테르는 소르본을 '어리석은 자'(bétise)라고 비난하기에 이른다. 소르본 컬리지는 1972년 폐쇄되었다. 이미 1970년 12월 26일 루이 16세에 의해 승인된 국민의회의 법령에 의거해시 프랑스의 모든 성직자들을 시민법에 대해 선서하도록 강요했을 때, 파리대학은 새로운 교회조직을 거부함으로써 법의 보호를 박탈당했고 은연중에 반혁명과 구체제의 창건을 찬성하였던 것이다.

프랑스혁명 기간 중에는 교육에 대한 다양한 논의가 분출되었지만 구체적인 고등교육기관이 잘 수립되고 정착되지는 못했다. 프랑스혁명의 과정에서 이루어진 교육적 성과에 대해서는 서로 대립하는 다양한 의견들이 존재한다. 그럼에도 불구하고 '파괴와 계획'이 특징적이란 점은 어느 정도 합의점을 가진다.[5] 구체제의 파괴와 국가에 의한 계획은

4 서정복, 『소르본 대학』(서울 : 살림, 2005), 77.

5 바너드, 서정복 역, 『프랑스 혁명과 교육개혁』(서울 : 삼화원, 1996), 190.

그 이후의 대학의 모습을 이해하는 데 도움을 준다. 1806년 나폴레옹이 제국대학을 설립했다.

여기서 한 가지 명심할 점은 구체제의 파괴가 구체제를 청산했다는 의미가 아니라는 점이다. 이것은 토크빌(Tocqueville)이 『구체제와 혁명』에서 제기한 중요한 문제의식이었다. 즉 혁명은 구체제와의 단절을 한 것이 아니라 구체제로부터 발원된 사태의 발전이 정점에 이르렀다는 주장이다. 중앙집중화(centralization)와 평등화(equalization)는 새로운 사회체제를 특징짓는 주요한 요소였으나 그 기원은 이미 구체제에 있었다. 구체제로부터 지금까지 유전되는 사회의 특징적인 관성이 프랑스사회에 아직까지 존재한다.

3. 수동적 시민과 고위관료의 권위

프랑스에서는 카톨릭교회가 다른 종파들과의 종교투쟁에서 승리했다. 세속적인 계몽주의 운동이 격렬하게 충돌할 수밖에 없었던 것은 카톨릭교회의 교리였던 것이다. 근대화과정에서 나타나는 두 번째 충돌은 혁명과 구체제의 질서 간의 대립이다. 그리고 세 번째의 충돌은 중심과 주변의 대립이다. 이런 갈등에 기초해서 보면 프랑스에서 세계를 구성하는 힘은 세 가지로 정리된다. 첫째는 종교적인 전통주의로 변화에 저항하는 관성이 있다. 둘째는 국가행정관료 중심의 기능적인 행위자가 있다. 셋째는 비판적인 지식인들의 급진주의가 이 두 가지

힘에 대립해서 존재한다. 대학과 관련해서는 특히 후자의 두 가지 사항이 중요하다. 국가행정관료 엘리트의 교육과 비판적인 지식인 엘리트의 교육은 대학교육의 두 가지 상반적인 모습으로 보이지만 동일한 뿌리에서 파생하는 것으로 볼 수 있다.

카톨릭교회의 전통주의는 중산층의 전통주의와 맥이 닫아 있다. 그리고 중산층의 전통주의는 프랑스에 가장 널리 퍼져있는 경제적인 단위인 소규모 가족 사업을 경영하는 삶을 특징짓고 있다. 이런 삶에 대한 태도는 국가행정체계에서 일하는 하위·중간 공무원들까지도 포함하고 있다.[6] 누구도 그렇게 부유하거나 가난하지 않기 때문에 지금 있는 그대로의 상태를 변화시키지 않으려 한다. 소규모 가족경영에서는 단골고객들이 계속해서 찾아주는 한 만족한다. 한 마디로 안전이 위험부담을 건 모험보다 선행한다. 또한 소규모 사업에서 권위를 행사하는 사람은 가족에서 보호자(patron)의 역할에 비견된다. 사업에서 고용인과의 관계는 가족 내에서 하위 구성원과의 관계를 반영하는 것이다. 카톨릭교회는 이런 전통주의와 가부장제도의 뿌리와 연결되어 있다. 절대주의가 발전하면서 교회의 지위는 주권자의 손에 종속되었지만, 교회는 절대주의 규칙에 정당성을 제공하였다. 1789년 혁명에서 절대주의와 교회의 지적인 권위는 목이 잘렸지만, 교회는 1815년 복고로 다시 근대국가와 밀접한 연맹을 맺게 된다. 물론 1870년 국가와 종교의 공식적인 분리 이후에 그 영향력이 예전과 동일하게 작용하는 것

---

6 Richard Münch, *The Ethics of Modernity*(Maryland : Rowman & Littlefield Publishers, 2001), 142-181.

은 아니지만 말이다. 어쨌거나 교회는 사회에 지속적인 관성을 유지하는 역할을 담당하고 있는 것이다.

중산층의 행위양식과 비슷하게 하위·중간 공무원들은 위험부담을 피해서 판에 박힌 일처리(routine)를 선호한다. 사물은 있는 그대로 있어야만 하는 것이다. 그들의 행위는 행정실무를 특징짓는 일반적으로 적용될 수 있는 규칙에 의거한다. 이런 규칙들을 고수함으로써 그들은 자신들의 안전을 보장할 수 있다. 문제해결에 대한 자유로운 접근보다는 규칙준수가 주는 안전을 선호하는 것이다. 즉 하위·중간 공무원들은 자신의 상위자, 동료, 하위자, 그리고 그 문제와 관련된 시민들과의 정면 대면을 회피하는 경향이 있다. 따라서 절충의 정신을 배울 기회가 없으며, 공개적인 논쟁을 수행하는 관행이 형성될 기회가 결여되어 있다. 시민적 공복으로서 그들의 피신처는 행정적인 관행의 지침서들이다.

그러나 하위·중간 공무원들의 이런 행위 패턴은 전통적인 질서에 기초한 것이 아니라, 순전히 합리적인 고려에 기초하고 있다. 행정기구는 제대로 작동해야 하며, 현존질서는 유지되어야 한다. 그것이 사회의 시민들에게 유리함을 가져다주며, 안전을 제공한다. 행정체계는 공평하고 비인격적인 규칙들을 적용함으로써 문제를 해결한다. 따라서 누구도 구체적인 개인들이 행사하는 의사결정권한에 종속될 필요가 없다. 모든 사람은 행정에 의해서 동등하게 취급되며, 개인적인 논쟁들은 회피될 수 있다. 다시 말하면, 잘 기능하는 행정은 시민뿐 아니라 시민의 공복들에게도 마찬가지로 봉사할 수 있다. 시민이나 공복 모두 공개적으로 논쟁하는 것에 익숙지 않으며 형식적인 평등에만 특별한 주의를 기울인다. 또한 그들은 열린 상황들로부터 생길 수 있는 개인적인 리더십에 대한 주장을 불신하며 정책의 결정과정에 직접적으로 연루됨으로써 생길 수 있는 위험부담보다는 안전과 형식적인 평등을 선호한다.

이런 보수적인 사회적 분위기에서 세계를 형성하고 국가를 이끌어 갈 동인은 엘리트에게 맡겨졌다. 이런 엘리트는 중앙집중적 국가에서 일하는 고위행정관료나 급진적인 지식인으로 구성된다. 고위행정관료의 기원은 절대주의 국가에 있으며, 반면에 급진적 지성주의는 계몽주의에 기반하고 있다. 이런 태도를 이해하기 위해서는 데카르트(R. Descartes)와 루소(J-J. Rousseau)의 철학을 이해할 필요가 있다. 지식인들의 목표는 전통적인 구속으로부터 사회를 해방시키고 으뜸의 원리들에 의거해서 사회를 새롭게 건설하는 것이다. 이것이 바로 지식으로 향하는 길이고, 데카르트가 『방법서설』에서 소개한 이성적인 원리에 따라서 사회를 만드는 데 지식을 적용하는 것이다. 데카르트의 사유는 사회를 기술적으로 관리하는 것뿐만 아니라 그 비판에도 모두 타당한 것이다. 따라서 데카르트의 사유는 기술적인 합리화과정과 지적인 급진주의를 위한 출발점이 된다. 데카르트주의와 지적인 급진주의의 결합이 함의하는 바는 사람들은 전통적인 구속으로부터 벗어나야만 하고 새롭게 사회를 건설해야만 한다는 점이다. 덧붙여 말하면, 프랑스 행정관료들의 일반적인 행위패턴을 이해하기 위해서는 데카르트의 "방법"에 관한 서설이 대단히 중요한 위치를 차지하고 있음을 알 수 있다.

루소의 『사회계약』은 이런 혁명적인 접근을 가능하게 한 정치적인 문서라고 할 수 있다. 그는 지식인들의 담론에 분할되지 않는 공화국의 이념을 심어주었다. 근대인들의 삶은 개별적이고 이기적인 이익의 표출이라고 할 수 있다. 그리고 시장의 경쟁으로부터 불평등과 구속이 초래되고 있다. 이런 경향들로부터 인간의 자유를 보호하기 위해서는 자신의 이익추구에 빠져 있는 개인들의 집합체에 대항하는 시민들의 공화국을 구성하는 것이다. 공화국 공동체의 시민들은 그들의 일반적인 의사에 따라서 공동의 삶을 구성함으로써 개별적인 개인들의 의사를 통제한다. 이런 일반의사에서만 사회적 질서와 개인의 자유가 수렴한다. 결국 루소의 이론은 엘리트 행정관료뿐 아니라 급진적인 지식인들에게도 일반적인 의사를 대변한다고 주장할 수 있는 기초를 마련해준 것이었다.

고등대학(grands écoles)에서 교육받은 중앙행정 엘리트는 일종의 국가귀족(state nobility)으로 간주될 수 있다. 그리고 그들이 바라보는 근대화는 도구적이고 기술적인 근대화이다. 국가행정 중심의 행동주의(activism)를 이끌어가는 사람들이 바로 고등대학에서 행정과 기술을 연마한 엘리트이다. 엘리트 컬리지로부터 졸업한 최상위자들은 국가 주요기관의 동일대학 출신의 관료집단회원(Grand Corps : 가령, 최고행정재판소Conseil d'Etat), 금융감독(Inspection de Finances), 교량과 도로(Ponts et Chaussées), 광물(Mines)로 들어간다. 그들은 종신토록 그 각각의 회원으로 남아있으며, 임시적으로 다른 곳으로 파견될지라도 언제든지 되돌아 올 수 있다. 이것으로 행정과 경제를 가로지르는 국가엘리트 사이에 밀접한 연계가 형성된다. 그리고 이런 연계가 중앙집중을 강화하며 정치적 리더십과 행정의 접촉을 쉽게 한다.

또한 국가귀족 중심의 중앙집중을 가능하게 한 것은 지방의 약화에서 찾을 수 있다. 프랑스의 절대주의국가는 여러 경쟁적인 집단들에 대항해서 철저한 우위를 확보함으로써 등장했다. 이런 절대주의는 귀족들의 권리를 없애는 것뿐만 아니라 지방과 시의 지역적인 자율성까지도 제거해 버렸다. 중앙에서 파견된 대리인 체제가 수립되자 지역 통치기구들의 권리는 최소한으로 축소되었다. 따라서 모든 중요한 정책결정권한은 파리에 집중되었다. 그 결과 지방과 시는 완전히 무력한 상태로 퇴행하였다. 파리만이 모든 국가의 활동과 사회적 생명의 중심이 되었다. 어떠한 변화라도 그곳으로부터 기원해야만 했고 또 할 수 있었었다. 그러므로 1789년 혁명으로 절대주의가 종말을 맞았을 때 그 행동은 파리에서 일어나는 것으로 충분했던 것은 우연이 아니라고 할 수 있다. 대부분의 다른 지역들은 이 역사적인 사건의 발생에 거의 중요한 역할을 하지 못했다. 토크빌은 『미국의 민주주의』에서 행정의 중앙집중으로부터 연유하는 프랑스의 문제점을 지적한다. 그에 따르면, 정치권력은 집중되어야 하지만 행정까지 집중화되면 지방의 생명력이 곧 소진되어 버린다. 따라서 그는 권력의 통합을 이루면서도 지방의 자율성을 확보하는 방안을 대단히 중요한 정치적 문제로 제기한다.

오늘날까지도 행정부의 엘리트들은 위에서 아래로 사회의 전반적인 계획을 수립하며, 공익(public interest)이라는 명분하에서 사회의 여러 섹터들의 별다른 간섭을 받지 않고 일을 추진한다. 행정부에 대한 사법부의 독립적인 견제 또한 거의 없는 편이다. 행정심판에 대해서 개인적인 권리를 주장할 여지는 많지 않고 판사들의 임명과 이력을 통제하는 것이 바로 행정부이다. 그리고 최고행정재판소가 법원 가운데서 가장 큰 권위를 가지고 있다. 심지어 최고행정재판소의 판사들이 민사나 형사재판소의 판사들보다 좀 더 자유롭다고 할지라도, 그들은 국가주권자의 명령에 감히 대항할 수 없다. 한편 라투르(B. Latour)는 이런 경향이 루이 보나파르트의 그늘에서 벗어나지 못하는 것(In the Shadows of Bonaparte)이라고 보면서도, 최고행정재판소에서 실제로 행해지는 판결은 상당히 보통법적인 요소를 가지고 있는 것이라고 본다.[7] 다른 한편으로 푸코(M. Foucault)는 제 3공화국에서 권리를 강조함으로써 사회적인 혼란이 발생하자 대폭 권리를 삭감하는 방향으로 나아갔다고 말한다.

행정엘리트는 그들이 한 결정의 정당성을 민주적인 지도력에 두기보다는 기술적인 전문성과 공익에 대한 의무로부터 도출한다. 그리고 그들은 일반적으로 특정한 파트너들과 선별적으로만 함께 일을 한다. 이것은 그들이 많은 이해집단들과 소통하는 것은 공익을 해치는 것이라고 보기 때문이다. 다시 말하면 국가는 사회의 개별적인 이익집단들로부터 분리되어야 공익을 보존할 수 있다고 보는 것이다. 그러나 이런 선별적인 접촉은 공익을 확대하기보다는 권력에 특권적인 접근을 낳는 결과를 가져온다. 이런 이유로 권력의 접근성이 모든 사회적 삶을 결정하게 되고, 사회적 삶은 권력이 있는 지위를 차지하기 위한 계속적인 투쟁으로 점철된다.

대학의 교육도 이런 기술적인 엘리트를 산출하는 데 있고, 학생들은

---

7 Bruno Latour, *The Making of Law*, trans. M. Brilman and A. Pottage(Malden : Polity Press, 2010).

일반 시민과의 소통능력을 도외시하고 전문적인 지식을 숙지하는 데 노력을 경주한다. 전적으로 국가의 기능적인 측면이 우세하기 때문에, 최선의 기술적인 해법을 달성하는 것이 목적이 된다. 엘리트의 활동에는 추진과제를 공적인 논쟁에 부친다든지 혹은 타협의 과정에 종속시키는 발상이 생소한 것이 된다. 국가행정학교(Ecole nationale d'administration)의 졸업생들은 기술적인 지식, 행정의 방법들, 엘리트 리더십으로 가득 차있다. 그러나 그들은 공적인 논쟁에 참여하는 법을 배우지 않는다. 그들은 처음부터 엘리트교육에 의해서 사회의 일반적인 층위와 분리되어 있다. 아마도 그들은 공적인 문제에 대한 적절한 해법을 일반 시민과 토론하다는 생각을 해본 적이 없을 것이다. 행정엘리트 또한 광범위하게 사회적 공감대(consensus)를 형성한다는 것은 합리적인 결정에 방해물로 간주한다. 따라서 정책에 대한 비판은 건설적인 협동관계로 갈 수가 없고, 격렬한 저항이나 정치적 급진주의를 통해서 표현된다. 고위관료들은 개방성이 결여되어 있고 민주적인 통제의 능력이 결여되어 있다. 그리고 이에 대한 비판이 1990년대에 광범위한 공감대를 얻어갔다. 그 결과 『고위관료들의 공화국』(*La République des fonctionaires*)이나 『엘리트들의 결점』(*La faute aux élites*)과 같은 이름의 책들이 그 당시에 등장했다.

4. 시민사회와 동떨어진 지적 급진주의

수동적인 사회에 대한 비판과 더불어 개방성이 없는 중앙권력을 동시에 비판하는 지식인들이 존재한다. 사회와 권력으로부터 소외된 이들 지식인들의 태도는 급진성을 드러낸다. 사회와의 소통이 단절되어 있고 권력의 접근으로부터도 소외된 지식인들의 지위는 위태한 성격을 가진다. 그렇기 때문에 지식인들은 자신의 존재를 부각하기 위해서 급진적 주장에 의거한다. 이런 급진적 태도의 원형은 계몽주의 사상가로 거슬러 올라갈 수 있다. 우리에게 익히 잘 알려져 있는 살롱에서의 지적인 토론은 영국의 클럽에서의 토론보다 공중의 일로부터 대단히 격리된 것이었다. 이런 "문인"들은 소수의 중산층을 포함했다. 살롱의 토론은 영국보다 더 늦게 등장한 것이었으며 정치에 대해 더 날카로운 경계설정을 하였고 정치적 권위와 더 격렬하게 갈등하였다. 아이러니하게, 하버마스(J. Habermas)는 이런 살롱에서의 토론을 "시민사회"의 한 실례로 파악하고 있다. 시민사회에 대한 이러한 규정은 헤겔(Hegel)의 시민사회 규정을 변경한 것이었다. 헤겔에게 시민사회는 가족과 국가의 중간단계에 위치하는 것으로 "노동과 그에 기초한 욕구와 노동의 체계"로 파악된다.

이러한 지적인 흐름이 성장한 배경에 대의기관인 의회의 쇠퇴가 있었다는 점은 대단히 흥미롭다. 의회의 성장과 함께 클럽에서의 토론도 함께 성장한 영국과 달리, 프랑스에서는 의회의 쇠퇴를 배경으로 계몽주의가 탄생했다. 아마도 이것은 철학자들과 국가의 직접적인 충돌을

완충할 수 있는 시민사회의 기능이 프랑스에 결여되었다는 점을 보여준다. 다시 말하면 국가와 사회를 연결하는 "시민사회"의 영역이 부진했음을 의미한다. 여기서 "시민사회"의 규정은 헤겔이나 하버마스의 규정과 다른 방향에서 이루어져야 할 필요가 있을 것이다. 시민사회가 결여되었기 때문에 계몽주의 철학자들은 교회와 전통에 대항하는 급진적인 저항을 하게 된다. 그들은 교회와 전통을 대체하는 새로운 기반 위에 사회를 다시 건설하고자 했다. 콩트(Auguste Comte)나 뒤르켕(Emile Durkheim)의 사회학도 이런 시각에서 조망될 수 있다.

사르트르(J. P. Sartre)의 실존철학도 급진적인 무신론을 함의하고 있다. 그의 실존철학은 "존재"(being)와 "무"(nothingness)의 구분에 기초한다. 여기서 존재는 현행 실존하는 것을 대표하고, 무는 현재 실존하진 않지만 미래에 가능한 것을 대표한다. 인간은 현재 실존하는 어떤 것에 대해서도 "부정"(no)할 수 있다. 모든 인간의 행동은 이런 근본적인 사실에 의해서 지배된다. 개인은 자유롭도록 운명지워져 있다. 그는 자신의 미래를 선택해야만 한다. 그 선택은 미래에 대한 전망을 함의하며, 인간의 실존은 존재와 무의 긴장에 기초하고 있다. 여기서 한 가지 집고 넘어가야 할 점은 사르트르의 철학이 "행동"에 정향되어 있다는 점이다. 개인은 행동을 통해서 자기실현을 발견하고, 행동은 이미 주어져 있는 것을 부정하고 아직 주어져 있지 않는 것으로 정향되어 있다. 개인은 지금 여기 주어진 것을 넘어서는 이상에 자신의 행동을 정향해야 함을 함의하고 있다. 뮌히는 이런 특징을 "행동주의"(activism)라고 부른다. 이런 사회와 동떨어진 행동의 특징은 사르트르에게만 적용되는 것이 아니라 앞서 언급한 프랑스 고위관료에게 뿐 아니라 지식인집단에도 적용되고 있다. 이런 유형의 행동주의는 대체로 일반적인 시민을 위한 것이 아니라 지식인들을 위한 것이 명백하다. 그리고 사르트르의 실존주의가 지식인 집단을 넘어서 일반시민에게 어떤 의의를 가질 것이라고 말하기 힘들다.

프랑스 지식인들의 행동주의를 이해하기 위해서는 다른 나라들과 비교할 필요가 있다. 뮌희에 따르면 후기 계몽주의 프랑스 지식인들은 독일과는 달리 순수한 사변적인 추상에 갇힌 적이 없다. 그들은 항상 행동(action)을 강요해 왔다. 그러나 이런 행동이 앵글로-색슨이나 미국의 지식인들에서 보이는 실용적인 행동주의를 대변한 적은 결코 없었다. 프랑스 지식인들은 독일에서와 달리 국가 관료로서의 특권적인 지위를 누리지 않았으며, 앵글로-색슨과 달리 정책을 수립하는 데 적극적으로 관여하지도 않았다. 그들의 지위는 불안했다. 그들은 절대주의의 검열을 피해야 했으며, 교회의 지적인 지배에 대항해야 했다. 사회에 현존하는 질서와 지배적인 힘들은 그들의 적이었기 때문에 그들은 공격적인 자세를 견지해야 했다. 그들에게 현재의 사회는 전복되어 위에서부터 아래로 새롭게 건설되어야 하는 것으로 보였다. 따라서 아롱(Raymond Aron)과 같은 보수적 지식인이나 혹은 단순히 자유주의적인 지식인들은 지식인공동체에서 인기가 없다.

사르트르의 실존주의가 어떠한 외부적인 통제에도 저항하는 개인주의를 표방했다면, 구조주의자들이나 후기구조주의자들, 특히 푸코(M. Foucault)의 경우는 근대의 합리화과정에서 사회적인 강제가 미시적이 되어 갔음을 지나칠 정도로 드러내려고 한다. 푸코의 철학이 사회적 삶을 일상적으로 다듬는 일에 참여할 수 있다고 생각하기 힘들 것이다. 이런 유형의 철학이 실재성을 가지는 경우는 비일상적인 시국이 올 경우이다. 따라서 이런 철학은 그 실현을 위해서는 위기를 필요로 한다. 한편 프랑스의 보수적인 지식인들은 비판적인 지식인 모델에 대항해서 자신들의 역할을 규정해야 한다. 따라서 그들은 지적 공동체 내에서 많은 어려움에 부딪히게 된다. 그리고 오늘날 세계화현상에 반대하는 선두적인 지식인인 부르디외(Pierre Bourdieu)는 자본주의적 유럽화, 세계화, 신자유주의 통화정책, 유럽중앙은행의 통화정책 등에 대립한다. 부르디외는 그의 사회학이 가지는 더 높은 진리성을 주장한다. 그러나 그는 이런 시대에 보다 적합하고 실재성을 가진 정책들을 명확하게 설명하지 못한다. 그리고 부르디외는 이런 문제를 주로 누가 권력을 가지고 있는가라는 다소 진부한 정치현실주의자의 입장에서 접근하고 있다. 또한 그는 오늘날 책과 아카데미즘이 보여주는 기벼운 수준의 지적인 토론과 그런 토론을 조장하는 지적인 환경의 변화에 대해서도 가차 없는 비판을 하고 있다.

위와 같은 프랑스 지식인들에 대한 일반적인 특징의 기술이 지식인 집단의 내부적인 다양성을 부정하기 위한 것은 아니다. 가령 사르트르의 현기증 나는 행동주의를 비판하면서 자신의 철학을 전개한 메를로-퐁티(M. Merleau-Ponty)와 같은 철학자도 있었다. 퐁티에 따르면 사람은 관념론자가 생각하는 것처럼 그렇게 자유롭지는 않으며, 또한 유물론자가 생각하는 것처럼 그렇게 속박된 존재도 아님을 주장한다. 그럼에도 불구하고 프랑스 사회가 드러내는 반복되는 어떤 흐름을 통해서 볼 때 프랑스 지식인들의 급진주의는 상당히 일반화될 수 있다고 생각된다. 그리고 그 사회학적인 원인으로 시민사회의 약화를 언급하는 것도 상당히 설득력을 가진 것으로 생각된다. 이런 배경에서 뮌희는 프랑스사회가 "루틴(routine)"과 "혁명"이 연쇄적으로 순환되는 모습을 보여준다고 말한다.

참고문헌

바너드. 서정복 역. 1996. 『프랑스 혁명과 교육개혁』. 서울 : 삼화원.

서정복. 2005. 『소르본 대학』. 서울 : 살림.

이면우. 1998. 『신창조론』. 서울 : 한국경제신문사.

Bruno, Latour. 2010. *The Making of Law.* Trans. M. Brilman and A. Pottage. Malden : Polity Press.

Deleuze, G. and Guattari, F. 1994. *What is Philosophy?.* Trans. H. Tomlinson and G. Burchell. New York : Columbia Univ. Press.

Münch, Richard. 2001. *The Ethics of Modernity.* Maryland : Rowman & Littlefield Publishers.

Rashdall, H. 1936. *The Universities of Europe in the Middle Ages.* London : Oxford Univ. Press.

5장
영국의 시민교육

정재원

1. '자유인' 양성을 위한 옥스브리지(Ox-bridge)

1) 영국 고전대학의 교양교육 이념

영국의 고등교육은 12-13세기에 설립된 옥스퍼드대학과 캠브리지대학을 중심으로 발전하였다. 옥스브리지(Ox-bridge)로 불려지는 옥스퍼드대학과 캠브리지대학은 거의 700년동안 영국의 고등교육을 대표하는 기관이었다. 옥스퍼드대학은 파리대학이 영국의 유학생을 받지 않았던 1167년부터 잉글랜드 도시의 학예 스투디움들[1]로부터 자연발생적으로 성장하였으며, 캠브리지대학은 1209년에 학내 분규로 옥스퍼드의 많은 교수와 학생들이 캠브리지로 옮겨와 설립한 대학이다.

두 대학 모두 중세의 파리대학을 모델로 만들어졌다. 중세의 파리대학은 '지혜의 온상'으로 칭송되며 유럽의 고유한 대학공동체와 학문의 자유라는 전통을 뿌리내리게 하는 기틀을 마련하였다. 중세 유럽 대학의 특징은 '자치'라는 특권을 누린 교사와 학생의 공동체였으며, 토론과목을 중시한 담론의 학풍을 형성하였다.[2] 옥스퍼드대학과 캠브리지대학은 이러한 중세의 전통을 유지하고 계승해왔다.

초기의 옥스퍼드대학은 보통 14세에 입학하여 개인교수(tutor)의 지도하에서 4년간 공부하고 두 번의 시험에 합격하게 되면 학위를 받았다. 즉 교양학과에서 7개 자유교양과목(Seven Liberal Arts) 중 삼학인 문법·수사학·논리학을 4년간 배운 후 최종시험에 합격하면 학사가 되고, 또 이어서 4년간 수학·기하·음악·천문학과 아리스토텔레스의 철학 3개 과목(자연과학·윤리학·대수학)을 배워서 석사학위를 얻게 된다. 이 단계 이후의 학문영역은 법률, 의학, 신학의 분야에서 전문가 양성을 위한 상급 3학부에 한정되어 박사학위를 받을 만하다고 인정될 때까지 6년에서 10년 정도 더 연구해야 했다.[3]

두 대학의 교육목적은 전문적인 능력이나 기술을 익혀서 특정한 직업 부분에 종사하는 전문직업인을 양성하기 보다는 교양교육을 통해

---

1 중세 유럽에서는 자치도시들을 중심으로 학교가 설립되면서 수도원을 대체하기 시작하였는데 이 학교를 스투디움(studium)이라 불렀다.

2 이광주, 『대학의 역사』(서울 : 살림, 2008), 7-17.

3 유인종, 「영국 고등교육의 발전과정에 관한 연구」, 『교육문제연구』 제8호(1996) : 3.

서 학문과 교양을 갖춘 '자유인'을 양성하는 것이었다. 당시 교양교육에 대한 강조는 사회적 유용성과 상관없이 인간 본연의 삶에 대한 고민과 훈련을 통한 교육만이 진정한 교육이라는 관점에 기반하였다. 이러한 관점은 바로 고대 그리스의 교육적 이상에서 유래하였는데, 당시 노예제 신분사회에서 교육은 노예가 아닌 '자유인'을 위한 것이었고, '자유인'이 된다는 것은 인간의 본래적 특성인 이성을 사용하는 것과 관련된 교육을 받은 자로 이해되었다. 즉, '자유인'을 위한 교양교육은 그 자체로 신분적 특권을 반영하는 귀족주의적 성격을 띠었다. 이러한 성격은 중세에도 그대로 이어져 '자유인'이 되기 위해서는 교양교육을 받을 수 있는 사회적 계급 조건을 갖추어야 했다.

옥스퍼드대학과 캠브리지대학에서 교양교육을 받기 위해서는 우선적으로 매우 비싼 수업료를 지불할 수 있는 경제적 능력과 직업적 활동을 연기할 수 있을 만한 조건을 갖추어야 했다. 특히 옥스퍼드대학과 캠브리지대학의 독특한 전통은 개인교수과정을 통해서 인격교육과 교양교육을 동시에 강조하고 있다는 점이다. 이와 함께 숙박과 생활지도 및 교육을 동시에 해결하는 기숙학교의 전통은 대지주나 성직자, 공공관료의 자제가 아닌 경우에는 학비의 부담을 감당할 수 없었다. 교양교육은 이미 사회적 지위가 보장된 계층을 위한 귀족적 자질을 갖추기 위한 교육과 관련되었다.[4] 대학 교육은 새로운 지식을 생산하기보다는 기존의 지식을 유지함으로서 교회와 국가 관료제에 봉사

4 Michael Sanderson, *The Universities in the nineteenth century*(London : Routledge & Kegan Paul, 1975), 24-25.

할 지식인을 양성하는데 초점이 맞춰져 있었다.

이러한 조건으로 영국 고전대학의 교양교육은 지식의 획득과 교육의 가치가 그 자체의 목적으로 추구될 수 있다는 이념적 기반을 제공하였다. 진정한 의미의 교육이란 구체적인 생산수단과 관련된 직업적 유용성에서 벗어나야 하는 것이며, 지식 그 자체의 탐구와 이성의 연마가 이루어져야 한다. 고전을 중심으로 한 교육은 바로 이러한 교양교육의 이념적 지향성을 반영하는 것이 되었다. 옥스퍼드와 캠브리지 대학은 전통적으로 고전적인 교양교육을 강조하였는데 그리스의 고전을 읽고, 원전을 암송하는 방식의 공부를 선호하였다. 대학의 이념은 지식의 생산이 아니라 지성의 훈련과 덕성을 풍부하게 하는 인간육성에 있었으며, 대학의 주된 기능은 사회지도자를 양성하는 것에 있었다. 교육을 통해서 이성을 연마하여 균형있는 신사와 교양인을 양성하는 것을 목표로 하였다. 인격교육을 통한 사회지도자 양성을 위해서는 개인지도제로 운영될 필요가 있었으며 생활을 함께 하는 기숙사 운영을 중요하게 생각하였다.

2) 옥스브리지의 이념과 교육독점에 대한 비판

영국에서 옥스브리지에 대한 비판은 17세기 중반 청교도혁명에서 시작되었다. 비판은 크게 교육의 대상과 교육의 내용으로 구분될 수 있다. 의회파의 델(W. Dell)은 옥스브리지의 교육독점을 해체해야 한다고 주장한바 있다. 당시 옥스브리지는 영국국교회의 폐쇄적이고 지속적인 통제로 비국교도의 입학을 엄격히 제한하며 지배계급을 위한 교육기관으로 한정되었다. 델은 옥스브리지의 귀족 중심의 폐쇄적 운영에 대해서 비판하면서 그 대안으로 모든 마을에 초등학교를, 중소도시에 문법학교, 대도시에 대학을 설립할 것을 주장하였다. 당시 고등교육 기관이었던 옥스퍼드대학과 캠브리지대학에 입학하기 위해서는 중등교육기관인 퍼블릭스쿨에 다녀야했다. 이 퍼블릭스쿨은 옥스브리지와 연계된 기숙학교(boarding school)로서 일반 대중들이 쉽게 접근하기 어려웠으며 귀족계층의 전유물이 되었다. 이러한 교육독점에 대한 비판과 함께 교육 내용에 대해서도 비판하였다. 옥스퍼드와 캠브리지대학은 고대 그리스로부터 내려오는 전통적인 교양교육을 고수하였다. 델은 이러한 고전학습이 시대적 흐름에 맞지 않다고 비판하였다. 중세 스콜라 철학의 전통을 이어받아 종교교육에 주력하는 학습은 산업화가 막 시작되는 시기에 유용하지 않다는 것이다. 당시 옥스브리지에서는 고전학습에 초점을 맞추고 있었으며 수학과 과학의 교육에 대한 필요성을 인식하지 못했다. 산업화가 진행되면서 이러한 고전학습이 사회적으로 유용하지 않다는 여론이 확산되기 시작하였으며, 자연과학에 대한 교육이 필요하다는 문제의식이 제기되었다[5]

그러나 혁명이 실패하면서 비판적인 목소리도 사라졌다. 1660년 왕정복고 후 영국 국교회는 종교적 교리와 규범을 주입하기 위해 옥스브리지에 대한 통제를 강화하고 비국교도의 입학을 엄격히 제한하였다. 옥스브리지는 국교회의 성직자와 관료 등 지배계급을 위한 교육기관

5 John Lawson and Harold Silver, *A Social History of Educaion in England* (London : Methuen & Co Ltd, 1973).

으로 전락하였다. 산업혁명기를 거치면서 과학적 실용학문에 대한 사회적 수요가 증가하면서 옥스브리지에 대한 비판은 더욱 거세게 제기되었다. 옥스브리지가 과학적 탐구를 경시하고 고전 중심의 교양교육의 전통을 유지하는 동안 비국교도들이 주축이 되어 과학적 탐구를 위한 아카데미를 설립하여 다양한 과학적 성과를 이루어냈다.[6]

옥스브리지에 대한 비판은 우선 대학이 지나치게 소수에 의해 좌우되고 변화에 반응하지 못했다는 것을 지적할 수 있다. 산업혁명기의 새로운 교육요구를 고려하지 못하고 지배계급의 교육기관으로서 기능하였다는 점에서 비판되고 있다. 이와 함께 비국교도의 입학을 엄격히 제한하는 등 종교적으로 폐쇄적으로 운영되었으며 19세기 말까지 여학생의 입학이 허가되지 않았으며, 입학 및 장학금 수여는 특정 퍼블릭스쿨 출신자에게만 한정되는 등 폐쇄적 운영에 대해서 비판되었다.[7]

6 윤종희, 「현대 자유주의적 교육개혁의 역사와 지식권의 제도화 : 세계헤게모니 국가의 교육제도를 중심으로」, 서울대학교 박사학위논문(2010), 24.

7 K. Evans, *The Development and structure of English Educationl System*(London : Hoodder and Strongton, 1975).

2. 시민대학의 등장과 대학이념의 변화

1) 영국의 자유주의적 교육개혁과 시민대학의 등장

19세기가 될 때까지 영국대학은 다른 유럽의 대학과 구별되는 특징을 가지고 있었다. 프랑스와 독일이 나폴레옹 전쟁이후 대학의 혁신을 진행하면서 칼리지 단위의 교육에서 대학(university) 단위의 교육으로 변화되었고, 지도 교수제에서 대학 교수제로 바뀌었다. 하지만 영국에서는 칼라지의 형태와 지도 교수제를 유지하고 있었다. 교수와 학생이 함께 생활하면서 학문과 인격을 고양한다는 교육방향은 고전에 대한 학습과 종교에 기반을 둔 교양교육을 강화하게 된다. 이러한 교양교육은 세속적 가치로부터의 보호와 도덕적 품성의 함양을 통해서 사회지도층을 양산하려는 목적을 가지고 있었다.

하지만 18세기를 거치면서 산업혁명과 프랑스혁명 등 사회적 변화가 이루어졌고 이 과정에서 영국의 옥스브리지 대학은 변화의 중심에 서지 못했다. 고전 텍스트를 해석하고 암송하는 전통적인 학습을 고수하고 시대적으로 요구되는 과학적 지식에 대한 학습은 제외되었다. 대학은 사회적 변화를 수용하지 못하였으며 귀족들의 사치와 방탕으로 쇠퇴하였다. 옥스퍼드와 캠브리지 학생들 중에는 학교에 기부금을 내고 시험에서 면제되는 귀족출신의 학생들이 많았다. 이들은 실크 가운과 금단추의 학사모를 쓰고 다녔으며 일년에 13주만 학교에 다니면 학위를 얻을 수 있었다. 지도교수들은 게으름과 방종에 빠져서 설립

당시의 가치를 상실하는 경우가 많았다.[8]

옥스브리지에 대한 비판이 산업혁명의 진원지인 스코틀랜드에서 시작된 것은 바로 이러한 조건에 기반한다. 스코틀랜드는 18세기 산업발달이 진행되기 전까지만 해도 가난한 나라였다. 산업혁명과 함께 경제가 급속히 성장하면서 잉글랜드의 교육적 전통과는 확연히 구분되는 교육개혁을 이루었다. 스코틀랜드에서는 옥스브리지와는 달리 대중에게 개방된 강의 형태의 고등교육을 제공하였으며 고전, 논리학 뿐만 아니라 수학, 물리학 등 자연과학을 포괄하는 종합적인 지식을 갖춘 교육이 진행되었다. 대학의 이념 역시 변화되었다. 귀족주의에 바탕을 둔 문화의 전수와 인격양성을 통한 신사의 양성이 아닌 세계에 대한 종합적 인식을 갖추기 위한 새로운 커리큘럼이 제공되었다. 대표적으로 앤드류스, 그래스고우, 애버딘, 에딘버러대학은 옥스브리지와는 달리 대학입학에서 종파적 제한이 없었으며 빈부에 의한 차별 역시 없었다. 1740년 이후 백년간 그래스고우대학에 재학한 노동자계급 출신의 학생은 전학생의 1/3이나 되었으며, 거의 같은 시기 캠브리지대학에 노동자 출신은 전혀 없었다. 스코트랜드는 근대 학문을 중심으로 하는 대학을 중심으로 유럽에서 계몽주의의 중심지가 되었다. 특히 에딘버러대학과 그래스고우대학은 스코트랜드의 계몽주의를 이끈 교육기관으로 부각되었다. 18세기 스코트랜드의 대학들은 학문분야에서 우수한 학자들을 배출하면서 옥스브리지를 훨씬 능가하게 되었다. 이

8 H. C. Barnard, *A History of English Education from 1760*(London : University of London Press, 1961).

러한 스코트랜드 대학들의 진보적인 도전은 옥스브리지에 대한 비판의 목소리로 이어졌고 시민대학이 만들어지는 기폭제로 작용하였다.[9]

2) 시민대학과 대학교육 확대 운동

런던대학을 시작으로 각 지방도시에 시민대학의 형태로 여러 대학이 설립되었다. 맨체스터대학(1851), 리즈대학(1874), 브리스톨대학(1876), 노팅엄대학(1877), 버밍엄대학(1880), 리버풀대학(1882), 쉐필드대학(1897), 엑스터대학(1901), 사우스햄톤대학(1902) 등이 설립되었다. 이 대학들은 대부분 지방의 공업도시에 위치하고 있었으며, 그 지방의 의과대학, 과학대학, 공업대학 등의 성격으로 대학의 역할과 교육역량을 확장하여 그 지방의 시민대학으로 발전되었다.

시민대학의 발전은 19세기 영국의 정치·경제·사회적 변화를 배경으로 한다. 제2차 엔클로저 운동이 진행되면서 영국 각지의 농촌인구들은 북부와 중부의 공업지대로 집중되어 맨체스터, 리버풀, 버밍엄, 쉐필드, 브리스톨 등의 신흥 산업도시가 형성되었다. 시민대학은 이러한 신흥 지역사회의 요구에 맞춰 과학기술교육을 중산계급의 자녀들에게 제공할 목적으로 세워졌다. 시민대학은 해당 도시에 필요한 지식을 전달하고 연구를 담당하는 지역 봉사 기구로서 시민대학의 역할이 강조되었다. 도시와 시민대학과의 관계, 특히 그 산업적 이해관계와 대학

---

9 유인종, 「영국 고등교육의 발전과정에 관한 연구」, 『교육문제연구』 제8호 (1996): 5.

교과과정의 관계, 대학운영, 재정문제와 시자치체와의 관계, 대학건립 과정에서 지역 독지가들의 재정적 기여도 등이 주요한 논제로 등장하였다.

중부 산업도시의 신생 시민대학 중 하나였던 노팅엄 대학 사례를 구체적으로 살펴보면 당시 시민대학의 성격과 정체성에 대해서 알 수 있다.[10] 노팅엄 대학의 설립은 1837년 설립된 노팅엄 기술 교습소를 중심으로 오랫동안 진행되었던 그간의 도시 대학 건립을 위한 캠페인이 결실을 맺은 결과였다. 1850년대를 지나면서 노팅엄은 완만한 성장을 계속하며 직물업, 특히 레이스 산업의 호조와 함께 우선적으로 직업교육의 필요성이 높아지게 되었다. 이러한 상황에서 레이스 제조업자 헤이만은 1837년에 노팅엄 기술교습소를 설립하고 도시민에 대한 기술교육의 필요성을 역설하였다. 그리고 1875년에는 10,000파운드를 시에 기부하여 종전의 기술교습소에서의 강의를 상설 교육과정으로 확정하고 노팅엄 대학을 설립하게 된다. 노팅엄에서 본격적인 성인 기술교육은 대학교육 확대운동(university extension movement)이 시작되면서 실현될 수 있었다. 대학교육 확대운동은 대학의 교육과정을 외부강연과 강의개설을 통해 일반시민에게 확대하여 고등교육의 혜택을 공유하도록 추진하는 운동이었다. 1873년 노팅엄 최초의 강의 개설은 대학교육 확대운동의 일환으로 캠브리지대학과 연계하여 이루어졌다. 기계학 교수인 제임스 스튜어트의 주도로 설립된 지역 강연 협회는 기술교육을

10 박찬영, 「노팅엄 대학-중부 산업도시의 신생 시민대학」, 『영국 연구』 제16호(2006).

중심으로 한 시민교육의 기회를 높이는 동시에, 시민대학 건립에 대한 관심을 환기시키는 주요한 계기를 마련하였다.

각 지역의 산업적 요구를 반영하는 시민대학의 특성은 노팅엄에서도 예외가 아니었다. 광산업의 호황으로 노팅엄 대학에서는 채광, 광산학 분야의 관련 교육이 발전하였다. 이와 함께 지역민과 대학의 교류를 강화하면서 지역 친화적 대학의 이미지를 구축하였다. 대학 내에 무료 공공 도서관과 자연사 박물관을 개관하거나 대학의 교과과정을 선전하기 위해 일반인을 위한 무료 개방강연이 열리기도 하였다.

이와 같이 시민대학은 지역사회의 요구를 적극적으로 반영하고 지역사회에 봉사하는 대학의 기능을 정립한 사례라고 볼 수 있다. 옥스브리지와 같은 영국의 전통대학들은 귀족 엘리트를 위한 교육에 초점을 맞추고 있었던 것에 반해 시민대학은 지역사회와의 밀접한 관련 속에서 지역에 대한 봉사를 수행하였다. 대학의 기능이 엘리트 양산뿐만 아니라 사회에 대한 봉사 기능이 있음을 정립한 사례라고 볼 수 있다. 이와 함께 시민대학은 교육기회를 확대하여 비국교도, 노동자계급, 여성에게도 고등교육의 기회를 확대한 선례를 남겼다.

하지만 시민대학의 이러한 도전은 계속 이어지지 못하고 중단되었다. 영국경제가 탈산업화 되고, 1870년대부터 대불황이 시작되면서 영국의 중등·고등교육에서 '인문교양교육으로의 전환'이 나타났다. 시민대학 역시 인문교양교육으로 회귀하였는데 1889년부터 정부보조금을 받기 원하는 시민대학은 의무적으로 일련의 인문교양과목을 가르치도록 법으로 규정되었다. 시민대학은 정부 지원이 없을 경우 재정적 곤란을 겪을 뿐만 아니라, 인문교양교육을 강화하지 않을 경우 단순한 기능공학교로 전락한 위험이 있기 때문에, 이 규정을 수용하였다. 이에 따라 시민대학도 과거와 같은 현대적 대학으로서 면모를 상실하고 옥스브리지와 동일한 발전궤도에 진입하게 되었다[11]

시민대학의 등장으로 새롭게 제기되었던 고등교육기관의 사회적 기능, 즉 지역사회와의 밀접한 관련성, 사회에 대한 봉사 기능, 사회적 소수자에 대한 인식은 20세기 대학교육의 주요한 이념으로 이어지지 않았다. 교육의 이러한 사회적 기능에 대한 논의는 1988년 교육개혁법(ERA) 제정을 기점으로 다시 논의되기 시작하였다. 이 법이 제정되기 전까지는 모든 교육과정이 각 학교에 일임되어 국가 수준의 교육과정은 존재하지 않았다. 국가교육과정을 통해서 영국사회가 추구해야 하는 보편적 가치와 덕목에 대한 기준을 제시하고, 교육과정 간의 일관성과 지속성을 갖는 교육적 틀을 제공하고자 하였다. 영국의 중등학교를 중심으로 한 시민교육 제도화는 바로 이러한 노력의 결실이라 할 수 있다.

11 Michael Sanderson, "Vocational and Liberal Education : A Historian's View," *European Journal of Education* 28(2)(1993).

3. 국가교육과정과 시민교육의 제도화

1) 영국의 시민교육 제도화 배경

① 역사적 배경

20세기 중반이 되기까지 영국의 시민교육은 이웃나라 프랑스에 비해 매우 혼란스럽고 모호했다. 프랑스의 경우 1862년에 이미 시민론 교재를 사용하였으며, 교육부장관 페리의 주도하에 1882년에 시민교육계획을 실행하였다. 그리고 1886년 이후에는 공립초등학교의 모든 학생들이 시민교육을 받을 수 있었다. 이러한 교육개혁을 통해서 프랑스는 프랑스 혁명의 이상을 회복하고 국민적 단합을 달성하려 하였다.

프랑스와 달리 영국의 경우에는 정부가 주도적으로 시민교육계획을 시행하도록 자극하는 그런 계기를 갖지 못했다. 18세기 말과 19세기 초 영국의 학교교육은 매우 소홀히 여겨졌다. 산업혁명의 수준을 따라가지 못하는 학교 설치의 문제와 함께 교육은 하층민이 자신들의 생활수준에 불만을 갖게 만들 수도 있을 거라는 생각이 널리 퍼져 있었다.[12] 19세기 초반까지 영국의 학교 교육은 훌륭한 크리스찬 시민(good Christian citizens)을 육성하는데 집중되었다. 이 시기의 교육은 학생들에게 사회적 계층에 따라 상이한 역할과 임무를 부여하였다. 즉, 가장 낮은 계급에 속하는 학생들은 열심히 일함으로써, 그들의 상급자들에

---

12 데릭 히터, 김해성 역, 『시민교육의 역사』(서울 : 한울아카데미, 2007).

게 복종함으로써 그들의 죄를 뉘우치고 그들은 내세에서 보상을 확신 받을 수 있다고 교육받았다. 반면 최상층 계층의 학생들은 고전 성서 연구나 고대 문명에 대한 지식의 습득을 통해 훌륭한 시민성을 가질 수 있도록 교육 받았다. 19세기에는 종교 수업이 교육에 있어서 핵심적 역할을 하였다. 성경이 핵심 텍스트로서 훌륭한 크리스챤 시민을 기르는데 사용되었다.[13]

한편 차티스트 운동이 진행되면서 학교가 좀 더 민주적인 정치체제 창조에 기여해야 한다는 생각이 확산되었다. 특히 노동계급의 자녀들을 위한 좀 더 광범위한 교육이 필요하다는 사실을 강조하였다. 그러나 정치개혁과 교육개혁의 관계를 어떻게 설정할 것이냐를 두고 다양한 이견이 제기되었다. 즉, 정치개혁을 위해 대중교육을 할 것인가 아니면 대중교육을 위해 정치개혁을 할 것인가라는 우선순위 선택의 문제가 쟁점이 되었다. 그럼에도 불구하고 시민들의 정치의식을 고양시키는데 영향을 주는 교육에 대한 관심이 증대되었다. 노동계급의 자조교육(self-help education)은 상당한 정도로 조직이 되었으며 수많은 신문과 책자를 통해서 정치적으로 각성되었다. 학교체계 바깥에서 노동자들이 스스로 교육할 광범위한 기회를 창출하였다.

학교체계에 대한 교육개혁은 1870년에 포스터 교육법(Forster Education Act)이 시행되면서 초등교육에 정부가 전면적으로 개입하게 되었다. 그 이전에는 빈곤층과 부유층 모두 사교육에 의존하였고 이로 인해

13 조철기, 「영국에서 영역 정체성의 정치와 교육」, 『사회이론』 38권 (2010. 가을/겨울).

격차가 심각한 상황에 이르렀다. 19세기 중반과 후반에 이르러 공민교육은 더욱 공고화 되었으며 본격적으로 시민성 또는 훌륭한 시민이라는 표제가 붙은 교과서들이 개발되어 제공되었다. 종교 구속적인 개인적 도덕에서 공통의 공민적 도덕을 강조하는 것으로 변화되었다. 이는 훌륭한 국가시민(good national citizens)으로의 전환을 의미하는 것이었다. 20세기에 들어서면서 교육은 애국적이고 제국주의 정서를 호소하는 훌륭한 제국시민(good imperial citizens)의 육성으로 전환되어 갔다. 특히 지리와 역사 교과서에서는 암묵적으로 젊은 노동자인 남성들을 식민지로 이동하도록 격려하였으며, 대영제국의 영광스러운 시민으로 행동할 것을 격려하였다.[14] 1904년에는 고 빅토리아 여왕의 생일이 제국의 날로 선포되었으며, 경축행사가 특히 학교에 권장되기도 하였다. 사립학교에서는 앞장서서 학생들에게 제국주의 의식을 불어넣는 선전운동을 행하였다.

한편, 제1차 세계대전 이후 제국주의 시민교육에 대한 반작용으로서 국제적 평화를 위한 훌륭한 세계시민(good world citizens)의 육성에 대한 관심이 대두되었다. 1930년대에 시민성교육협회(Association for Education in citizen : AEC)가 설립되어 국제적인 연결망이 결성되었으며 『시민(The Citizen)』이라는 저널이 발행되기 시작하였다. AEC는 출판물을 통해서 시민교육이 어떻게 그리고 무엇을 가르쳐야 하는지 방향을 제시하려 하였으며 동시에 압력집단으로서 행동하고자 하였다.[15]

---

14 조철기, 「영국에서 영역 정체성의 정치와 교육」.

15 데릭 히터, 『시민교육의 역사』.

선거법이 수차례 개정되면서 투표권 부여의 대상이 확대되어 1970년에는 선거권 연령이 21세에서 18세로 극적으로 낮춰지게 되었다. 이를 계기로 학교가 분별 있는 정치교육을 할 책임이 있다는 주장이 제기되었다. 이와 함께 1969년에 정치협회(Politics Association)가 설립되면서 학문적 차원이 아니라 대중적 수준에서 정치적 교양을 널리 보급하는데 앞장섰다. 특히 영국은 1980년대에 들어서면서 정치교육의 문제가 전면에 대두되었다. 런던 남부의 브릭스턴에서 발생한 1981년의 폭동을 계기로 영국을 다문화사회로 볼 것인가라는 쟁점이 부각되기 시작하였고 탈제국주의 시대에 걸맞는 시민의식을 확보하기 위한 교육이 필요하다는 것을 인식하기 시작하였다. 학교에서는 반인종주의 수업이 요청되었으며 시민교육에 대한 관심이 증대되었다.

② 정치적 배경

1980년대 후반에 들어서면서 시민교육에 대한 관심이 증대되었다. 1988년에 보수당이 당의 색채를 새롭게 하기 위해 '능동적 시민권' 개념을 채택한 것은 아주 획기적인 사건이었다.[16] 능동적 시민권은 일정한 지식과 분별력 그리고 도덕적 신념을 요구하며 18세 이전의 청소년들이 최선을 다해 배워야 하는 부분이라는 것을 알렸다. 보수당이 '능동적 시민권'의 기치를 내걸었던 그해에, 하원의장은 '능동적 시민권을 장려하고 계발하며 인식할 최상의 방도'를 모색하기 위한 시민권위원회를 발족시켰다. 크릭 보고서(Crick report)로 알려진 그 위원회의 보

16 데릭 히터, 『시민교육의 역사』.

고서에는 학교에서 시민권을 가르치는데 대한 권고들이 포함되어 있었다. 이 권고사항들은 국가교육과정위원회(National Curriculum Council:NCC)로 보내졌다. 국가교육과정위원회는 영국 역사상 처음으로 모든 공립학교에 공통적으로 적용될 교육과정을 편성하는 일을 지원하기 위해 설립된 기구였다. 1988년 교육개혁법(ERA)에 의해서 국가공통교육과정이 도입되어 학습권의 보장, 성취기준의 설정, 학교 및 학년간의 일관성과 연계를 강화하였다. 1989년에 교육과정의 윤곽이 잡히면서 시민권 관련 내용이 포함되어야 한다는 조항이 만들어졌다.

그러나 1980년대 후반에서 1990년대 중반까지 보수당 집권 기간동안 교육영역에서는 상대적으로 자유민주주의, 개인주의, 소비자 권리 등이 중시되었다. 개인의 자유와 권리의 보장에 대한 우선적인 관심으로 시민으로서의 책임과 의무에 대해서는 소홀하게 다루어졌다. 그 결과 1997년 총선에서 사상 최저의 투표 참가율을 기록하게 되었다. 이와 함께 영국내 청소년 문제의 증가와 다문화사회로의 전환은 영국사회에서 다시 한번 결속과 통합을 해야 할 계기를 제공하였다. 1997년 총선에서 "교육, 교육, 교육"을 슬로건으로 내건 노동당이 집권하면서 공동체주의에 토대를 둔 시민적 도덕성과 시민 공화주의 사상에 강조점을 두기 시작하였다. 이를 위해 국가와 파트너십을 가진 개인의 시민적 책무성, 타인의 욕구와 관점에 대한 배려, 사회에 대한 긍정적 기여 등을 중심으로 하는 시민교육의 강화를 고려하기 시작하였다.

신노동당 정권의 교육노동부장관 블런킷(David Blunkett)은 시민교육을 학교의 주요 교과목으로 편성하기로 결정하고 학교에서의 효과적인 시민교육에 대한 권고와 내용을 제공할 시민권 자문단을 구성하게 된다. 크릭교수를 단장으로 하는 자문단은 "이 나라의 정치문화를 전국적 차원과 지역적 차원 모두에서 바꾸고", "사람들이 스스로를 능동적 시민으로 생각하며 그럴 의지를 지니게 만들고자", "청년들이 참여와 행동의 새로운 형태를 찾는 일에 자신감을 갖도록 만들고자" 시민교육에 대한 전반적인 교육방향에 대해서 발표하였다. 이러한 노력의 결실로 영국은 2002년부터 시민교육을 필수교과목으로 국가교육과정(National Curriculum) 안에서 의무화 시켰다.

공교육 제도 안에서 시민교육을 실시한지 10년이 지난 지금 영국에서는 새로운 전환기에 직면하고 있다. 2010년 노동당 집권 13년만에 보수당이 집권하면서 시민교육의 제도화 흐름에도 제동이 걸리고 있다. 보수당의 캐머런 총리는 첫 연설에서 미국 존 F. 캐네디 대통령의 명인 '조국이 당신을 위해서 무엇을 할 수 있을지 묻지 말라'를 인용하면서 국가의 책임보다는 개인의 책임을 강조하였다. 지난 10년간 정부의 주도하에 시민교육의 토대를 마련하기 위해서 노력한 시기였다면 지금은 국가의 개입보다는 각 학교의 자율과 선택으로 그 무게중심이 옮겨가고 있다. 학교에게 보다 많은 자율권과 자치권을 확보해줄 것을 약속하는 정책들이 발표되면서 시민교육 역시 학교장의 재량에 의해서 운영될 가능성이 높아지고 있다. 2014년 9월까지는 현재의 국가교육과정 틀이 유지되지만 그 이후에는 상당한 변화가 있을 것으로 예상된다.

③ 사회·문화적 배경

영국에서 시민교육을 제도화 하게 된 배경에는 청소년의 문제가 심각하다는 사실에 대한 사회적 인식에 있었다. 청소년의 폭력이 증가하고, 학업 중단 및 학교 부적응 청소년이 증가하면서 이 문제를 사회적으로 해결하고자 하는 공감대가 형성되었다. 영국 정부는 1990년대 초반부터 끊임없이 청소년 문제와 보호에 대한 해결책을 제시하게 되는데, 청소년 문제의 근원이 공교육의 부재와 허실에 있다는 자각을 시작으로 1988년 교육개혁법(ERA : Education Reform Act)을 제정하게 된다. 이 법은 영국에서 학교교육과정에 대한 불간섭주의를 지양하고 국가교육과정의 범위를 규정하는 법적 근거로서 이러한 법적 근거를 통해서 1991년에 국가교육과정이 시행되기에 이른다.

이러한 변화는 청소년 문제가 단지 청소년에 국한된 문제가 아니라 사회적으로 영국이 다문화주의로 전환되면서 영국인의 정체성 문제와 관련된 위기라는 점에서 촉발되었다. 백인 영국인의 인구증가율은 감소 추세임에 반하여 타 인종의 인구 증가율은 꾸준히 증가하고 있다. 영국 학생 중 소수민족에 속하는 인구구성을 살펴보면 4-11세 연령대의 학생들이 같은 연령대 학생들의 20.6%, 11-16세 연령대의 학생들은 16.8%를 차지하고 있는 것으로 나타났다.[17] 소수인종자들은 북동쪽 지역은 4%에 불과하지만 런던 중심지역 학교 학생들은 3/4에 해당되는 숫자가 소수민족에 해당될 정도로 런던 시내에 소수인종 학생

---

17 European Commission, *Emilie research project, British education policy and the challenge of migration, anti-racist, multicultural and citizenship education*(September, 2009).

들이 집중되어 있다.[18] 인종과 언어는 다르지만 한 영토 안에 거주하는 영국의 시민으로서의 권리와 책임을 부여받고 사는 이 다양한 민족구성원들에게 공통으로 요구되는 정체성의 문제가 인식되기 시작하였다. 영국에서 다문화주의에 대한 접근 방향에 대한 비판 역시 비판되었다. 학교에서의 다문화교육은 문화에 대한 편견과 전형적 이미지를 양산함으로서 오히려 인종주의를 강화하고 있다는 비판이다. 인종차별은 영국사회가 진정한 민주주의 사회로 나아가기 위한 큰 걸림돌로 지적되었다.

사회 다원화와 다문화로 인한 여러 문제들을 극복하고 전 국민의 사회참여를 이끌어내고 통합을 꾀할 수 있는 방편의 하나로 시민교육이 등장하였다. 사회통합의 관점에서 청소년을 보호와 육성의 대상이 아닌 시민으로 바라보고 시민으로서의 자질을 양성하고 권리와 의무를 다하며 세계시민으로 성장시키기 위해 제안되었다. 청소년들이 시민교육을 통해서 인종차별의 문제에 민감할 수 있도록 교육을 받음으로서 영국사회의 통합과 결속을 이루어낼 수 있다고 제안되었다. 특히 영국은 2005년 런던 폭탄테러 사건을 경험하면서 영국사회의 통합과 결속의 문제를 둘러싼 뜨거운 논쟁이 이루어졌다. 다양하고 복잡한 사회에서 다양성을 유지하면서도 공동의 가치에 기반을 두고 함께 살아갈 수 있는 방안에 대한 고민이 본격적으로 이루어졌다. 특히 서로의 다름을 포용하고 인정하는 것과 관련된 교육정책을 추진하는 과정에

---

18 김선미, 「영국의 다문화교육 정책 전개의 특성」, 『교육문화연구』 제17집 1호 (2011).

서 시민교육은 매우 중요한 교과목으로 주목을 받는다. 기존의 다문화교육정책에 대한 비판을 통해서 영국은 다문화교육이라는 주제어로 내세운 정책이 사회 갈등을 해결하는데 성공하지 못했다는 반성에서 다문화교육이라는 용어를 표면에 드러내기보다는 시민교육 속에 다문화교육의 내용을 녹아들게 하여 관용과 편견없는 태도 등을 강조하고자 하였다.[19] 국가 내부의 다양한 문화집단들의 사회적 도덕적 책임감과 지역 참여, 정치적 문맹 완화 등은 시민교육의 주요한 내용으로 구성되게 된다. 2007년 교육과정 개편을 통해 시민교육의 내용 중 정체성과 다양성을 새롭게 포함시켰다.

2) 국가교육과정과 시민교육

시민교육은 2000년 8월부터 개정되어 실시되는 국가교육과정에 따라 비법정과목으로 개인·사회·건강교육(PSHE) 과목 안에 처음으로 시민교육 내용을 포함하기 시작하였다. 그리고 2002년 8월부터 중고등과정(11세~16세) 학생들에게 시민교육을 필수교과목으로 채택하도록 하였다. 크릭 보고서에 의하면 시민성과 민주주의에 대한 교육은 너무나 중요해서 필수교과목이 되어야 한다고 제안한바 있다.

시민교육이 중요한 이유(QCA 2010)는 우선적으로 청소년들이 공적인 삶에서 시민의 한 사람으로서 역할을 수행하기 위한 지식, 기술과 이해를 갖추도록 돕는다는 점이다. 시민교육은 학생들이 사회의 논쟁

---

19 김선미, 「영국의 다문화교육 정책 전개의 특성」, 71.

적인 이슈에 관심을 기울이도록 하고 토론에 참여하도록 격려한다. 학생들은 자신의 권리, 책임, 의무 그리고 자유에 대해서 배우고 법과 정의, 민주주의에 대해서 학습한다. 이와 함께 그들은 의사결정과 다양한 형태의 실천에 참여하는 방법을 배운다. 학생들은 자신들의 학교, 이웃, 지역공동체 그리고 사회에서 능동적 시민, 세계시민으로서 적극적으로 참여하도록 지지받는다. 이러한 교육과정을 통해서 청소년들은 학교와 지역사회 및 세계사회에서 중요한 구성원이 될 수 있도록 도움을 받는다.

둘째, 학생들은 시민교육을 통해서 다양한 민족과 종교 그리고 인종적 정체성들을 존중하도록 지지받는다. 그들은 영국에서 시민으로서 공유하는 다양한 문화와 가치, 정체성들을 비판적으로 탐구한다. 이를 통해서 사회가 어떻게 변화되어 왔는지 그리고 어떻게 변화하고 있는지 이해하기 시작한다.

셋째, 시민교육은 사회정의, 인권, 사회통합과 관련된 이슈를 제기하고 학생들이 부정의, 불평등 그리고 차별에 도전하도록 한다. 청소년들의 비판적 사고를 개발하며, 좀 더 광범위한 정치적, 사회적, 윤리적, 도덕적 문제들을 고려하고, 자신의 의견보다는 타인의 의견과 생각을 경청할 수 있도록 한다. 청소년들은 다양한 정보를 평가하고, 판단하며 현재와 미래의 자신의 행동에 반영한다. 그들은 그들 자신뿐 아니라 타인을 대표해서 주장하는 것을 배우고, 관심 이슈를 자유롭게 말한다.

중등교육과정에서 필수교과목으로 선정된 시민교육의 목표를 살펴보면 다음과 같다. 시민교육의 목표는 다양한 쟁점을 비판적으로 사고하고 토론하는 과정을 통해서 책임감 있는 시민을 길러낸다. 그리고 자신의 삶에 영향을 주는 정치제도 및 법체계, 경제 제도 등에 대한 지식을 습득하여 적극적으로 실천할 수 있도록 한다. 이와 함께 시민교육에서 초점을 맞추고 있는 것은 학교와 지역 등 공동체에 적극적으로 참여하여 시민으로서의 책임감과 비판적 인지 기능을 갖도록 한다.

2002년부터 학교에서 시민교육이 필수교과목으로 실시되면서 교육의 3대 요소로 제시된 것은 바로 사회적·도덕적 책임성, 공동체 참여, 정치적 문해력이었다. 커리큘럼은 바로 이러한 3대 요소를 주축으로 구성되었다. 그런데 2007년 교육과정 개편과정에서 시민교육의 3대 요소는 대폭 수정되었다. 2007년의 시민교육 3대 요소는 첫째, 민주주의와 정의(Democracy and justice), 둘째, 권리와 책임(Rights and responsibilities), 셋째, 정체성과 다양성(Identities and diversity : living together in the UK)이다.

〈표 Ⅲ-3〉 2002년과 2007년의 시민교육 요소

2002년	2007년
사회적 · 도덕적 책임성	민주주의와 정의
공동체 참여	권리와 책임
정치적 문해력	정체성과 다양성

2007년에 수정된 시민교육 핵심 3가지 요소의 내용을 구체적으로 살펴보면 다음과 같다.

〈표 Ⅲ-4〉 2007년 개정 후 시민교육의 요소

시민교육 3가지 요소	내용
민주주의와 정의	영국에 사는 시민이 정치제도와 사법제도 안에서 취할 수 있는 역할. 민주주의의 한 부분으로서 자유, 정의로서의 공평과 법 규율, 힘과 권위, 책임이 포함. 청소년들은 다양한 수준과 종류의 책임을 학습해야 하며, 자신들에게 영향을 미치는 의사결정에 참여하는 지역사회수준에서의 5책임에서부터 의회와 국회 등 중앙정부로부터 요구받는 책임까지도 인식하도록 요구받음.
권리와 책임	다양한 종류의 권리와 의무, 책임을 이해함. 즉 정치적, 법적, 사회적, 도덕적 수준에서의 권리, 의무, 책임에 대해서 이해할 수 있어야 함. 더 나아가 권리와 책임은 균형을 이루어야 함. – 사회적 권리와 책임 강조
정체성과 다양성	영국의 다문화 역사, 현황 및 배경을 이해하고 다양한 정체성을 가졌지만 한 국가의 구성원으로서의 역할과 책임에 대해 배울 수 있어야 함. 또한 사회통합을 위하여 정치적, 사회적, 경제적, 문화적 변화에 의해 지속적으로 변화하게 될 영국사회를 이해하고 함께 어울려 공존하는 법을 배워야 함.

2007년에 시민교육의 요소가 수정되게 된 배경에 대해서 박선영은 다음과 같이 분석하고 있다.[20] 우선 민주주의와 정의가 시민교육의 첫 번째 요소로 제시되고 있는 이유는 영국사회 내 정치에 대한 관심이 점점 줄어들고 있는 것에 대한 비판적 자각과 정치참여를 유도하고 활성화 하기 위한 대책의 하나였다. 이와 함께 권리와 책임의 영역은 이전과 달리 사회적 권리와 책임을 강조하고 있다. 이것은 청소년들의 사

20 박선영, 「영국의 청소년정책과 시민교육고찰」, 『청소년문화포럼』 26집 (2011).

회적 비행 문제를 해결하기 위한 적극적인 시도로 해석된다. 마지막으로 정체성과 다양성 부분은 다문화사회에서 일어나고 있는 여러 가지 문제점들을 보다 적극적으로 해결하기 위한 대책으로 해석된다. 2007년 이전의 시민교육이 백인위주의 동화주의적 시민교육이었다는 비판을 수용한 것으로 분석되며, 다문화사회의 문제점들을 적극적으로 반영하겠다는 의지로 이해할 수 있다.

4. 통합적 접근의 시민교육

1) 시민교육 교과목의 분리와 통합

영국에서 시민교육은 그 자체로 하나의 독립적인 교과로서 운영되면서 동시에 다른 교과목 속에서 시민교육의 내용을 적극적으로 통합하고 있다. 독립된 시민교육 수업은 다른 교과에서 다루지 않는 사법제도, 선거, 의회의 활동 등의 내용을 다룬다. 이와 함께 다른 교과를 통해서 시민교육이 실시되기도 한다. 역사나 지리, 종교교육은 시민교육과 관련성이 높은 교과로서 시민교육 교과과정의 영역들을 분담하여 가르칠 수 있다. 또한 시민교육은 단지 수업에만 국한되는 것이 아니라 학교문화와 풍토에도 영향을 끼치며, 지역사회와도 연계를 맺는다(그림IV-1 참조).

시민교육을 독립적인 교과목으로 가르칠 때의 이점은 다음과 같다.[21]

- 정치와 법에 관한 영역들을 포함하여 다른 교과에서는 다루지 않는 시민교육 교육과정의 다양한 영역들을 다룰 수 있다.
- 모든 학생들을 위해 각자의 전문성을 발휘할 수 있는 교직원들로 전문가 팀을 꾸릴 수 있다.
- 연속성과 발전성을 도모하기가 더 쉽고, 감독과 평가가 간단해진다.
- 모든 학생들에게 (시민교육을 받을 수 있는) 최소한의 권리를 보장한다.
- 시민교육에도 다른 교육과정 교과들과 어깨를 나란히 할 수 있는 뚜렷한 정체성과 지위를 부여한다.
- 학교의 문화와 분위기 그리고 더 넓은 공동체와의 연계를 통해 학습된 요소들을 포함하여, 시민교육 프로그램의 다른 요소들을 위한 구심점 역할을 할 수 있다.

〈그림 Ⅳ-1〉 시민교육의 접근방법

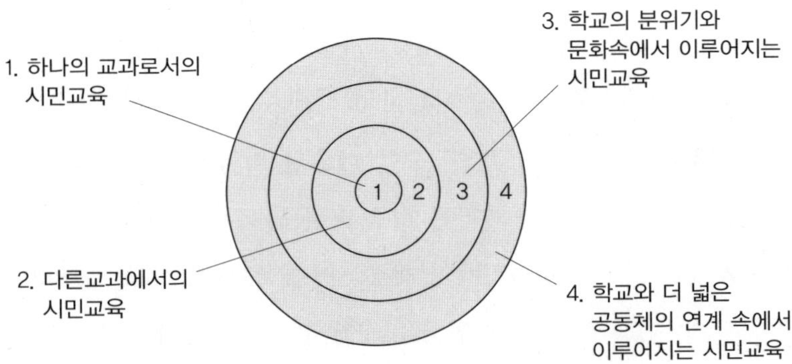

출처 : Ted Huddleston and David Kerr, *Making Sense of Citizenshi*, 49.

---

21 Ted Huddleston and David Kerr, *Making Sense of Citizenship : A Continuing Professional Development Handbook*(London : The Citizenship Foundation, 2006), 48.

시민교육에서는 다른 교과목에서 다루지 않는 핵심적인 내용이 있다.[22]

- 법적 권리와 책임 - 예) 소비자 권리, 아동의 권리, 인권
- 사법 시스템 - 예) 형법과 민법, 경찰의 역할
- 다양성의 정치적 측면 - 예) 민족적 정체성, 통합, 평등
- 중앙과 지방정부 - 예) 민주주의와 다양한 형태의 정부, 법률의 제정과 개정
- 선거시스템과 투표의 중요성 - 예) 대의제의 다양한 형태들
- 자발적인 단체의 활동 - 예) 국제엠네스티
- 사회에서 미디어의 중요성 - 예) 언론의 자유
- 글로벌 공동체로서의 세계 - 예) EU, Commonwealth, UN
- 경제의 여러 측면들 - 예) 과세, 공공 재정과 서비스

영국에서 시민교육은 법정필수 교과목으로 독립적으로 실시될 수도 있지만 다른 과목들과 연계하여 실시될 수도 있다. 시민교육은 역사, 지리, 종교교육, 영어, 과학, 수학, 예술과 디자인 교과와 연계하여 실시되고 있다. 수학이나 과학의 경우 다른 과목에 비해서 시민교육과의 연계를 고려하기 어렵지만 실제로 시민교육교과는 모든 교과와 연결이 될 수 있다. 과학의 경우 윤리적인 문제와 환경에 관한 문제 등을 중심으로 과학이 사회에 미치는 영향을 성찰하고 토론할 수 있다. 과학교과에서 시민교육 관련 내용을 다루는 사례를 살펴보면 다음과

22 Ted Huddleston and David Kerr, *Making Sense of Citizenship*, 48.

같다.

〈표 Ⅳ-1〉 과학수업에서 시민교육 내용을 다루는 사례

과학	시민교육 관련 내용
변종	• 유전형질 측면에서 인종 차이가 발생하는 이유를 이해하기 • 영국의 다양한 민족 정체성
면역	• 예방접종에 관한 토론 – 공익이냐 사익이냐 특히 최근의 MMR 이슈
유전학	• 질병을 예방하기 위한 유전자 치료법에 관한 토론, 배아 이용, 복제인간 등에 대한 토론 • 유전학적 스크리닝, 고용주의 보험회사들에 의해서 어떻게 이용될 수 있을지? • 동물과 인간의 복제
유전자 조작(GM) 식품	• 유전자 조작 식품이 환경에 미치는 영향을 포함한 찬반논쟁 • 영국 슈퍼마켓에서 GM 식품을 판매하는 것에 대한 논쟁
에너지 자원	• 에너지 자원이 고갈될 때 어떤 일이 벌어지는가? • 에너지 세대가 환경에 끼치는 영향 – 어떻게 최소화 시킬 것인가? • 라이프 스타일을 바꾸는 인간의 권리와 책임 – 지역과 세계적인 영향력

출처 : Ted Huddleston and David Kerr, *Making Sense of Citizenship*, 73.

위의 사례에서 살펴볼 수 있듯이 사회적 차원에서 바라본 과학의 제반 이슈를 다루는 과정을 통해서 과학이 사회에서 얼마나 큰 영향을 끼치고 있는지 인식할 수 있는 기회를 제공한다. 이러한 내용은 시민교육 교육과정 전체와 연계되어야 하며, 시민교육 조정관과 함께 계획을 하게 된다. 수학 역시 시민교육 교과과정과 관련하여 연계되어 시행되고 있다. 수학의 경우 숫자와 통계를 해석하는 과정에서 새로운 관점을 발견할 수 있으며, 사회의 윤리적인 이슈를 다룰 수 있다. 수학

교과에서 다루는 시민교육의 사례를 살펴보면 다음과 같다.

〈표 Ⅳ-2〉 수학수업에서 시민교육 내용을 다루는 사례

수학	시민교육 관련 내용
Ma4- 데이터 이용과 적용 * 데이터 수집, 해석, 토론, 추론하기 * 데이터를 다양한 그래프 형태로 재현하기	• 범죄통계 • 빈곤, 건강, 환경에 관한 세계적인 통계 • 경제와 경제 작동 방식 관련 통계
Ma2- 숫자를 이용하고 적용하기 * 큰 수를 보고 그 의미를 생각해보기 * 비례와 비율의 개념 * 덧셈, 뺄셈, 백분율, 분수와 소수	• 선거 - 각종 계산 예) 투표율과 과반수 확보에 필요한 득표율 범위, 비례대표제 대 단순다수제 • 부채와 질병(AIDS/HIV), 세계무역, 이민에 대한 세계 통계 • 공정무역- 여러 집단과 조직에 돌아가는 몫을 보여주는 제품 원가 분석 • 개인 재정 - 예산수립, 신용카드 및 대출 금리, 할인 상품의 할인액 계산, 부채가 가계에 미치는 영향

출처 : Ted Huddleston and David Kerr, *Making Sense of Citizenship*, 77.

수학 역시 시민교육과 연계할 수 있다. 통계를 학습할 때 범죄, 빈곤, 건강, 환경 등에 대한 통계를 살펴볼 수 있으며, 수치의 이용과 적용을 학습할 때에는 다양한 선거결과 수치를 분석해볼 수 있으며, 공정거래 무역의 문제 및 개인의 제정 관련 이슈도 다룰 수 있다. 숫자와 통계는 토론에서 중요한 데이터로 제시된다. 숫자와 통계는 설득력 있는 주장을 펴기 위한 근거로 사용될 수 있지만, 조작되거나 잘못 해석될 수도 있다. 학생들이 데이터를 해석하고 그 데이터에 숨어 있는 다양한

의미를 함께 토론하는 과정을 통해서 사회적 이슈에 더욱 관심을 가지는 기회를 갖게 된다.

2) 공동체와 연결되는 시민교육

시민교육을 통해서 학생들이 학교 밖의 공동체에 참여할 기회를 갖는 것은 시민교육 교육과정에 있어서 필수 요소이다. 크릭 보고서에서는 학생들이 '능동적인 시민의식'(active citizenship)을 함양하는 시민이 되는 것이 매우 중요하며 이를 위해서는 학생들 스스로 학교의 운영에 참여해보는 것과 함께 지역사회에 적극적으로 참여할 것을 권고하고 있다. 시민교육이 효과적으로 이루어지기 위해서는 지역사회의 참여가 절실하다는 점을 강조하며 지방자치단체와 지역평의회, 국회의원, 유럽의회의원, 시민단체, 경찰, 종교단체 등과 같은 지역기관이 협력하여 시민교육의 일익을 담당해야 한다고 설명하고 있다.[23]

지역공동체에 참여함으로써 학생들은 여러 가지 이익을 얻을 수 있다. 우선 자신을 사회의 일원으로 인식하는데 도움을 주며, 새로운 기술과 지식, 이해를 습득하는데 도움을 준다. 이와 함께 개인으로서의 자신감을 기르고 방과 후의 생활을 준비하는데 도움을 준다. 공동체 참여에서 중요한 것은 단지 '선행'을 경험하게 하는 것이 아니라 공동

---

23 Qualifications and Curriculum Authority(QCA), *Education for citizenship and the teaching of democracy in school : final report of the advisory group on citizenship*(London : QCA, 1998).

체 참여 경험을 통해서 학생들 스스로 변화를 일으킬 수 있다는 자신감을 가지고 능동적인 시민이 되는 능력을 함양하도록 돕는데 더 큰 뜻이 있다.

시민교육 수업은 지역 단체 및 조직과 적극적인 연계를 맺으며 진행된다. 지역단체와 조직은 학생들에게 적절한 견학장소를 제공하고, 다양한 행사에 대한 정보를 제공한다. 또한 자원봉사 자리를 제공하거나 전문가를 파견하기도 한다. 지역에서 도움을 줄 수 있는 단체와 조직은 다양하다. 지방정부, 대학의 법학과 정치학과, 교사양성과정 시민교육 수강생, 지방의회 의원, 시장, 국회의원, 유럽의회 의원, 경찰과 소방국, 청소녀 봉사단, 주민센터, 자선활동단체, 종교단체 등 많은 단체들이 참여할 수 있다. 특히 자원봉사 단체들은 시민교육과 적극적으로 연계하여 청소년들이 자원봉사활동에 참여할 수 있도록 돕고 있다.

공동체는 지역 공동체만을 의미하는 것이 아니라 국가적, 유럽적, 전지구적 공동체 모두를 포함한다. 여러 종류의 공동체들이 긴밀히 연결되어 있음을 인식시키며, 전지구적 재앙이나 부당행위에 대한 지역적 및 국가적 대응을 성찰한다. 특히 영국의 시민교육에서는 유럽연합과 국제기구와의 연계를 고려하여 수업을 진행하고 있다. 영국 시민은 유럽연합의 시민이기 때문이며, 영국 및 유럽연합 시민들의 행위가 다른 나라의 시민들과 전지구적 환경에 영향을 미치기 때문이며, 영국은 유엔과 영연방 그리고 기타 국제기구의 회원국이기 때문이다.

학생들은 개인적인 차원에서 유럽 및 국제적인 문제를 성찰할 수 있다. 예를 들자면 자신의 옷이나 기타 소지품들의 원산지는 어디인지,

다른 나라에서 살고 있거나 일하고 있는 가족과 친구의 문제, 학생들이 조성한 기금의 해외 수혜자 등에 대한 논의를 통해서 자신의 생활과 직접 연결되어 있는 연결점을 찾아본다. 이와 함께 학생들은 학교생활과 연결하여 생각해볼 수 있다. 교통과 에너지 이용, 쓰레기 관리, 구매 등의 문제가 유럽 및 국제적 차원에서 어떠한 의미가 있는지 생각해볼 수 있다. 또한 유엔회의나 영연방 정상회의, G8 정상회의처럼 모의행사를 통해서 관련 이슈를 다룰 수 있다. 학교간의 연계를 통해서 학생들이 참여할 수도 있다고 한다. 펜팔, 이메일, 화상회의를 통해 다른 나라의 학교들과 연계하는 활동을 진행한다. 솔웨리 커뮤니티 스쿨(Solway Community School, 실로스 소재)의 한 교사는 멕시코시티의 한 교사와 교류를 하다가 이를 자신의 학교에 확대 적용하였다고 한다. 학교평의회를 통해서 전달되었으며, 학생의원들은 각자 학급으로 돌아가 이 사실을 보고했고, 멕시코의 친구들과 토론할 주제를 선정했으며, 그들에게 보여줄 이메일을 인쇄했고, 멕시코에 보내기 위해 실로스 지역에 관한 정보를 수집하였다.[24]

24 Ted Huddleston and David Kerr, *Making Sense of Citizenship*, 101.

ㅁ 공동체와 연결되는 시민교육 사례

전 지구적 시민의식을 기르기 위한 학교 차원의 접근

알트링캠 여자 그래머 스쿨

언어특성화 학교인 알트링캠 여자 그래머 스쿨은 청소년들에게 철저한 전지구적 시민의식을 길러주기 위해 헌신하는 학교가 어떤 성과를 거둘 수 있는지 좋은 본보기를 제공하고 있다.

이 학교는 남아프리카와 베이징에 있는 학교들과의 자매결연, 유럽연합에서의 직무경험, 세계 챌린지 탐험, 그리고 코메니우스 프로젝트를 통한 유럽 학교 다수와의 연계를 포함하여 다양한 국제 프로젝트에 참여해왔다. 재정은 국제개발부가 후원한 개발교육프로그램과 지구생태발자국 프로젝트에 참여하여 확보했다.

인권주간에 학생들은 박해를 피해 망명을 신청하는 사람들의 이야기를 담아 글로벌링크가 주최한 이동 전시회(안전을 향한 탈출)를 경험할 수 있었다. 11학년 학생들은 종교교육 시간에 인권을 공부했고, 이 학교 앰네스트 그룹은 인권에 관한 조회를 이끌었으며, 영국 변호사협회에서 나와 인권법에 관한 특강을 실시했다.

9학년은 유럽연합의 스쿨넷이 후원한 국제 '유럽의 날'행사에 참여했다. 폼그룹들이 여러 나라를 조사했고, 발표를 준비했으며, 유럽식 바자회의 일환으로 전시물을 설치했다. 이 행사에는 하고 싶은 이야기를 적을 수 있는 낙서벽과 유럽 콜라주 그리고 유로화에 대한 찬반표결(5:1로 부결)이 준비되었다.

전 지구적 시민의식 문제는 지리 교과를 통해, 그리고 핵심단계3에서 독립된 시민교육 수업을 통해 정규 교육과정에 통합되어 있다. 지리학과는 학생들의 '경과 파일'에 도움을 주는 명시적인 시민교육 인증 수업을 실시해왔다. "남극대륙은 보호되어야 하는가?"에 관한 7학년의 역할놀이가 그 예이다. 9학년은 학교에 공정무역 매점을 설치하고, 초콜릿 바와 커피에 대한 공정무역 캠페인을 발표하는 등 공정무역에 초점을 맞춰왔다.

국제적인 활동에 대한 교직원들의 헌신은 교장과 고위 경영진에서 시작하여 지위고하를 막론하고 모든 교직원들에게서 뚜렷하게 나타나고 있다. 다른 나라, 다른 문화 그리고 다른 언어에 대한 지식과 경험은 이 학교 학풍의 핵심을 형성하고 있으며, 이 학교가 명실상부하게 국제적인 시야를 가진 학교가 되는데 도움을 주었다.

출처 : Ted Huddleston and David Kerr, *Making Sense of Citizenship*, 102.

지난 10여년간 이루어진 시민교육의 제도화로 청소년들은 시민교육을 통해서 공동체, 지속가능성, 글로벌 연계와 인권에 대한 이해가 증가되었으며, 지역공동체와 정치적 참여 역시 증대되는 성과를 보여주고 있다. 성숙한 시민사회로 나아가는 영국의 시민교육 공교육화 정책은 한국사회에 시사하는 바가 크다. 비판적 사고와 민주적인 지식과 태도를 갖춘 청소년을 양성하는 일은 한국의 민주주의를 성숙시키기 위해서 가장 우선순위를 두고 실현시켜야 할 과제이다. 이와 함께 자신과 지역 사회에 대한 의사결정 능력을 갖추고 타인의 의견과 신념을 존중하는 자신감 있는 청소년을 양성하는 일 그리고 사회적 권리와 책임을 인식하고 자신의 역할을 수행하는 책임감 있는 청소년을 양성하는 일은 향후 한국사회에서 시급히 고려되어야 할 과제임에 분명하다.

시금까지 살펴본 영국의 시민교육 제도화 방향과 내용은 한국사회에 다음과 같은 몇가지 시사점을 던져준다. 첫째, 시민교육의 필요성과 방향성에 대한 사회적 합의를 이끌어 내는 문제와 관련하여 영국의 사례는 매우 중요한 시사점을 제시해주고 있다. 영국은 크릭 보고서라는 국정정책보고서를 통해서 시민교육의 방향성과 목표를 제시한 바 있다. 시민교육자문위원회를 구성하고 학교에서 효과적인 시민교육이 실행될 수 있도록 조언을 제공하는 과정을 통해서 시민교육의 최종 목표에 대해서 밝히고 있다. 시민교육의 최종목표는 시민교육의 내용을 체계화하고 평가하는 핵심 기준점으로 작동된다. 또한 시민교육의 최종목표에 대한 사회적 합의는 정부와 NGO간의 원활한 협력관계를 구축하는 중요한 준거점이 되고 있다. 그렇다면 한국사회에서 시민교육을 제도화 하고자 할 때 사회구성원들이 합의할 수 있는 시민교육의 핵심요소는 무엇인지 반문해볼 필요가 있다. 사회적 합의를 이끌어 낼 수 있는 시민교육의 목표와 핵심요소를 선정하는 문제에 대한 심도 있는 논의가 필요하다.

둘째, 시민교육을 체계화하고 활성화하기 위해서는 시민교육 거버넌스를 구성할 필요가 있다. 학교와 지역사회, 시민단체 그리고 정부 간의 적극적인 협력관계가 구축될 필요가 있다. 영국의 시민교육은 학교를 넘어서 지역사회와의 긴밀한 연계 속에서 이루어지며, 이 과정에서 지역의 NGO는 시민교육의 중심으로 자리를 잡고 있다. 학생들이 시민으로서 학교와 지역공동체의 이슈를 함께 공유하고 해결하려는 과정이야말로 능동적인 시민을 육성하는 가장 핵심적인 부분이다. 유럽평의회는(EDC 2008) 1997년에서 2000년까지 민주시민교육 프로젝트를 진행하였다. 세계적이고 범유럽적인 맥락에서 민주시민교육 프로젝트를 어떻게 진행할지에 대한 논의가 이어졌으며 이 과정에서 기관 간 협력의 필요성을 제안하고 있다. 시민교육과 관련된 현장에서 가정과 학교, 공동체의 집단들, 정부관계 기관들이 파트너십을 형성해야 한다고 제안한 바 있다. 한국사회에서 향후 시민교육 제도화와 관련하여 반드시 고려해야 할 부분은 협력적인 시민교육 거버넌스를 어떻게 구성할 것인가이다. 영국의 사례는 시민교육 거버넌스 구성과 협력 방안에 대해서 많은 시사점을 제시해주고 있다.

마지막으로 시민교육을 체계적인 연구하고 지원해주는 전문연구기관의 설립이 필요하다. 영국의 시민교육 성과에 대한 종단적·횡단적인 연구결과는 향후의 시민교육의 방향성을 재설정하고 미흡한 부분을 점검하고 지원하는데 객관적인 지표로 활용되고 있다. 한국사회에 적합한 시민교육 제도화를 이루기 위해서는 시민교육에 대한 지속적인 연구와 그 자료를 축적할 수 있는 전문 연구기관이 설립되어야 한다.

참고문헌

김선미. 2011. 「영국의 다문화교육 정책 전개의 특성」. 『교육문화연구』 제17집 1호.

김영인. 2007. 「영국의 청소년 시민교육」. 『민주시민교육의 전략과 과제』. 서울 : 오름.

김원태 외. 2006. 『주요 외국 학교 시민교육 내용 연구』. 서울 : 민주화운동기념사업회.

박선영. 2007. 「통합교과를 통한 영국의 시민교육」. 『민주시민교육의 전략과 과제』. 서울 : 오름.

______. 2011. 「영국의 청소년정책과 시민교육고찰」. 『청소년문화포럼』 26집.

박찬영. 2006. 「노팅엄 대학-중부 산업도시의 신생 시민대학」. 『영국 연구』 제16호.

시민사회단체연대회의. 2005. 『시민교육 제도화를 통한 21세기 민주사회건설을 위한 방안연구』. 서울 : 국무총리 자문 시민사회발전위원회.

유인종. 1996. 「영국 고등교육의 발전과정에 관한 연구」. 『교육문제연구』 제8호.

이광주. 2008. 『대학의 역사』. 서울 : 살림.

조철기. 2010. 「영국에서 영역 정체성의 정치와 교육」. 『사회이론』 38권.

히터, 데릭. 김해성 역. 2007. 『시민교육의 역사』. 서울 : 한울아카데미.

Barnard, H. C. 1961. *A History of English Education from 1760.* London : University of London Press.

Department for Education. 2010. *The importance of teaching - The schools White Paper.*

European Commission. 2009. *Emilie research project, British education policy and the challenge of migration, anti-racist, multicultural and citizenship education.* September.

Evans, K. 1975. *The Development and structure of English Educationl System.* London : Hoodder and Strongton.

Huddleston, Ted and Kerr, David. 2006. *Making Sense of Citizenship : A Continuing Professional Development Handbook.* London : The Citizenship Foundation.

Ofsted. 2010. *Citizenship established? Citizenship in schools 2006/09.* Department for Education.

Osler, A. and Starkey. 2005. *Changing Citizenship : Democracy and Inclusion in Education.* London : Open University Press.

__________________. 2006. "Education for democratic citizenship : a review of research, policy and practice 1995-2005." *Research Paper in Education* 24(4) : 433-466.

Qualifications and Curriculum Authority(QCA). 1998. *Education for citizenship and the teaching of democracy in school : final report of the advisory group on citizenship.* London : QCA.

Qualifications and Curriculum Authority(QCA). 2007. *Citizenship programme of study for key stage 3 and attainment target.* London : QCA.

Sanderson, M. 1975. *The Universities in the nineteenth century.* London : Routledge & Kegan Paul.

6장
미국의 시민교육[1]

이현휘

2012년 4월 30일 하버드대는 매튜 B. 플랫 교수의 '미국 의회 입문' 과정을 수강하는 279명의 학생 중 125명가량의 학생이 집에서 준비하는 형식의 기말과제(take-home final exams)를 수행하는 과정에서 부정행위를 한 혐의가 드러나 조사에 착수했다고 공식 발표했다. 답안을 채점하던 조교가 일부 학생의 답안이 매우 유사하다는 사실과 학생들이 서로 도움을 주고받았다는 정황 등을 포착하고 그것을 담당 교수에게 알리면서 문제가 불거졌다. 2013년 2월 1일 하버드대는 그간의 조사결과를 바탕으로 약 60여명에게 두 학기 내지 네 학기 정도의 정

1 이 글을 준비하는 동안 필자의 질문에 친절하게 답해주시고, 관련 자료를 보내주신 하버드대학교의 해리 R. 루이스(Harry R. Lewis) 교수님에게 감사의 말씀을 드린다.

학처분을 내렸고, 나머지 절반가량의 학생에게는 근신처분을 내렸으며, 그 밖의 학생에게는 무혐의 처리했다고 공식 발표했다.

하버드대는 충격에 빠졌다. 개교 이래 전무후무한 최대 규모의 집단 부정행위를 체험했기 때문이다. 이내 사건이 발생한 원인과 책임 소재 등을 둘러싼 치열한 논쟁이 벌어졌다. 사태를 미연에 방지하지 못한 학교와 교수에게 더욱 많은 책임을 물어야 한다는 주장이 있었는가 하면, 학생의 도덕적 타락을 질타하는 목소리도 많았다. 또 추문에 연루된 학생들은 기존 학습 관행에 따라 과제를 작성했을 뿐인데도 유독 자신들만 문제 삼는 것은 공정하지 못한 처사라고 항변했다. 하버드대 일간지, 『하버드 크림슨』(*The Harvard Crimson*)은 이 추문을 2012년도 하버드대에서 발생한 12대 뉴스(Top 12 News) 중에서 가장 중요한 사건으로 선정했다. 미국의 주요 언론도 이 소식을 미국 진역에 빠르게 보도하면서 논란이 확산되었다.[2]

이처럼 대규모 집단 부정행위가 세계 최고 명문대학으로 평가되는 하버드대에서 공공연히 자행된 까닭은 무엇인가? 수없이 많은 분석 중에서 하버드대 교육대학원의 하워드 가드너 교수가 제시한 분석에 주목해 볼 필요가 있다. 일찍이 그는 연구자의 지적 탁월성(excellence)이 그의 고결한 정신 내지 도덕성(ethics)과 결합하는 경우에 한해서만 자신의 삶에 의미가 있고, 사회의 공적 가치에도 기여할 수 있는 좋은

---

2 2012년도 하버드대학교 집단 부정행위의 전말을 자세히 소개한 자료로는, "2012 Harvard cheating scandal," http://en.wikipedia.org/wiki/2012_ Harvard_ cheating_scandal.

업적(good work)을 성취할 수 있다는 연구를 내놓은 바 있다.[3] 그러나 가드너가 볼 때 미국 대학 및 미국 사회는 이미 오래전부터 경제적 성공을 최고의 가치로 여기고, 정신적 가치 및 도덕성을 부차적인 것으로 간주하는 시장중심 사고방식(market-driven ways of thinking)의 지배를 받고 있으며, 하버드대는 그런 추세를 선도하는 대학이었다. 따라서 하버드대의 집단 부정행위는 미국 사회에 편재된 '도덕적 타락'(ethical rot)을 예증하는 하나의 사례로 파악해야 한다고 분석했다.[4]

하지만 미국 대학 정신의 위기를 지적하는 목소리가 어제오늘 있었던 것은 아니다. 예컨대 하버드대 컴퓨터 공학과 해리 루이스 교수는 8년간 학장으로 재직하면서 학생들을 관찰한 경험을 바탕으로 2006년 『영혼을 상실한 지적 탁월성』이란 책을 펴냈다. 그는 이 책에서 하버드대, 프린스턴대, 예일대, 스탠포드대 등과 같은 미국 명문 대학들이 세계 최고 수준의 연구 성과를 경쟁적으로 추구하는 가운데 교육의 궁극적 가치 내지 정신을 상실했다고 비판했다. "요컨대 작금의 미국 대학은 교육의 궁극적 목적을 상실했다. 미국 대학은 새로운 지식을 창출하고 축적하는 측면에서는 이전 대학보다 성공했다. 그러나 이제 미국 대학은 18세에서 19세 학생들이 21세에서 22세 학생들로 성장하는 동안 철이 들고, 자아를 발견하고, 인생의 궁극적 목적을 발견

---

3 Howard E. Gardner, Mihaly Csikszentmihalyi and William Damon, *Good Work : When Excellence and Ethics Meet*(New York : Basic Books, 2001).

4 Howard Gardner, "Harvard Scandal Reveals Ethical Rot," http://articles.philly.com/ 2012- 09-12/news/33764337_1_harvard-students-study.

함으로써 대학을 졸업할 때는 하나의 인격체로 자립할 수 있도록 도와주는 것이 교육의 본분이라는 사실을 잊어버리고 말았다. … 미국의 명문 대학은 우수한 교수진, 우수한 학생, 막대한 연구비 등을 둘러싸고 경쟁하는 시장터에서 성공하기 위해 혈안이 되어 있다. 그러나 학생들이 대학에서 이수한 고급 교육을 사회를 위해 활용할 수 있도록 학생들의 안목과 품성을 길러주는 데는 별다른 관심이 없다. … 나는 1974년 이후 30년이 넘도록 하버드대에서 교수 생활을 했다. 지난 수십 년 동안 나는 교육기법, 커리큘럼, 성적평가, 학교 스포츠, 학생의 비행에 대처하는 방법 등에 관해서는 수없이 많은 학문적 얘기를 들을 수 있었다. 하지만 교수들 사이에서 학생들을 훌륭한 인재로 육성하는 문제를 놓고 토론하는 내용은 거의 들어본 적이 없다."[5]

앨런 블룸 역시 1987년 『미국 정신의 종말』을 출간하면서 미국 대학교육의 실패를 신랄하게 비판한 바 있다. 그는 자연과학적 연구 방법이 학문 세계를 지배하면서 가치를 배제한 지식의 전문화가 심화되었고, 그런 가운데 문제를 종합적으로 파악할 수 있는 안목과 인생의 궁극적 의미 내지 가치를 학생들에게 교육하는 것이 불가능하게 되었다고 지적했다. 그에 따라 미국 고등교육은 미국 민주주의의 기반

---

5 Harry R. Lewis, *Excellence without a Soul : Does Liberal Education Have a Future?*(New York : Public Affairs, 2006), xiii-xv. 한편, 루이스는 2012년 하버드대 학생들의 집단 부정행위에 대해서 학생보다는 교육의 본분을 상실한 학교에 더욱 많은 책임이 있다고 비판했다. Harry R. Lewis, "Harvard, Know Thyself," http://www.huffingtonpost.com/harry-r-lewis/harvard-knowthyselfentr_b_1888599.html.

을 와해시키고, 학생들의 영혼을 황폐화시키는 역기능을 수행하는 지경에 이르렀다고 진단했다. "대부분의 교수는 전문 지식인들로서 자기 전공 분야에만 관심이 있고, 자기 자신의 조건에 맞추어 그 분야를 향상시키는 데만 관심이 있으며, 모든 보상이 전문적으로 뛰어난 사람에게만 돌아가는 세상이기 때문에 자신의 향상을 꾀하는 데에만 관심이 있다. … 그리하여 학생은 각 여흥별로 자기 쪽으로 사람을 모으려고 소리 지르는 순회 오락장과 조금도 다를 것이 없게 된 대학에서 각자가 알아서 제 갈 길을 찾아 나가야만 한다. 결정을 내리지 못하는 이 학생을 대부분의 대학은 곤란하게 느낀다. 왜냐하면 그 학생은 '나는 하나의 인간입니다. 전체로서의 나를 형성하도록 도와주시고 나의 진짜 잠재력을 발휘하도록 해주셔요'라고 말하는 것같이 보이기 때문이다. 그런 학생에게 대학이 해줄 수 있는 이야기가 없다. … (그러나 교육과정이) 인생의 영원한 의문을 인식하도록 만들지 못하면 그것은 그가 상상할 수 있는 앞으로의 공부에는 아무런 영향을 미칠 수 (없다)."[6]

그러나 미국 대학 정신의 위기가 야기하는 파장이 대학 내부의 교육문제로만 국한되지 않는다는데 문제의 심각성이 있다. 미국 명문대학 학생들은 졸업 후 미국 사회의 엘리트로 활약하는 경우가 많다. 그런데 바로 그 엘리트의 도덕적 타락이 작금의 미국 정치 및 경제 위기

---

6 앨런 블룸, 이원희 역, 『미국 정신의 종말: 고등 교육이 어떻게 데모크라시를 실패시켰고 오늘의 학생들의 정신을 허약하게 했는가』(서울: 범양사출판부, 1989), 389-394.

를 초래한 원천이라는 지적이 제기되기 때문이다. 예컨대 제프리 삭스는 자신의 최근 저서, 『문명의 대가』에서 미국 경제의 위기를 다음과 같이 진단한다. "미국 경제 위기의 뿌리에 도덕적 위기가 자리한다. 즉 미국의 정치 및 경제 엘리트 사이에서 시민적 덕성이 쇠퇴했다. 그러나 미국의 부유층과 권력층이 존경심과 정직함과 연민의 정을 갖고서 미국 사회와 세계를 대하지 않는 상황에서 미국 사회의 시장과 법률과 선거의 논리만으로 작금의 경제 위기를 극복할 수는 없다. 미국은 세계에서 가장 경쟁적인 시장을 개발했다. 하지만 그 과정에서 시민적 덕성을 상실하고 말았다. 앞으로 미국이 사회적 책임의 에토스를 회복하지 못한다면 지속 가능하고 의미 있는 미국 경제의 회복은 불가능할 것이다."[7]

미국 대학과 미국 사회의 정신적 위기를 우려하는 목소리가 고조되는 가운데, 그것을 타개할 수 있는 대안 중 하나로 제시된 것이 바로 미국 대학의 '시민교육'이다. 현재 미국에서 대학 시민교육의 강화를 통해 잃어버린 시민적 덕성을 다시 함양하고, 그렇게 회복한 덕성을 바탕으로 미국 대학과 미국 사회의 정신적 위기를 극복해야 한다는 목소리가 점차 고조되고 있다. 예컨대 하버드대는 2013년 4월 1일 "시민교육 : 그것이 민주주의, 미국사회, 그리고 당신에게 중요한 까닭은 무엇인가"를 주제로 라운드테이블을 개최했고,[8] 2011년 12월 5일에도 "하

---

7 Jeffrey D. Sachs, *The Price of Civilization : Reawakening American Virtue and Prosperity*(New York : Random House, 2011), 3.

8 "Civics Education : Why it Matters to Democracy, Society and You,"

나로 연결된 세계에서 시민교육이 처한 운명"이란 주제로 세미나를 개최한 바 있다.[9] 그곳의 참여자는 모두 대학 시민교육의 중요성을 역설하고, 그것을 실천할 수 있는 다양한 방책을 논의했다. 또한 최근 대학 시민교육을 학술적으로 고찰한 연구서도 발행되었는데, 예컨대 2012년에 발간된 『대학교육의 목적은 무엇인가? 미국 고등교육의 공적 목적』과 2011년에 발간된 『미국을 교육한다 : 시민교육을 위한 변론』을 꼽을 수 있다.[10]

하지만 현재 미국 대학의 시민교육 논의는 초보적인 수준에 머물러 있다고 할 수 있다. 대학 시민교육의 중요성에 관해서는 점차 공감대가 형성되고 있지만, 대학 강의실 현장에서 그것을 구체적으로 실천할 수 있는 방책에 관해서는 아직껏 이렇다 할 해법을 찾지 못했기 때문이다. 미국에서 대학 시민교육의 중요성을 역설하는 학자는 대부분 대학 교양교육의 어느 한 부분에서 시민교육을 시행해줄 것을 제안한다. 그러나 대학의 시민교육이 지금처럼 쇠퇴하게 된 궁극적 까닭은 가치(value)를 배제한 사실(fact) 차원에서 객관적 법칙을 추구한 근대학문 그 자체의 성격에서 유래한 것이었다. 따라서 그처럼 '몰가치적' 성격

---

http://www.law. harvard.edu/news/2013/03/civics-education-conference.htm.

9 "The Fate of Civic Education in a Connected World," http://cyber.law.harvard.edu/events/2011/12/civiceducation.

10 Ellen Condliffe Lagemann and Harry Lewis, eds. *What is College for? The Public Purpose of Higher Education*(New York : Teachers College Press, 2012) ; David Feith, ed. *Teaching America : The Case for Civic Education*(Lanham : Rowman & Littlefield Publishers, 2011).

을 지닌 근대학문이 대학의 교양과정과 전공과정의 커리큘럼으로 엄존하는 한 대학의 시민교육이 실효를 거두기는 어려운 일이었다.

'대학 시민교육을 강화해서 미국 사회의 시민적 덕성을 회복시켜야 한다'는 테제 그 자체도 다시 생각해 볼 필요가 있다. 미국 역사를 검토해 보면 대학의 시민교육이 미국 사회의 시민적 덕성을 강화한 것이 아니라, 미국 사회의 시민적 덕성이 대학의 시민교육을 요구하는 패턴을 보였기 때문이다. 주지하듯 미국 식민지 시기 세워진 대부분의 대학 정신은 '프로테스탄티즘'이었다. 당시 미국 대학은 개명된 목사를 양성해서 건강한 프로테스탄트 정신을 미국 사회에 대대손손 전승할 목적으로 세워졌다. 대학은 그런 목적을 효과적으로 달성하기 위해 신앙심이 투철하고, 프로테스탄트의 윤리적 요건을 충실하게 준수하면서 성장한 학생만을 엄선했다. 그런데 미국 식민지 시기 시민적 덕성이란 프로테스탄트 정신을 함양한 종교적 덕성을 의미했다. 따라서 그 시기 미국 대학은 시민적 덕성을 이미 갖춘 학생을 선발해서 목사로 양성하기 위한 교육을 했던 것이다. 요컨대 초창기 미국 대학에서는 시민교육 문제를 심각하게 제기할 필요가 없었다. 하지만 이후 미국 사회가 점차 '세속화'(secularization) 과정을 걷게 되면서 미국 대학 역시 그런 과정에 부응하는 형태로 변모했다. 즉 신학 대학의 성격을 지녔던 미국 대학은 종교적 커리큘럼의 비중을 크게 축소시키고, 가치를 배제한 근대 학문의 커리큘럼을 크게 확대시킨 세속적 성격의 '근대 연구중심 대학'(modern research university)으로 탈바꿈하게 되었다. 미국 사회의 세속화가 심화되면서 기존의 시민적 덕성은 점차 퇴색되었고, 근대 대학으로 탈바꿈한 미국 대학에서 시민교육의 여지는 점차 좁아

질 수밖에 없었다. 그러자 미국 대학은 20세기 들어서면서 교양교육을 중심으로 미국 사회의 시민적 덕성을 회복할 수 있는 방안을 다양하게 모색하기 시작했으며, 최근에는 대학 시민교육의 중요성을 본격적으로 강조하기 시작했다. 하지만 근대 문명의 거대한 세속화 과정과 궤를 같이 하는 미국 사회의 세속화 추세 앞에서 미국 대학의 시민교육은 여전히 커다란 도전에 직면해 있다고 할 수 있다. 미국 대학의 역사를 통시적으로 검토하면서 이상의 문제를 좀 더 구체적으로 살펴보기로 한다.

1. 프로테스탄트 윤리와 미국 대학의 정신

뉴잉글랜드 지역에서 삶의 터전을 개척하기 시작한 퓨리턴은 '교육'에 특별한 관심을 두었다. '인류의 적인 사탄은 무지한 사람에게 가장 쉽게 침투한다'고 믿었기 때문이다. 따라서 퓨리턴은 '선조의 지혜를 후세에 교육시킬 수 있는 학교를 세우기 위해 많은 노력을 기울였다.'[11] 대학을 설립한 동기도 마찬가지였다. 퓨리턴은 뉴잉글랜드 지역에서 삶의 터전을 마련한지 6년 만인 1636년 미국 최초의 대학인 하버드대를 설립했는데, 대학의 설립 정신을 다음과 같이 천명했다. "우리는 하

11 Alexander de Tocqueville, *Democracy in America*, Vol. I(New York : Vintage Books, 1990), 41.

느님의 가호로 뉴잉글랜드에 안전하게 도착할 수 있었습니다. 이후 우리는 우리의 거처를 마련했고, 우리의 생필품을 준비했고, 하느님에게 예배드릴 수 있는 편리한 공간을 마련했고, 시민정부까지 설립했습니다. 우리가 그 다음으로 열망하고 기대하는 것 중 하나는 배움을 증진시키고, 그것을 영속적으로 활성화시키는 것입니다. 현재 활동하시는 우리의 목사님들께서 돌아가셨을 때, 우리 교회에 무지몽매한(illiterate) 목사님들만 남게 되는 상황을 매우 우려하기 때문입니다."[12] 미국의 여타 대학도 하버드대와 유사한 동기에서 설립된 경우가 많았다. 예컨대 회중파(Congregationalist)는 1701년 예일대를, 새빛 장로파(New Light Presbyterian)는 1746년 프린스턴대를, 성공회(Essentially Anglican)는 1754년 컬럼비아대를, 침례교(Baptist)는 1765년 브라운대를 각각 설립했다.

이처럼 프로테스탄트 정신에 입각해서 설립된 미국 대학은 장래 유능한 목사로 성장할 수 있는 지적 능력과 윤리적 자질을 갖춘 학생만을 선발한 다음, 대단히 엄격한 종교적 규범으로 학생의 학교생활을 규율했다.[13] 예컨대 하버드대는 1642년 '학생이 대학에서 준수해야 할 규칙과 계율'(Rules and Precepts that are observed in the College)을 『성경』 구

---

12 Anonymous, *New England's First Fruits*(London : Printed by R. O. and G. D. for Henry Overton, 1643), 23. 현재 이 구절은 하버드대 정문 옆 벽면에 새겨져 있다.

13 William C. Ringenberg, *The Christian College : A History of Protestant Higher Education in America*, 2nd edition(Grand Rapids, Michigan : Baker Academic, 2006), 50.

절을 바탕으로 아래와 같이 제정했다.[14]

1. 어떤 학생이 키케로나 라틴 고전문학 작품 등을 즉석에서 이해할 수 있을 때, 또 학생이 자신의 독자적 능력으로 라틴어 시와 라틴어 산문을 짓거나 말할 수 있을 때, 그리고 그리스어의 명사와 동사의 품사를 완벽하게 변화시킬 수 있을 때, 그를 대학에 입학시킬 수 있으며, 그 이전에는 입학시킬 수 없다.
2. 모든 학생은 거짓 없는 교육을 받아야 하며, 다음과 같은 사항을 진지하게 숙고할 수 있어야 한다. 즉, 학생이 인생을 살아가면서 공부하는 궁극적 목적은 "신과 예수 그리스도를 영접하는 것인데, 그런 영접을 통해 영원한 생명을 얻을 수 있기 때문이며"(요한복음, 17:3), 따라서 모든 종류의 완벽한 지식과 배움의 유일한 토대이신 예수 그리스도를 학생의 삶의 중심에 모셔야 한다. 아울러 모든 학생은 오직 신께서만 지혜를 주실 수 있는 분임을 깨닫고서 그런 지혜를 구하기 위해 홀로 엄숙하게 기도할 수 있어야만 한다(잠언, 2, 3).
3. 모든 학생은 하루에 두 번씩 『성경』 읽는 습관을 몸에 배도록 해야 한다. 그래서 자신의 튜터(tutor)가 요구하면 언제나 공부한 내용의 문법이나 논리의 이론적 규칙을 준수하는 것은 물론, 그 내용에 담긴 실용적 진리와 영적 진리까지도 능숙하게 설명할 수 있는 실력을 갖추고 있어야만 한다. "우둔한 자가 신

14 Anonymous, *New England's First Fruits*, 26-28.

의 말씀을 묵상하면 깨우침을 얻을 수 있다"(시편, 119.130)는 점을 명심하라.

4. 학생들은 신의 이름, 신의 성품, 신의 말씀, 예배의식, 예배시간 등과 관련된 온갖 종류의 신성모독 행위를 삼가는 한편, 자신의 마음 깊은 곳에서 신을 영접하고, 신의 진리를 사랑할 수 있도록 바른 양심을 갖고서 진지하게 공부해야 한다. 만일 그렇지 않을 경우 (그가 설혹 공부를 했다손 치더라도) 신은 그들을 "극심한 미혹"(to strong delusions, 데살로니가후서, 2.11, 12)에 빠뜨려 버리시고, 결국에는 "구제할 수 없는 자"(to a reprobate mind, 로마서, 1.28)로 간주하신다는 점을 일깨워 주어야 한다.
5. 학생들은 시간을 준수해야 한다. 즉 학교 차원에서 전체 학생이 준수하도록 설정한 시간은 물론, 학생들 각자의 강의에 할당된 개별적 시간도 잘 준수해야 한다. 또한 부지런히 강의에 참여하고, 강의 도중 떠들거나 불필요한 몸짓으로 강의를 방해하지 말아야 한다. 어떤 질문거리가 생기면 먼저 동료들에게 물어보고, (그들의 답변이 "만족스럽지 못할" 경우) 자신의 튜터에게 공손하게 물어보아야 한다.
6. 모든 학생은 그 어떤 구실로도 비뚤어지나 방탕한 삶을 살아가는 패거리나 단체들과 어울려서는 안 된다. 어떤 학생도 튜터의 허락 없이, 또는 (튜터가 없는 사이에) 학생의 부모나 보호자의 호출을 받지 않고서 다른 타운으로 가기 위해 외출할 수 없다.
7. 개별 학생은 매일 아침 7시에 튜터의 방을 방문해야 한다. 거기서 학교 종소리가 울리면 곧바로 자신의 『성경』을 펴들고 기도

를 해야 한다. 오후 5시에도 같은 방식을 되풀이 한다. 그런 다음 (위 3항에서 얘기한 것처럼) 학생이 개인적으로 읽은 『성경』 내용을 튜터 앞에서 설명해야 한다. 또한 정해진 시간의 강의를 빠짐없이 들어야 한다. 만일 (불가피한 사정이 없는데도) 기도회나 강의에 참석하지 않는다면, 일주일에 한번이라도 그런 경우가 있다면, 경고를 받을 수 있다.

8. 어떤 학생이 신의 법칙이나 학교의 규칙을 위반한 사실이 적발되면, 그가 성인이 아닐 경우 두 차례의 경고 후 징계를 받을 수 있다. 만일 그가 성인일 경우 그의 이름을 대학의 감독기관에 넘기고, 퍼블릭 먼스리 액트(the public monthly Act)[15]에서 경고를 받을 수 있다.

---

15 '퍼블릭 먼스리 액트'의 의미를 파악하기가 쉽지 않다. 하버드대 아카이브 센터에 따르면 그것은 "공공회의를 의미하는데, 그곳에서 공동체의 관심사를 논의할 수 있고, 개인의 비행을 공적으로 비판하거나 탄핵할 수도 있었다."(The phrase "public monthly act" in *New England First Fruits* refers to a public meeting, which might address matters of concern to the community or include public condemnation or denunciation of an individual's behavior.) Harvard University Archives (http://library.harvard.edu/university-archives/), "Reference|617.495.2461" (2013년 6월 20일 회신). 한편 해리 루이스 교수는 그것의 의미를 다음과 같이 추론했다. "16세기 및 17세기에 'Public Act'는 학위 받을 후보자가 학위를 받기 위해 자신의 논문 주제를 공적 장소에서 방어하는 경우를 의미했다. 따라서 'the public monthly Act'는 당시 6명의 행정관과 6명의 목사로 구성된 회의에서 학생의 학위 수여 여부를 심사하고, 비행 학생이 자신의 행동에 책임을 질 수 있도록 공적으로 수치심을 주는 역할을 했을 것이다." 해리 루이스와 인터뷰 (2013년 6월 4일).

예일대에서 1700년대 초반에 시행한 '학생 생활규칙'에서도[16] 위에서 검토한 하버드대의 '규칙 및 계율'과 유사한 내용을 담고 있다.

초창기 미국 대학은 이처럼 유능한 목사로 성장하는데 필요한 지적 능력과 종교적 덕성을 갖춘 학생을 대상으로 목사에게 필요한 교육을 시켰다. 예컨대 1640년대 하버드대 학생은 다음과 같은 커리큘럼으로 3년간 140학점을 이수해야만 졸업할 수 있었다.

(라틴어로 진행되는) 논리학 및 토론	30시간
그리스어	24시간
히브리어, 아람어, 고대 시리아어	24시간
수사학과 연설	16시간
신학	16시간
윤리학과 정치학	8시간
산수와 기하학	6시간
물리학	2시간
식물학	2시간
천문학	2시간
역사학	2시간

16 "Student Regulations of Yale College early 1700s," As transcribed in 1726 by Yale student Jonathan Ashley. National Humanities Center, 2009. http://nationalhumanities center.org/pds/becomingamer/ideas/text4/yaleregulations.pdf.

이 시기 커리큘럼은 『성경』 원전을 분석하는데 필요한 고전어, 목사로 활동하는데 필요한 수사학과 신학 등에 많은 학점을 배정하고, 자연과학 및 수학 등에는 최소한의 학점만 배정한 것이 특징이다.[17]

요컨대 초창기 미국 대학은 시민적 덕성이 부재한 학생을 선발해서 대학 교육을 통해 시민적 덕성을 육성한 것이 아니었다. 그보다는 이미 시민적 덕성을 갖춘 학생을 엄선하고, 대학에서 시민적 덕성을 유지할 수 있도록 엄격하게 관리했으며, 강의실에서는 시민적 덕성을 고양시킬 수 있는 교육을 했다. 그리고 그런 과정을 거쳐 배출된 유능한 목사가 미국 사회를 운영하는 근본적 원리를 계속 유지해 주길 기대했던 것이다.[18] 그러나 이후 미국 사회에서 세속화가 진행되면서 이런 패턴에 변화가 생기기 시작했다.

2. 프로테스탄트 윤리의 세속화와 근대 대학의 탄생

현재의 미국 문명은 퓨리턴이 창조한 뉴잉글랜드[19] 문명이 미국 전

---

17 Ringenberg, *The Christian College*, 46-47.

18 George M. Marsden, *The Soul of the American University : From Protestant Establishment to Established Nonbelief*(New York : Oxford University Press, 1994), 41.

19 메인, 뉴햄프셔, 버몬트, 매사추세츠, 로드아일랜드, 코네티컷의 여섯 주를 의미한다.

역으로 확산되면서 마련된 것이었다. 그래서 토크빌은 "뉴잉글랜드 문명을 언덕 위에서 불을 밝히는 등대(a beacon lit upon a hill)에 비유했으며, 그것은 처음에 주변 지역을 밝혀주다가 점차 미국의 먼 지역까지 밝혀주었다"고 평가했다.[20] 퓨리턴이 미국 문명에 남긴 유산은 크게 3가지 유형으로 정리해 볼 수 있다. 첫째, 퓨리턴은 이른바 '만인사제론'(every person his own priest)에 입각해서 민주주의의 기초가 되는 개인주의, 양심의 자유, 자치정신(self-government) 등을 제공했다. 둘째, 앞 절에서 얘기한 것처럼 '교육'을 중시하는 전통을 남겼다. 셋째, 자본주의 정신의 요체가 되는 '노동윤리'를 남겼다. 퓨리턴은 신이 세상을 창조할 때 세상의 어떤 사람은 영원한 구원으로 예정하고, 나머지 사람은 영원한 멸망으로 예정했다는 이른바 이중예정설(double predestination)을 굳게 믿었다. 그러나 퓨리턴은 신으로부터 자신의 구원 여부를 확인할 수 있는 방법이 없었다. 신은 이 세상을 초월한 존재이기 때문에 그와 어떤 소통도 할 수 없었기 때문이다. 퓨리턴은 자신의 구원 여부를 확인할 수 없는 상황에서 극심한 불안감을 느끼지 않을 수 없었다. 바로 이런 상황에서 구원 여부를 간접적으로 확신할 수 있는 대안으로 제시된 것이 퓨리턴 특유의 노동윤리였다. 즉, 근검절약하고 정직한 노동윤리를 실천하는 가운데 세상에서 부를 크게 창출하는 업적(good works)을 성취했을 때, 바로 그 업적이 신으로부터 선택받은 사실을 간접적으로 확신할 증표가 될 수 있다고 믿었기 때문이다. 따라서 퓨리턴은 자신이 구원을 확신하기 위해 혼신의 힘을 다해 노동을 했는데,

---

20 Tocqueville, *Democracy in America*, Vol. I, 31.

그런 과정에서 의도하지 않은 결과로(unintended consequence) 자본주의가 탄생했던 것이다.[21]

이후 퓨리턴이즘이 제공한 민주주의 정신, 교육 정신, 자본주의 정신 등은 미국 사회의 관습에 점차 뿌리를 내리면서 민주주의 제도, 교육 제도, 자본주의 제도 등으로 자리를 잡아갔다. 마침내 그런 제도가 미국 사회의 관습에 확고하게 뿌리를 내리자 퓨리턴이즘의 후원을 더 이상 필요로 하지 않게 되었다. 다시 말해서 민주주의 제도, 교육 제도, 자본주의 제도 등이 종교의 논리가 아니라 그 자체의 논리로 작동하게 된 것이다. 학계에서는 이런 변화 과정을 보통 '세속화'라고 부른다. 그런데 미국 사회의 각종 제도가 세속화됨에 따라 미국 사회의 시민적 덕성은 중대한 변화를 겪게 된다. 그리고 그렇게 변화된 모습은 예컨대 막스 베버가 자본주의 정신의 세속화를 설명하는 다음과 같은 내용에서 구체적으로 확인해 볼 수 있다.

> 아무튼 승리를 거둔 자본주의는 기계적 토대 위에 존립하게 된 이래로 금욕주의 정신이라는 버팀목을 더 이상 필요로 하지 않는다. 이 정신을 웃으면서 상속한 계몽주의의 장밋빛 분위기도 마침내 빛이 바래가고 있는 듯하며, 또한 '직업의무' 사상도 옛 종교적 신앙 내용의 망령이 되어 우리 삶을 배회하고 있다. '직업 수행'이 최고의 정신적 문화가치와 직접적인 관련을 가질 수 없는 경

21 "New England's Puritan Legacy, 1620-1691," http://summitamericanhistory.wikispaces. com/file/view/11_Puritan+Legacy.pdf.

우—혹은 역으로 말하자면 직업 수행을 심지어 주관적으로도 단순히 경제적 강제로 받아들일 수밖에 없는 경우—현대인들은 대개 직업 수행이 지니는 의미의 해석을 완전히 포기한다. 그 종교적·윤리적 의미를 박탈당한 영리 추구 행위는 그것이 가장 자유로운 미국에서 오늘날, 드물지 않게 그것에 직접적으로 스포츠적 특성을 각인하는 순수한 경쟁적 열정과 결합하는 경향이 있다. 미래에 누가 저 쇠우리 안에서 살게 될는지, 그리고 이 무시무시한 발전 과정의 끝자락에 전혀 새로운 예언자들이 등장하게 될는지 혹은 옛 사상과 이상이 강력하게 부활하게 될는지, 아니면—둘 다 아니면—일종의 발작적인 자기 중시로 치장된 기계화된 화석화가 될는지 아직 아무도 모른다. 만약 기계화된 화석화가 도래하게 된다면, 그러한 문화 발전의 '마지막 단계의 인간들'에게는 물론 다음과 같은 명제가 진리가 될 것이다. "정신 없는 전문인, 가슴 없는 향락인—이 무가치한 인간들은 그들이 인류가 지금껏 도달하지 못한 단계에 올랐다고 공상한다."[22]

요컨대 세속화된 미국사회에서 종교적 덕성과 동일한 의미를 지녔던 시민적 덕성은 물질적 이익을 경쟁적으로 추구하는 세속적 이해관계로 전락했다. 그리고 그런 이해관계를 추구하는 사람은 "종합적 안목을 상실한 편협한 전문가, 뜨거운 가슴을 상실한 쾌락주의자, 삶의 궁

22 막스 베버, 김덕영 역, 『프로테스탄티즘의 윤리와 자본주의 정신』(서울 : 길, 2010), 365-367.

극적 가치를 상실한 허무한 존재"에 지나지 않았다.[23]

미국 사회의 세속화가 진행되자 미국 대학도 그런 추세를 반영하지 않을 수 없었다. 다시 말해서 미국 대학이 미국 사회의 세속화를 교정한 것이 아니라, 그것에 순응하는 패턴을 보인 것이다. 먼저 대학의 선발 기준에 변화가 생겼다. 대학이 세속화된 사회에서 살아남기 위해서는 그래야만 했다.[24] 만일 미국 대학이 종교적 덕성과 고전 해독 능력을 요구했던 기존의 선발 기준을 계속 고수했다면 '심각한 배고픔의 위협에'(the threat of eventual starvation)[25] 직면해야만 했을 것이다. 예컨대 18세기 하버드대의 경우 뉴잉글랜드 사회의 변화에 따라 많은 변화를 겪었다. 선발 기준을 변경해서 거의 모든 학생에게 입학자격을 부여하고자 했으며, 특히 신흥 상인자본가의 자제들을 적극 선발했다. 이들은 졸업 후 목사가 아니라 자본주의 사회의 다양한 직업으로 진출했다.[26] 이처럼 미국 대학의 선발 기준이 세속화된 사회에 부응하는 형태로 변화하자 당초 미국 대학에서 추구했던 종교적 덕성 내지 시민적 덕성은 약화될 수밖에 없었다.

미국 대학이 미국 사회의 세속화를 뒤쫓던 패턴은 남북전쟁을 기점

---

23 Max Weber, *The Protestant Ethic and the Spirit of Capitalism with Other Writings on the Rise of the West*, trans. Stephen Kalberg(New York : Oxford University Press, 2009), 158, 549-550.

24 Laurence R. Veysey, *The Emergence of the American University*(Chicago : The University of Chicago Press, 1965), 4-5.

25 Veysey, *The Emergence of the American University*, 11.

26 Ringenberg, *The Christian College*, 51.

으로 역전되었다. 남북전쟁 이후 미국 대학이 미국 사회보다 더욱 빠른 속도로 세속화 과정을 걸었기 때문이다.[27] 무엇이 이런 변화를 초래한 것일까? 여러 가지 원인을 추적할 수 있지만, 링컨 대통령이 남북전쟁의 와중인 1862년 제1차 '모릴 토지무상불하 법률'(Morrill Land-Grant Act)에 서명한 사건을 꼽을 수 있다. 미국 연방정부는 이 법률에 따라 농학, 공학, 군사학, 자연과학 등을 특성화한 주립대학을 설립하려는 주에 대해 상하원 1명 당 3만 에이커의 국유지를 무상으로 불하했다. 이를 계기로 미국 전역에서 69개의 주립대학이 설립되었다. 당시 미국 정부가 기존의 종교 및 고전교육 중심 커리큘럼을 자연과학 중심 커리큘럼으로 대체한 주립대학 설립을 적극 권장한 까닭은 미국 사회의 산업화 추세에 부응할 수 있는 전문 인력을 시급히 배출할 필요가 있었기 때문이나. 1890년에 제정된 제2차 모릴 법률(the Second Morrill Act)에서는 신설 주립대학이 입학생 인종차별 금지를 약속하는 경우에만 경제적 지원을 받을 수 있도록 했다. 다양한 인종의 학생이 대학에 입학할 수 있는 길을 열어준 것이다. 이런 과정을 거쳐 설립된 미국 주립대학은 현재 109개교에 이른다.

남북전쟁을 기점으로 미국 대학의 성격도 변하기 시작했다. 남북전쟁 이전에는 미국에서 실험과학 과목을 개설한 대학은 없었다. 그러나 남북전쟁 이후 등장한 다수의 주립대학은 순수 자연과학과 그것을 농학, 공학, 군사학 등에 응용하는 연구에 박차를 가했다. 지식의 전문화를 추구하는 이른바 '근대 연구중심 대학'의 노선을 선택한 것이다. 이

---

27 Ringenberg, *The Christian College*, 114.

제 대학을 지배하는 정신은 신과 세계의 관계에서 삶의 궁극적 의미를 질문하는 종교적 가치가 아니라, 자연과학, 공학, 사회과학 등과 같은 실용학문 분야에서 기술적 효용과 경제적 이익 등을 따지는 세속적 가치가 되었다. 그러자 종교는 대학의 다양한 교육과정을 통합하던 힘을 더 이상 발휘할 수 없게 되었고, 종교적 덕성으로 정의되었던 시민적 덕성 역시 대학에서 점차 사라질 수밖에 없었다.[28]

미국의 주립대학만이 자본주의를 선도하는 근대 연구중심 대학 노선을 걸은 것은 아니다. 여타 대학이 자본주의의 세속화가 심화되는 미국 사회에서 그런 노선을 거부한다는 것은 곧 '도태'를 의미했기 때문이다.[29] 예컨대 남북전쟁 직후인 1869년 하버드대 총장으로 취임한 찰스 윌리엄 엘리어트는 하버드대를 근대 연구중심 대학으로 탈바꿈시키기 위해 대대적인 개혁에 착수했다. 엘리어트는 세계 최고 수준의

---

28 Ringenberg, *The Christian College*, 120 ; E. M. Adams, *A Society Fit for Human Beings* (Albany : State University of New York Press, 1997), 102-103.

29 막스 베버의 지적이다. "오늘날의 자본주의적 경제 질서는 개인들이 태어나 그 안으로 내던져지는 거대한 우주인바, 이 우주는 개인들에게—적어도 개인들로서—그들이 살아가야만 하는 사실상 불변의 껍데기로 주어진다. 그 우주는 개인들이 시장에 관련되는 한 자신의 경제적 행위의 규범을 강요한다. 이러한 규범에 적응할 수 없거나 적응하려고 하지 않는 노동자는 실업자로서 길거리에 내던져지듯이, 이러한 규범에 지속적으로 대립해 행위를 하는 공장주는 경제적으로 반드시 제거된다. 그러니까 경제적 삶을 지배하게 된 오늘날의 자본주의는 경제적 도태 과정을 통해 필요한 경제적 주체—기업가와 노동자—를 교육하고 창출하는 것이다." 베버, 『프로테스탄티즘의 윤리와 자본주의 정신』, 78-79. 대학이 기업과 동일한 것은 아니지만, 대학 역시 자본주의 세계에서 자유롭지 못하다는 점을 감안할 경우 베버의 지적은 대학에도 적용될 수 있을 것이다.

교수진 확보와 학생들의 학습의 자유 확대라는 두 가지 이상을 갖고서 개혁을 추진했다. 엘리어트 이전의 총장과 학장은 1825년에서 1869년까지 그들의 연례 보고서에서 '지적 탁월성'(excellence)과 '지적으로 탁월한'(excellent)이란 단어를 단지 14회만 사용했다. 하지만 엘리어트는 총장으로 재직한 40년 동안 그 두 단어를 무려 411회나 사용했다. 또한 학생들의 학습의 자유를 확대하기 위해 선택과목제도를 도입했다. 기존의 진부한 고전 암송 학습방법을 폐기하고, 학생들이 질문하고 토론하면서 강의에 적극적으로 참여하는 학습방법도 선택했다. 그러나 연구에 내몰린 교수는 학부 학생 교육을 점차 뒷전으로 밀어 놓았고, 학문적 안목을 결여한 학생들은 자신들에게 허용된 학습의 자유를 학점 따기 쉬운 과목을 선택하는 자유로 활용하는 역기능이 발생했다.[30] 특히 엘리어트는 채플 수강 여부를 학생들의 선택에 맡겼고, 거의 모든 형태의 학생 비행에 눈감아 주었으며, 프로테스탄티즘이나 고전교육 커리큘럼과 관련된 기존의 엄격한 학교생활규칙을 모두 폐기했다. 그러자 학생들의 행동은 자연스럽게 타락의 길을 걸었다.[31]

미국 사회의 세속화, 대학 선발 기준의 세속화, 근대 연구중심 대학으로 재편한 미국 대학 시스템 등은 모두 미국 대학에서 종교적 덕성 내지 시민적 덕성의 쇠퇴를 강제하는 구조적 환경을 제공했다. 그러나

---

30 Lewis, *Excellence without a Soul*, 33-43, 48.

31 Clayton M. Christensen and Henry J. Eyring, *The Innovative University : Changing the DNA of Higher Education from the Inside Out*(San Francisco : Jossey-Bass, 2011), 60-61.

그중에서도 근대 연구중심 대학 시스템이 결정적 역할을 했다. 다음 절에서 이 문제를 상세하게 검토해 보기로 한다.

3. 미국 대학에서 시민교육의 쇠퇴

1993년 코넬대 교수 3명은 "경제학 교육은 인간의 협력을 방해하는가?"라는 제목의 논문을 발표했다. 이들은 이기적 행위를 합리적 행위로 강조하는 경제학 입문과정을 수강한 학생과 수강하지 않은 학생이 도덕적 딜레마에 처했을 때 취하는 행동양식을 비교하는 연구를 수행했다. 연구결과는 놀랍게도 수강한 학생이 수강하지 않은 학생보다 더욱 이기적으로 행동한다는 것이었다.[32] 그런데 현재 하버드대에서 가장 인기 있는 교양과목은 경제학 입문 과정이다. 그렇다면 매년 경제학 과목을 수강하는 수많은 학생의 시민적 덕성은 어떻게 되겠는가? 레저먼과 루이스는 대학교육이 학생의 시민적 덕성을 오히려 퇴행시키는 현실을 우려한다.[33]

---

32 Robert H. Frank, Thomas Gilovich and Dennis T. Regan, "Does Studying Economics Inhibit Cooperation?" *Journal of Economic Perspectives* 7(2)(Spring 1993): 159-171.

33 Ellen Condliffe Lagemann and Harry Lewis, "Renewing the Civic Mission of American Higher Education," in *What is College for?* eds. Lagemann and Lewis, 25; Harry Lewis, *Education, Books & Society in the Information Age : The Hong*

대학교육이 시민적 덕성을 오히려 퇴행시킨다는 지적은 단순한 지적이 아니다. 그것의 이면에는 근대 학문의 병폐와 그것이 만들어낸 인류 문명의 위기가 거대하게 존재하기 때문이다. 에롤 E. 해리스는 인류가 지금처럼 생존의 위기에 처한 까닭은 궁극적으로 근대 학문의 병폐에서 찾아야 한다고 강조한다. "내가 볼 때 16세기 코페르니쿠스 혁명에서 비롯된 개념적 도식은 철학, 윤리학, 정치학 등의 사고방식과 그들 각 사고방식에 상응하는 사회적 행위에 스며들어 결국은 사고방식과 사회적 행위 그 자체를 변형시켰다. 이렇게 형성된 사고방식과 행동양식의 관성은 너무도 강력한 나머지 20세기 초반 새로운 과학혁명이 발생했는데도 불구하고 아직까지 여전히 건재한 상태에 있다. 나는 현재 인류가 직면한 곤경의 원천이 바로 여기에 있다고 믿는다."[34]

근대 학문은 17세기 사연과학혁명을 계기로 탄생한 뉴턴 패러다임에 입각해서 만들어졌다. 뉴턴 패러다임은 다양한 원칙으로 구성되었는데,[35] 대학의 시민교육과 관련해서 특히 '원자론'(atomism)과 '사실(fact)과 가치(value)의 분리'라는 두 가지 원칙에 주목해 볼 필요가 있다. 원자론은 사물의 궁극적 단위를 원자로 파악하는 입장인데, 이 때 원자란 당구공처럼 주변 환경과 유기적 소통이 필요 없는 자족적, 고립적, 배타적 존재를 의미한다. 근대 학문은 원자론을 전제로 깔고서 다양

Kong Lectures(Hong Kong : Chameleon Press, 2011), 14-15.

34 에롤 E. 해리스, 이현휘 역, 『파멸의 묵시록 : 과학적 패러다임과 일상의 사유양식』(부산 : 산지니, 2009), 16.

35 해리스, 『파멸의 묵시록』, 제2장.

한 이론적 개념을 구성했다. 그러다보니 근대 학문의 이론적 개념 역시 원자처럼 자족적, 고립적, 배타적 성격을 띨 수밖에 없었다. 예컨대 근대 경제학에서 이론적 개념으로 설정한 경제인(economic man)은 타자와 협력보다는 자신의 이익을 배타적으로 추구하는 존재로 간주된다. 따라서 근대 경제학을 수강한 학생이 더욱 이기적으로 행동하는 것은 우연이 아니었다. 그뿐 아니다. 원자론을 전제로 구성된 인권 개념은 개인의 배타적 권리를, 계급 개념은 계급의 배타적 이익을, 국가 개념은 국가의 배타적 이익을 각각 추구하는 존재로 간주된다. 그리고 근대의 인간, 계급, 국가 등이 각자의 배타적 이익을 추구하는 과정에서 타자와 충돌할 경우 협력보다는 갈등 내지 투쟁으로 문제를 해결할 가능성이 훨씬 높았다. 실제로 그런 투쟁의 정점을 이룬 사건이 바로 20세기 양차 세계대전이었다.[36]

17세기 자연과학혁명이 성공할 수 있었던 '비결' 중 하나는 사실로부터 가치를 분리시킨 전제를 수용했기 때문이었다. 수학으로 표현할 수 없는 가변적 가치를 배제하고, 수학으로 표현할 수 있는 객관적 사실만을 자연과학 탐구의 대상으로 간주했던 것이다.[37] 근대 학문은 17세기 자연과학의 눈부신 성공을 선망하면서(physics envy) 탄생했다. 즉 사실과 가치의 분리를 전제로 근대 학문이 탄생했다. 그러다보니 가

36 이현휘, 「증오의 복음 : 근대 문명과 폭력의 세계화」, 『비폭력연구』 창간호(2009), 119-152.

37 Alfred N. Whitehead, *An Introduction to Mathematics*(London : Oxford University Press, 1948), 1-6.

치를 중심으로 전개되어할 '윤리학'이 근대 학문에서 추방되는 결과를 초래하고 말았다. 해리스는 그런 사정을 다음과 같이 얘기한다.

> 이처럼 가치로부터 사실을 분리하는 사고방식에는 도덕적 명령의 상대주의가 함축되어 있으며, 도덕적 상대주의에 입각한 판단은 주관주의를 함축한다. 오코너, 칼 포퍼, 마가렛 멕도날드, 카이닐센 역시 전통적인 자연법사상을 비판할 때 이른바 '자연주의적 오류'(naturalistic fallacy)를 범했다고 비판했는데, 그것은 뉴턴의 객관성 개념으로부터 직접 파생된 것이었다. 윤리학에서 이러한 정의주의(emotivism)와 비인지주의(noncognitivism)가 자리를 잡은 결과 어떤 방식으로든 전통적 도덕의 합리적 기초를 마련하는 것이 사실상 불가능하게 되었나. 도덕적 판단은 느낌의 표현으로 간주되었기 때문에 심리학과 사회학이 그것을 설명해야만 했다. 그러나 심리학과 사회학 역시 이미 뉴턴 패러다임에 입각해서 구성되었기 때문에 연구대상은 외적 사실(external facts)로만 취급되었고, 학문적 주장은 가치중립(value free)을 견지했다. 따라서 심리학과 사회학 같은 학문은 도덕적 신념이 사회적으로 형성된 개인과 개개의 문화적 특성으로부터 크게 좌우되기 때문에 개인이나 문화 어느 쪽에서도 '선량함'이나 '옳고 그름'을 판별할 수 있는 객관적 기준을 확보할 수 없다고 선언했다. 이런 명제가 사회에서 자리를 잡자 도덕적 의무를 합리적으로 정당화할 수 있는 기준이 모두 해체되고 말았다. 도덕적 규범은 완전히 상대적 성격을 띠었기 때문에 인류 보편의 가치를 더 이상 주장할 수 없게 되었고, 도덕을

구성하는 본질적 개념은 와해되고 말았다. 그 결과 단지 상대주의뿐만 아니라 총체적인 윤리적 회의주의가 사회 전체를 휩쓸게 되었다.[38]

근대 학문이 타자와 협력보다는 갈등을 이론적으로 정당화하고, 윤리적 기준의 상대화를 역설한다고 했을 때, 대학에서 근대 학문을 공부한 학생의 시민적 덕성이 쇠퇴한다는 것은 지극히 당연한 일이었다. 그래서 톨스토이는 일찍이 근대 학문이 인생에서 아무런 의미를 갖지 못한다고 통찰한 바 있다. "학문은 의미가 없다. 왜냐하면 학문은 우리에게 가장 중요한 문제, 즉 '우리는 윤리적·당위적으로 무엇을 해야 하는가? 우리는 윤리적·당위적으로 어떻게 살아야 하는가?'라는 문제에 대해 어떤 답도 주지 못하기 때문이다."[39] 베버 역시 톨스토이의 통찰에 공감하면서 "학문이 답을 주지 못한다는 사실에는 전혀 이론(異論)의 여지가 없습니다"라고 말했다.[40] 미국에서도 남북전쟁 이후부터 대학의 시민교육이 지속적으로 쇠퇴했다.[41] 미국 대학이 남북전쟁 이후부터 근대 대학으로 탈바꿈했다는 사실을 감안하면 지극히 자연스런 일이었다. 따라서 하워드 가드너, 해리 루이스, 앨런 블룸 등이 미국 대학 정신의 쇠퇴를 지적한 것은 근대 문명의 세속화라는 문명사

38 해리스, 『파멸의 묵시록』, 92-93.

39 막스 베버, 전성우 역, 『직업으로서의 학문』(파주 : 나남, 2006), 55.

40 베버, 『직업으로서의 학문』, 55.

41 Adams, *A Society Fit for Human Beings*, 102-103.

적 의미를 배경으로 이해할 필요가 있다.

4. 미국 대학 시민교육의 현황과 과제

미국 대학은 20세기에 들어서면서 시민적 덕성을 회복할 수 있는 방법을 모색하기 시작했다. 미국 대학에서 지식의 전문화, 세분화, 파편화가 심화됨으로써 지식의 유기적 연관을 종합적으로 파악하기가 어렵게 되고, 자본주의 사회에서 요구하는 직업교육이 대학의 커리큘럼을 지배함으로써 시민적 덕성을 지닌 인재를 배출하기가 어렵게 되었다고 판단했기 때문이다. 미국 대학은 주로 교양교육(general education)을 통해 문제를 해결하고자 했다. 교양과정에서 다양한 학문 분야의 다양한 과목을 개설해서 학생들의 통합적 안목을 기르는데 도움을 주고자 했고, 다양한 고전교육 과정을 개설해서 직업교육에서는 습득할 수 없는 인류의 문화적 유산을 공부할 수 있도록 했다. 20세기 미국 대학의 교양교육은 컬럼비아대, 시카고대, 하버드대가 주도했으며, 여타 대학은 이들 대학의 교양교육을 참조하면서 자체의 교양교육을 개발하는 패턴을 보였다. 컬럼비아대는 20세기 초반 1년 과정의 고전교육 프로그램을 개설했고, 시카고대 역시 20세기 초반 로버트 허친스 총장의 주도로 2년 과정의 고전교육 프로그램을 개설했으며, 하버드대는 2차 대전의 와중에 제임스 코난 총장의 주도로 통합적 안목과 시민적 덕성에 역점을 둔 교양교육 프로그램을 개발했다.[42]

하버드대의 최신 교양교육 프로그램은 2007년에 발간된 "교양교육 대책위원회 리포트"를 통해서 최종 확정되었다. 이 리포트에서는 교양교육의 목표를 다음과 같은 4가지로 제시했다. 1. 사회에서 건강한 시민으로 살아갈 수 있는 인재를 육성하는 것, 2. 학생들 자신이 고립된 존재가 아니라 예술과 사상과 가치의 전통으로부터 영향을 받고, 또 그것을 형성하는 존재라는 사실을 깨닫게 해주는 것, 3. 학생들을 변화에 비판적으로, 그리고 건설적으로 대처할 수 있는 인재로 육성하는 것, 4. 학생들이 자신의 말과 행동에 담긴 윤리적 의미를 자각할 수 있는 역량을 키워주는 것. 또 교양교육에서 공부할 주제는 8가지로 제시했다. 1. 미학과 해석 능력(Aesthetic and Interpretive Understanding), 2. 문화와 신념(Culture and Belief), 3. 경험적 추론(Empirical Reasoning), 4. 윤리적 추론(Ethical Reasoning), 5. 생명시스템의 과학(Science of Living System), 6. 물리적 세계의 과학(Science of the Physical Universe), 7. 세계 사회(Societies of the World), 8. 세계 속의 미국 (The United States in the World). 교양교육의 목표와 주제를 보면 시민교육에 역점을 두고서 설계되었음을 확인할 수 있다.[43]

하지만 하버드대 시민교육은 아직까지 많은 한계를 지니고 있다. 우선 시민교육이 교양과정에서만 이뤄질 뿐, 전공과정에서는 전혀 이뤄

---

42 Lagemann and Lewis, "Renewing the Civic Mission of American Higher Education," 20-25 ; Lewis, *Education, Books & Society in the Information Age*, 19-23.

43 The President and Fellows of Harvard College, "Report of the Task Force on General Education"(2007). http://isites.harvard.edu/fs/docs/icb.topic830823.files/Report%20of% 20the %20Taskforce%20on%20General%20Education.pdf.

지지 않는다는 점을 꼽을 수 있다. 그러나 시민교육은 전공과정과 통합되어야만 기대한 성과를 거둘 수 있을 것이다.[44] 해리 루이스는 "교양과정에서 시민교육의 비중을 줄이고, 전공과정에서 그것의 비중을 늘리는 것이 바람직하다. 전공과정의 시민교육이 더욱 중요하기 때문이다. 하지만 하버드대에서는 이런 변화가 전혀 일어나지 않고 있다"고 말했다.[45] 미국의 여타 대학도 하버드대와 사정이 크게 다르지 않다.

그러나 미국 대학의 시민교육이 실질적인 성과를 거두려면 더욱 어려운 과제를 해결해야만 한다. 3절에서 우리는 미국 대학의 시민교육이 쇠퇴한 궁극적 까닭이 뉴턴 패러다임에 입각해서 구성된 근대 학문 그 자체에서 연유한다는 사실을 검토했다. 따라서 근대 학문을 근원적으로 혁신하지 않은 상태에서 시도되는 모든 형태의 시민교육 프로그램은 효과가 제한적일 수밖에 없도록 되어 있었다. 하지만 지난 한 세기동안 미국에서 출현한 시민교육 프로그램 중에서 근대 학문의 철학적 기반을 문제로 삼는 경우는 거의 없었다. 매커스 포드 역시 "미국에서 고등교육 개혁을 역설하는 수많은 책들이 고등교육의 철학적 기반을 비판적으로 검토한 경우는 거의 없다"고 지적했다.[46]

현재 세계 학계에서는 뉴턴 패러다임을 대체한 새로운 패러다임에 입각해서 근대 학문을 대체할 새로운 학문을 구성하기 위해 치열한

---

44 Lagemann and Lewis, "Renewing the Civic Mission of American Higher Education," 38.

45 해리 루이스(Harry R. Lewis)와 인터뷰 (2013년 6월 6일).

46 Marcus Peter Ford, *Beyond the Modern University : Toward a Constructive Postmodern University*(Westport, Connecticut : Praeger, 2002), 3.

노력을 경주하면서 점차 가시적 성과를 거두고 있다.[47] 그리고 그들이 추구하는 학문에서는 근대 학문에서 추방된 '가치'를 다시 복원시키는 패턴을 보인다. 따라서 그런 연구 성과를 적극적으로 참조하면서 시민교육 프로그램을 설계할 때 가시적 성과를 기대할 수 있을 것이다.

---

47 근대 학문과 근대 대학을 넘어선 지평을 개괄적으로 제시한 사례로는, 해리스, 『파멸의 묵시록』, 167-203 ; Ford, *Beyond the Modern University*, 95-128. 근대 학문을 넘어선 인문사회과학의 뉴프런티어를 개척한 사례로는 Bruce Braun and Sarah J. Whatmore, eds. *Political Matter : Technoscience, Democracy, and Public Life*(Minneapolis : University of Minnesota Press, 2010) ; Philippe Pignarre and Isabelle Stengers, *Capitalist Sorcery : Breaking the Spell*, trans. Andrew Goffey(New York : Palgrave Macmillan, 2011) ; Errol E. Harris, *Annihilation and Utopia : The Principle of International Politics*(London : George allen & Unwin Ltd., 1966) ; Michael Halewood, *A. N. Whitehead and Social Theory : Tracing a Culture of Thought*(London : Anthem Press, 2011).

참고문헌

베버, 막스. 전성우 역. 2006.『직업으로서의 학문』. 파주 : 나남.

________. 김덕영 역. 2010.『프로테스탄티즘의 윤리와 자본주의 정신』. 서울 : 도서출판 길.

블룸, 앨런. 이원희 역. 1989.『미국 정신의 종말 : 고등 교육이 어떻게 데모크라시를 실패시켰고 오늘의 학생들의 정신을 허약하게 했는가』. 서울 : 범양사출판부.

이현휘. 2009.「증오의 복음 : 근대 문명과 폭력의 세계화」.『비폭력연구』 창간호.

해리스, 에롤 E. 이현휘 역. 2009.『파멸의 묵시록 : 과학적 패러다임과 일상의 사유양식』. 부산 : 산지니.

Adams, E. M. 1997. *A Society Fit for Human Beings*. Albany : State University of New York Press.

Anonymous. 1964. *New England's First Fruits*. London : Printed by R. O. and G. D. for Henry Overton.

Braun, Bruce and Sarah J. Whatmore. Eds. 2010. *Political Matter : Technoscience, Democracy, and Public Life*. Minneapolis : University of Minnesota Press.

Christensen, Clayton M. and Henry J. Eyring. 2011. *The Innovative University : Changing the DNA of Higher Education from the Inside Out*. San Francisco : Jossey-Bass.

Feith, David. Ed. 2011. *Teaching America : The Case for Civic Education*. Lanham : Rowman & Littlefield Publishers.

Ford, Marcus Peter. 2002. *Beyond the Modern University : Toward a Constructive Postmodern University*. Westport, Connecticut : Praeger.

Frank, Robert H. Thomas Gilovich and Dennis T. Regan. 1993. "Does Studying Economics Inhibit Cooperation?" *Journal of Economic Perspectives* 7(2).

Gardner, Howard. Mihaly Csikszentmihalyi and William Damon. 2001. *Good Work : When Excellence and Ethics Meet*. New York : Basic Books.

Gardner, Howard. "Harvard Scandal Reveals Ethical Rot." http://articles.philly. com/ 012- 09-12/news/33764337_1_harvard-students-study

Halewood, Michael. 2011. *A. N. Whitehead and Social Theory : Tracing a Culture of Thought*. London : Anthem Press.

Harris, Errol E. 1966. *Annihilation and Utopia : The Principle of International Politics*. London : George allen & Unwin.

Lagemann, Ellen Condliffe and Harry Lewis. Eds. 2012. *What is College for? The Public Purpose of Higher Education*. New York : Teachers College Press.

Lewis, Harry. "Harvard, Know Thyself." http://www.huffingtonpost.com/ harry-r-lewis harvard-knowthyselfentr_b_1888599.html

__________. 2006. *Excellence without a Soul : Does Liberal Education Have a Future?* New York : Public Affairs.

__________. 2011. *Education, Books & Society in the Information Age : The Hong Kong Lectures*. Hong Kong : Chameleon Press.

Marsden, George M. 1994. *The Soul of the American University : From Protes-*

tant Establishment to Established Nonbelief. New York : Oxford University Press.

Pignarre, Philippe and Isabelle Stengers. 2011. *Capitalist Sorcery : Breaking the Spell*, Trans. Andrew Goffey. New York : Palgrave Macmillan.

Ringenberg, William C. 2006. *The Christian College : A History of Protestant Higher Education in America*, 2nd edition. Grand Rapids, Michigan : Baker Academic.

Sachs, Jeffrey D. 2011. *The Price of Civilization : Reawakening American Virtue and Prosperity.* New York : Random House.

The President and Fellows of Harvard College, "Report of the Task Force on General Education"(2007). http://isites.harvard.edu/fs/docs/icb.topic830823. files/Report%20of% 20the %20Taskforce%20on %20 General % 20 Education.pdf

Tocqueville, Alexander de. 1990. *Democracy in America*, Vol. I. New York : Vintage Books.

Veysey, Laurence R. 1965. *The Emergence of the American University.* Chicago : The University of Chicago Press.

Weber, Max. 2009. *The Protestant Ethic and the Spirit of Capitalism with Other Writings on the Rise of the West.* Trans. Stephen Kalberg. New York : Oxford University Press.

Whitehead, Alfred N. 1948. *An Introduction to Mathematics.* London : Oxford University Press.

"2012 Harvard cheating scandal," http://en.wikipedia.org/wiki/2012Harvard cheating scandal

"Civics Education : Why it Matters to Democracy, Society and You," http://

www.law. harvard.edu/news/2013/03/civics-education-conference.htm.

"New England's Puritan Legacy, 1620-1691," http://summitamericanhistory.wikispaces. com/file/view/1l_Puritan+Legacy.pdf

"Student Regulations of Yale College—early 1700s," As transcribed in 1726 by Yale student Jonathan Ashley. National Humanities Center, 2009. http://nationalhumanitiescenter.org/pds/becomingamer/ideas/text4/yale regulations.pdf

"The Fate of Civic Education in a Connected World," http://cyber.law.harvard. edu/events /2011/12/civiceducation

7장
독일의 시민교육

장명학

1. 19세기의 시민교육

19세기의 독일 시민교육의 발전 과정을 체계적으로 검토하기에 앞서 여기서는 우선 독일의 학교교육의 발전과정을 간단히 살펴보자.[1]

1 이 글에서 필자는 독일의 시민교육의 전개과정을 학교교육의 역사 속에서 분석하게 될 것이다. 따라서 이 글의 대주제인 '대학에서의 시민교육'에만 포커스를 맞출 수 없다는 점을 미리 밝혀둔다. 왜냐하면 전후 독일대학에서의 시민교육은 지극히 일부만 다루어지고 있고, 그 대신 연방정치교육원(Bundeszentrale fuer politische Bildung)이나 시민단체, 노동조합 그리고 정당재단 등 독일의 각종 유관 기관들이 시민교육을 담당하고 있기 때문이다. 아울러 글의 전반에 걸쳐 시

유럽 각국의 사정이 대체로 비슷하겠지만, 독일에서 학교교육은 성서 공부와 금욕생활을 통해 성직자 또는 수도승을 양성하기 위해 약 6세기경에 설립된 수도원학교(Klosterschule)에서 시작되었다. 성직자라는 일종의 '직업'을 위한 교육의 필요성 때문에 등장한 중세의 학교시스템은 8세기말부터는 대성당학교(Domschule)와 성당에 딸린 신학교 등이 그 역할을 이어받았다. 그후 약 12세기경부터는 비단 성직자 양성을 위해서만이 아니라, 일반 평신도들 또한 학생으로 받아들여 신학에 대한 기초교육을 실시했다. 이처럼 세속의 평민들에게도 신학교육의 기회를 제공함으로써 이들 신학교에서의 교육은 점차적으로 교육의 보편적이며 공적인 속성인 공공성(Oeffentlichkeit)을 확산시키는 효과를 낳았다. 동시에 일반 신도들에게 사회공동체의 일원으로서의 책임과 의무 등을 숙지시키는, 사회윤리 교육을 통해 초기 단계의 시민성을 고양하는 일종의 '시민교육'의 역할을 신학교가 떠맡았다.[2]

이러한 신학교 중심의 교육은 그후 도시의 확대발전에 따라 성서와 라틴어를 중심으로 한 교육방식에서 벗어나, 독일어와 역사, 지리 및 법률 그리고 수학적 계산법 등 상업과 수공업에 종사하는 도시의 시민들이 필요로 하는 내용들을 교육하는 도시학교(Stadtschule)나 독일어학교(Deutsch Schule) 등이 등장했다. 성직자나 귀족 등 지배계급의 전유

민교육이란 용어를 사용하긴 하지만, 그 의미하는 바가 시대에 따라 차이가 나기 때문에 문맥에 따라 시민교육 대신에 국민교육이라는 용어를 함께 사용할 것이다.

2 Bruno Hamann, *Geschichte des Schulwesens*(Bad Heilbrunn, 1986), 15-21.

물이었던 라틴어교육에서 일반인들이 일상적으로 사용하는 독일어 교육의 필요성이 증대된 것은 중세사회에도 변화의 바람이 불기 시작했다는 것을 말해주고 있다.

또한 14세기 이후부터 점차 확대되기 시작한 자치도시의 증가는, 인구가 밀집된 도시의 각종 문제를 해결하기 위한 행정활동이나 관청의 합리적인 운영 그리고 법률의 적용 등을 전문적으로 담당하는 교육받은 엘리트들을 필요로 하게 되었다. 이러한 과제에 부응하기 위해 하이델베르크, 쾰른, 라이프찌히, 마인쯔, 튀빙엔 등을 비롯한 다수 도시들에서 대학이 건립되었다. 14-16세기에 걸쳐 설립된 이러한 독일의 초기 대학들은 대체로 국왕이나 봉건영주 등 군주들이 재정을 부담하고 또한 운영권을 떠맡은 왕립대학들이었다. 독일의 초기 시민교육 또한 이러한 왕립대학들을 중심으로 한 교육이 이루어졌다. 따라서 오늘날의 민주적 시민교육이 아니라 전제군주의 명령과 지시에 복종하는 관리양성과 아울러 신민으로서의 국민을 양성하기 위한 교육이 그 주된 목표였다.[3]

이들 대학에서 시민들의 교육을 용이하게 한 것은 인쇄술의 발달이다. 구텐베르그(Guttenberg)의 금속활자 발명은 그 이전까지는 결코 생각할 수 없었던 다량의 서적을 동시에 인쇄할 수 있게 함으로써, 시민들이 다수의 책을 통해 막대한 지식을 획득하는 데 결정적인 기여를 했다. 뿐만 아니라 종교개혁(reformation) 운동의 선봉에 섰던 마르틴 루

---

3 전선일·Hannes B. Mosler, 『성숙한 민주주의를 위한 민주정치교육전략』 (서울: 엠-애드, 2009), 81.

터(Martin Luther)에 의한 성경의 구어체 독일어 번역은 성서의 대중화뿐만 아니라, 다양한 방언으로 분열되어 있던 당시의 독일어를 하나로 통일하는 중요한 역할을 떠맡았다. 언어의 통일은 그 언어를 사용하는 공동체구성원들의 통합, 즉 국민적 통합을 가능케 해주는 중요한 요소이기도 하다.

이러한 종교개혁운동의 영향과 함께 고대그리스에서 꽃피웠던 인간중심의 문예를 되살리고자 하는 르네상스(renaissance) 운동은 근대 초기의 대학을 비롯한 각급 교육기관들의 설립과 결코 무관하지 않다. 왜냐하면 독일 각처에서 설립된 대학들은 르네상스와 종교개혁의 과정을 거치면서 근대적인 교육기관으로 거듭날 수 있었기 때문이다. 17-18세기를 거치면서 독일의 대학들과 대학의 예비교육기관 역할을 했던 인문계고등학교는 인간중심적 사유방식과 이성적 사고의 발전을 가능케 했고 과학적 연구와 지식이 축적되던 터전이자 보고였다. 이를 통해 인문주의와 계몽주의 등에 바탕을 둔 근대적인 그리고 보편적인 시민 또는 국민교육의 가능성이 확산되었다.[4] 다만 이 당시의 대학교육이 오늘날처럼 대다수의 일반 시민들에게 개방된 것은 결코 아니었다. 18세기 당시만 해도 국가공무원이나 의사, 그리고 군대의 장교나 대학의 교수 등 당시 독일의 엘리트시민들만 대학을 졸업한 사람들이었다. 그만큼 당시의 독일대학에서의 시민교육이 오늘날처럼 누구에게나 개방된 것은 아니었다.

독일 대학에서의 시민교육 또는 국민교육이 보다 활성화되기 시작

---

4 Bruno Hamann, *Geschichte des Schulwesens*, 33-37.

한 것은 바로 18세기 말 이후, 좀더 정확히 말하자면 19세기부터라고 할 수 있다. 1789년의 프랑스 시민혁명과 나폴레옹의 프랑스 국민군에 의한 유럽정복 그리고 독일민족을 9백여 년간 정신적으로나마 통합해 왔던 신성로마제국의 멸망(1806) 등은 독일인들에게 새로운 각성의 계기를 마련해주었다. 이미 프로이센에서는 1794년 각급 학교와 대학을 국가기관으로 규정한 일반 국법(Das Allgemeine Landrecht)이 공포되었고, 이에 의거해서 새로운 시민내지 국민교육의 방향을 모색함과 아울러 국민내지 민족의식의 확산에 주력했다.

그리고 1807년 12월에서 1808년 3월까지 매주 일요일에 14번 개최했던 베를린대 총장 피히테(Johann Gottlieb Fichte)의 "독일국민에게 고함"(*Reden an die Deutsche Nation*)이라는 강연도 바로 이러한 시대적인 배경에서 등장했다. 피히테는 이 강연에서 나폴레옹의 국민군에 연패한 독일의 암담한 상황을 극복하기 위해서는 독일국민의 의식개혁을 향한 새로운 교육에 역점을 두어야 한다는 점을 강조했다. 그는 독일 패망의 가장 큰 원인은 다름 아닌 개인이나 독일 내 개별 영방국가의 이기주의에 있으며, 이러한 결함을 극복해야만 비로소 독일의 완전한 자주독립을 달성할 수 있다고 설파했다. 나아가 그는 이기심의 극복은 바로 자신의 정신을 스스로 개발해 나가는 국민내지 시민교육을 통해서 가능하다고 보았다. 피히테가 말하는 시민교육은 자율적이면서 개별적인 자아를 강조하면서도 이에 근거한 개인주의를 초월하여 절대적 자아인 공동체, 즉 국가에 도달하게 하는 교육이다.[5] 즉 그는 개

---

5 Gerhard Goehler and Ansgar Klein, "Politische Theorien des 19. Jahrhunderts,"

별적 존재인 개인의 가치가 중요하지만, 이러한 개인들이 속한 공동체의 가치는 더욱 중요하다는 점을 강조했다.

뿐만 아니라 국가적 위기에 처한 독일국민들의 철저한 자기반성을 추구하는 국민내지 시민교육의 노력은 프로이센의 교육장관 빌헬름 폰 훔볼트(Wilhelm von Humboldt)를 통해 인문교육의 강화로 나타났다. 그는 시민내지 국민교육의 단계를 3가지로 구분했다. 우선 지·덕·체 교육에 역점을 두고 전인교육을 실시하는 초등학교(Elementarschule)와, 수학 및 체육과 미학 등 교양과목 교육과 아울러 대학교육을 위한 초보적인 학문적 교수법 수업 등에 중점을 두었던 후마니스티세스 김나지움(Humanistisches Gymnasium ; 인문고등학교) 그리고 대학(Universitaet)의 3단계로 구분하고 각 단계에 상응하는 교육을 시행해나갔다. 훔볼트는 특히 대학에서의 자유로운 학문연구를 통한 지식의 창출과 이의 축적, 그리고 이러한 학문적 성과를 교육에 적용하는 데 깊은 관심을 두었다. 오늘날 대학의 교육목표와 특성 등과 비교하더라도 별로 큰 차이가 없다 할 이러한 훔볼트의 교육관은 이미 19세기 초반 독일교육의 기본 방침에 자리를 잡았다.

그 후 19세기 중반에는 자유주의적 성향의 정치혁명이 시도되었으나, 보수주의세력에 의해 실패함으로써, 독일에서의 시민교육의 발전은 답보상태를 면치 못하게 되었다. 더욱이 1871년 프로이센의 재상 비스마르크(Otto von Bismarck)에 의한 대 프랑스 전쟁의 승리는 수많은 영방

---

in *Politische Theorien von der Antike bis zur Gegenwart*, ed. Hans-Joachim Lieber(Bonn, 1993), 290.

국가들로 구성되어있던 독일이 프로이센 주도하의 독일제국으로 통합되는 결정적인 계기가 되었고, 독일은 그때부터 근대 국민국가의 모습을 본격적으로 구축하기 시작했다. 이로써 독일은 19세기 초반 나폴레옹군에 패배했던 굴욕을 만회하는 절호의 기회를 맞이했다. 교육제도 또한 이에 따라 재편성되었는데, 프로이센에서는 1872년에 중앙정부의 통제하에 있는 현대적인 학교교육제도의 토대가 마련되었다. 교육의 내용 또한 주로 역사와 지리교육 그리고 국어인 독일어수업의 과정 속에서 국민내지 시민교육을 실시하였다.

이러한 독일 교육체제의 전반적인 발전에도 불구하고 무엇보다도 우리가 주의해야 할 점은 다음과 같다. 즉 19세기 당시 독일에서는 국민적 통합을 위한 시민교육의 중요성이 강조되었음에도 불구하고 이러한 시민내지 국민교육 자체가 오늘날의 민주적인 시민교육과는 거리가 멀다는 점을 간과해서는 안될 것이다. 왜냐하면 국왕과 봉건 제후들에 의해 지배되고 있던 19세기 당시의 독일은 한마디로 말해 권위주의적 군주제하의 충성스런 국민, 즉 잘 복종하는 신민들을 양성하기 위한 국민교육의 성격이 지배적이었기 때문이다. 요컨대 각급 학교교육의 핵심 원리란 위계질서로 정돈된 사회적 관계에 대한 강조였다. 초중고와 인문 및 직업학교 등과 같은 학교형태의 구별, 성적에 따른 포상체계의 차별, 그리고 성적순에 따른 학생들의 교실 내 좌석배치와 교모 착용 등이 당시의 학교생활의 원칙으로 뿌리내렸다. 복종하는 신민을 양성하기 위한 교육은, 체벌까지 포함한 교사와 학생간의 억압적인 관계를 통해 더욱 더 구체화되었다. 사회적 계급의 차이에 따른 불평등은 출생과 함께 미리 결정되었고, 이는 나아가 학력 차이와도 결코 무관할 수 없었다. 이러한 사정은 19세기 전반에 걸친 독일의 정치 사회적 상황이 그대로 반영된 결과이기도 하다. 오늘날의 경우와 같이 시민교육과 민주주의 또는 민주적 정치가 긴밀한 연관되어 있다는 점에 대해 본격적으로 인식하기 시작한 시기는 20세기 초반의 바이마르(Weimar) 공화국 시대(1919-1933)에 와서였다.

2. 1945년 이후 학교교육의 재정립과 시민교육

여기서는 먼저 전후의 독일이 체계적인 정치교육에 매진하게 된 계기를 되돌아보는 것이 무엇보다도 시급하다. 독일의 정치교육은 과거 두 번의 전쟁 참화를 초래했던 책임을 둘러싼 반성과 양차 대전을 가능케 했던 전제 정권들의 등장을 막지 못했던 원인에 대한 성찰에서 시작되었다고 해도 결코 과언이 아니다. 이 장에서는 따라서 이 시기의 독일역사에 대한 고찰이 선행되어야 할 것이다.

즉 제1차 세계대전의 책임소재로 독일제2제국이 붕괴된 이후 민주적으로 수립된 바이마르(Weimar) 공화국 시기에는 민주주의와 정치교육 또는 시민교육의 연관성에 대한 깊은 관심을 바탕으로 여러 가지 민주적인 정치교육의 방안들이 시도되었다. 바이마르 공화국 당시의 시민교육의 주된 과제는 이제 더 이상 군주제하의 순종적인 신민을 양성하는 것이 아니라, 독일 최초의 민주화된 공화국의 정치 주체인 교양시민을 양성하는 것이었다. 그리고 바이마르 공화국의 헌법에는 시민들의 정치사회적인 평등권과 선거권 그리고 교육을 받을 권리와 법적 평등 등 오늘날 우리들에게도 매우 익숙한 민주국가의 권리조항들이 명시되었고, 각종 사회제도들은 이를 실행하는 데 역점을 두었다.

그러나 바이마르 공화국의 정치질서가 민주적이며 평등한 참여를 지향했지만, 그럼에도 불구하고 아직도 차별적이고 위계적이며 권위주의적인 전통은 완전히 사라진 것은 아니었다. 오히려 이러한 차별과 위계주의 그리고 권위주의를 견지했던 보수적인 정치세력들은 보다 많은 개방성을 지향하고 평등성을 옹호하며 보다 많은 정치참여를 지향하는 민주적인 정치 개혁에 대해 완고하게 저항하곤 했다.[6] 이러한 저항 때문에 바이마르 공화국의 민주주의와 시민교육은 아쉽게도 불과 15년만에 종식을 고하게 된다. 바이마르 공화국의 비극적인 사례는 당시 독일인들의 낮은 정치의식 수준과 빈약한 정치문화의 정도를 가늠케 해주는 데, 바로 이러한 사례는 역으로 민주적인 시민교육이 오늘날에도 여전히 필요할 뿐만 아니라, 절실하게 요구되고 있다는 점을 반증하는 것이라고 할 수 있다.

반면에 이처럼 민주적인 헌정질서를 헌법에 표방했던 바이마르 공화국을 무너뜨린 히틀러의 나치(NAZI)정권은 전체주의체제의 특성에 상응하게 자신들만의 방식으로 정치교육을 획일화시키는 작업을 단

---

6 Christa Haendle, "The Burden of History? Civic Education at German Schools," *Civic and Economic Education in Europe* 1(2)(2002): http://www.sowi-online-journal.de/2002-2/germany_haendle.htm, 2-3.

행했다. 독일역사에서 나치시대의 정치교육의 목표는 기꺼이 자기희생을 감내하는 호전적인 민족성원들을 대량으로 양성하는 것이었다. 학교조직이나 교과과정에는 차별적이고도 위계적인 원리 원칙들이 다시금 강화되었다. 여기서 차별은 사회계층 사이에서의 차별이 아닌 아리안과 비아리안의 구별, 즉 '인종'간의 차별이 강조되었다. 독일 인구의 다수를 점하는 아리안족들은 우월한 것으로 치부되었고, 반면에 유대인, 집시 그리고 유색인종들은 열등한 것으로 인식되었다. 독일의 각급 학교교육에서는 특히 이러한 관점들이 조직적으로 그리고 체계적으로 강조되었다. 그리고 법치에 의거한 민주적 정부운영의 원리와 정향들은 나치정권의 등장 이후 총통(Fuehrer), 즉 히틀러의 리더십에 무조건 복종하는 것으로 대체되었다. 1933에서 1945년까지 12년동안 집권한 나치정권은 각급 학교에서의 정치교육을 통해서 나치추종자들을 양산하는 데 주력했다.

특히 나치정권은 청소년들에 대한 정치교육에 지대한 관심을 쏟았다. 청소년들은 학교와 히틀러유겐트(Hitlerjugend ; 히틀러소년단) 그리고 독일소녀연맹(Bund Deutscher Maedel) 등과 같은 청소년 정치조직들을 동원해서 독일민족의 우수성을 학습시키고 이를 선전했다. 나아가 나치정권은 독일의 각 주가 담당하던 교육 등을 총괄하는 문화 '주권'을 폐지했다. 동시에 독일 전역의 각급 학교와 교육제도를 중앙정부의 교육부(Erziehungsministerium) 산하로 이관하고 통폐합한 후, 획일적인 정치교육을 단행함으로써 학교제도를 나치정권의 전체주의 이데롤로기가 지향하는 목적에 봉사하게 했다.

이때 나치정권은 교육제도나 구조의 개혁보다는 교육내용과 교육

정신의 변화에 보다 더 주력했다. 즉 학교제도는 그대로 두고, 교육내용을 전반적으로 재편성했던 것이다. 그 대표적인 사례가 1934년부터 모든 학교에 설치된 인종간 우열성을 왜곡, 강조하는 인종학(Rassen Kunde) 수업이다. 나아가 학내이거나 아니면 학외에서거나 그리고 미디어에서도 마찬가지로, 유사한 정치적 규율이나 훈육이 강조되었다. 예를 들면, 히틀러식 경례나 나치를 상징하는 나치 깃발이나 갈색제복의 착용, 나치당원들의 집단행진이나 각종 행사와 이벤트 등이 이 시기의 일상사를 지배했다. 독일역사에서 바로 이 시기는 위계와 차별 그리고 호전성뿐만 아니라 총통과 조국에 대한 충성스런 복무 등이 정치교육의 핵심원리를 구성하고 있었다.[7] 이러한 청소년들에 대한 조직적인 정치교육의 열정과는 달리, 고등교육을 담당하는 대학교육에 대해서 나치정권은 전통적인 대학의 지성교육을 정권의 취향에 맞게 바꾸도록 압박을 가함으로써 체제에 비판적인 고등 연구인력의 양성을 어렵게 했다. 그 대신에 나치정권에 친화적인 국립정치훈육대(National Politische Erziehungsanstalten)와 히틀러학교(Hitler Schule) 등과 같은 기숙학교를 마련함으로써 나치정권의 차세대 지도자 교육을 준비했다.

이처럼 독일의 제3제국(Das Dritte Reich), 즉 히틀러에 의한 나치(NAZI)체제는 역사상 그 유례를 찾아보기 힘들 정도로 인류에게 참화를 불러온 호전적이며 침략적인 전체주의를 지향했던 정치집단이었다.

---

7 Christa Haendle, "The Burden of History? Civic Education at German Schools." *Civic and Economic Education in Europe* 1(2)(2002), http://www.sowi-online-journal.de/2002-2/germany_haendle.htm, 3.

특히 히틀러의 나치즘은 게르만족의 우월성을 강조함으로써, 다른 민족과의 투쟁과 전쟁 그리고 최종적으로는 이를 박멸하는 것이 역사의 발전을 위해서는 필연적인 것으로 치부했던 역사상 가장 위험한 정치체제였다고 할 수 있다. 주지하다시피 독일의 나치체제는 홀로코스트(Holocaust)로 지칭되는 유태인 대학살과 동성애자, 매춘부, 장애인 등에 대한 안락사를 주저하지 않았던 잔혹한 정권이었다.

이러한 배경에서 1945년 제2차세계대전이 종결된 이후 독일의 시민정치교육은 원래 양차 세계대전을 일으킨 것, 즉 전쟁범죄에 대한 철저한 반성에서부터 출발했다. 특히 독일의 나치즘이 정치세력으로 부상한 것은 대공황으로 인한 경제위기에 기인하는 바가 크다. 그리고 당시의 독일 국민들은 이러한 난국을 신속히 타개할 수 있는 강력한 리더십을 바랐고, 이를 틈타 히틀러의 전체주의 체제가 등장하게 되었던 것이다. 따라서 이러한 평가를 바탕으로 전후의 독일은 무엇보다도 시민들의 정치의식 수준을 향상하는 민주적인 정치교육의 필요성이 더욱 절실했던 것이다. 이를 위해 독일은 제3제국의 정치에 대한 철저한 반성을 되풀이 하면서 민주적 시민형성을 위한 정치교육을 시행해 오늘날에 이르고 있다. 이러한 맥락에서 볼 때 선진 민주주의 국가들 중에서도 독일의 정치교육은 민주적인 시민교육의 대표적 사례에 해당한다.

독일의 정치교육은 1945년 패전이후 히틀러의 나치즘을 극복하고 새로운 자유민주주의 국가를 건설하려는 역사적 과제를 기치로 내걸면서 실시되었다. 그 주된 목표는 첫째, 바이마르 공화국 시대의 무분별한 자유주의의 남용으로 초래된 정치적 혼란이나 나치정권의 잔혹한 전체주의에 대한 비판의식을 함양시킴으로써, 둘째 민주적이면서도 자율적인 시민의식을 고취시켜 새로운 자유민주주의 체제에 적응케 하는 데 있었다. 나아가 셋째 동·서독 시민의 상호이해를 통한 사회심리적 간격을 줄임으로써 통일 이후에도 동독 시민들이 서독의 민주적 정치체제에 조속히 적응할 수 있게 해 국민적 통합을 용이하게 하는 데 그 목적이 있었다고 할 수 있다.

이처럼 양차 세계대전을 일으킨 책임에 대한 성찰적 반성이라는 동기가 깊이 내재해 있기 때문에 독일에서는 시민교육이라는 용어 대신에 보다 적극적인 의미를 지닌 '정치교육'(politische Bildung)이라는 명칭을 선호하고 있다. 정치교육으로 불리는 이러한 독일의 시민교육은 학교 안에서나 학교 밖에서의 민주적인 시민교육을 위한 체계 및 내용 구성과 교수방법 및 운영 등에 있어서 모범적인 사례로 평가되고 있다. 초·중등학교를 비롯해서 대학 그리고 일반 성인교육시설과 학교 외의 청소년 교육시설을 위시하여 직업교육시설에 이르기까지 각기 나름대로 다양한 교육과정을 통해 민주적인 시민정치교육을 실시한다. 이러한 전후 독일의 정치교육은 학교에서 실시되는 시민교육 유형과 학교 밖에서 실시되는 시민교육 유형 등 두 가지로 구별할 수 있다. 물론 여기서는 학교 내에서 이루어지는 시민정치교육을 다루고 학교 밖에서의 시민 정치교육은 다른 장에서 다루게 될 것이다.

독일의 민주시민교육은 기본적으로 학교에서 이루러지는 정치교육을 그 바탕으로 한다. 독일의 학교체제는 초등학교(Grundschule)와 중학교(Hauptschule), 실업학교(Realschule)와 김나지움(Gymnasium), 종합학교(Gesamtschule)와 특수학교(Sonderschule) 등 다양하다. 이들 초·중등학교에서 민주적 정치교육을 실시하는 것은 독일연방의 각 주들이 자율적으로 담당하는 과제이다. 학교에서의 정규적인 수업을 통해 학생들은 민주시민으로서 지녀야 할 정치교육의 기초, 특히 민주적 정치활동과 정치참여에 대한 능력과 태도를 배양하게 된다. 초등학교에서는 경제와 사회, 도덕과 역사 그리고 지리 등을 학습하고, 중등교육과정에서는 독일연방공화국이 지향하는 기본 가치와 이념 그리고 독일을 둘러싼 국제관계 등을 배운다. 이들 교육과정에서 빼놓지 않는 것이 바로 독일헌법인 기본법 제1조에 명시된 인간의 존엄성과 개인적 자유, 그리고 제20조에 제시된 자유민주주의적 기본 질서의 원리와 그 구체적인 실현 방안 등을 학습하게 된다. 이처럼 민주주의에 대한 전반적인 학습이 학교 내에서의 정치교육 과정을 통해 진행되며, 이것이 학교 밖에서의 평생교육과정으로 연장된다.

그런데 여기서 독일의 정치교육이 지향하는 특이한 점은 바로 다원주의에 기초한 '다양성'의 인정과 함께, 정치제도와 정치적 현안에 대한 정치교육 과정에서 '초당파성'(Ueberparteilichkeit)을 그 근간으로 하고 있다는 점이다. 우선 독일의 학교내 정치교육 과정에서는 다원주의를 지향하는 민주적 정치과정에 대한 교육이 가장 중요한 역할을 떠맡고 있다. 그리고 독일의 시민 정치교육의 전통은 바로 이러한 정치적 갈등과 논쟁에 대해 접근하는 방식과 정치교육을 위한 공동의 토대가 준비되어 있다는 것이다. 그것이 바로 '보이텔스바흐 합의'(Beutelsbacher Konsens)이다. 1976년 남부독일의 작은 교육도시 보이텔스바흐에 모인 독일의 수많은 정치교육학자들이 정치교육의 대강에 합의함으로써 만들어진 이 합의의 핵심 내용은 바로 정치교육에 있어서의 다양성의 인정과 초당파성의 유지에 있었다. 독일 정치교육의 기본 방향을 제시하고 있는 이 합의는 오늘날 독일의 학교 안과 학교 밖의 모든 민주적 시민교육 내지 정치교육의 기본원리로 채택되고 있다.[8] 왜냐하면 이 합의원리에 따르면 정치교육을 담당하는 교사나 교수는 민주적 시민양성이라는 교육적 과제를 자신의 개인적 정치적 신념과는 구별해서 수행해야만 하기 때문이다. 보다 구체적으로 설명하자면 이 합의는 3가지 핵심적인 내용들로 구성되어 있다. 즉 교조주의적 정치교리 주입금지(Ueberwaeltigungsverbot)와 논쟁성(Kontroversitaet) 그리고 자신의 이해관계를 연계시키는 것(Interessenorientierung) 등이 그것이다.

나중에 독일의 정치교육의 헌법이라고도 지칭되는 보이텔스바흐 합의의 내용을 보다 구체적으로 살펴보면, 첫째 교화 또는 주입식 교육이 금지된다. 이는 교육자 자신이 원하는 생각에 따라 학생들을 조정하거나 학생들이 자주적인 판단을 내리는 것을 방해하는 것을 막는 것이다. 둘째, 정치적 논쟁과 학문적 논쟁의 경우에 시민교육과정에 있어서도 동일하게 논쟁적이어야 한다는 점이다. 왜냐하면 즉 상이한 입장들이 드러나지 못하거나 대안들이 제시되지 않을 경우에는 교사에 의한 교화 또는 주입의 위험성이 있기 때문이다. 마지막으로 셋째, 자신의 정치적 관심사를 관철시키고 자신의 이해관계가 걸린 정치적 사안에 대한 해결능력을 배양시키는 것이다. 이 교육 방식에 의하면 학생들은 어떤 특정한 정치적 상황과 자신의 이익 또는 이해관계의 연관관계를 고려할 수 있고, 이에 의거해서 당면한 정치적 상황에 영향

8 전선일·Hannes B. Mosler, 『성숙한 민주주의를 위한 민주정치교육전략』, 98.

을 미칠 수 있게 해야 한다.

반면에 동독의 정치교육은 체제지향적으로 이루어졌다. 그리고 각급 학교는 체제지향적 교육을 위한 가장 중요한 수단이었다. 사회주의 또는 공산주의 체제의 학교교육의 가장 큰 목적은 모든 학생들이 사회주의적 인성을 교육함으로써 사회주의체제와 질서에 부응하는 인간들을 육성하는 데 있었다. 이를 위해 모든 정치사회적 과정과 경제적 활동은 사회주의의 구축을 위해 각급 학교의 교육과정을 통해 연계되었다. 즉, 사회주의를 찬양하는 정치적 표어 등과 같은 시각적 광고나 축제 및 세리모니 등의 대중동원 행사를 통해 모든 인민들의 생활 속에 교육내용이 스며들게 했다. 그리고 학교와 청소년 단체와의 통일, 학교와 가정의 연계도 시도되었다. 특히 동독의 자유독일청년단(FDJ)은 학교에서의 학습규율과 열성적인 노동의 의지를 통한 성취욕을 강화함으로써 교육적 측면과 정치적인 측면을 통합, 궁극적으로는 체제지향적인 교육을 확대했다. 나아가 1989년에는 '공민과' 교과를 설치하여 동독의 학생들을 사회주의 이데올로기에 충실한 공민으로 만들고자 했다. 동독이 추구했던 젊은 사회주의 공민으로서 갖추어야 할 덕목들을 간추려보면 다음과 같다.

- 마르크그/레닌 정당의 지도 아래에서 노동자 계급의 사명과 임무에 대한 인식
- 인류 전체의 미래는 사회주의에 달려있다는 점을 주지
- 사회주의 국가들의 방어를 위한 동독의 역사적 과제와 청소년들의 신념 강화
- 사회주의와 자본주의의 대결에서 동독과 소련 등 공산권의 역할

에 대한 인식

- 모든 인민이 공산당의 지도하에 정치권력을 행사할 때 비로소 민주주의와 자유 그리고 인간성을 보장받을 수 있다는 신념 등을 강조했다.[9]

그러나 동독이 이처럼 노골적으로 체제지향적인 교육에 매진했음에도 불구하고, 당시의 학생들과 교사들에게 흥미와 관심을 받지 못하였고, 얼마 지나지 않아 동독은 베를린 장벽의 붕괴와 함께 사라지고 말았다. 이처럼 전후의 동서독은 각기 다른 방향에서 학생들과 시민들에게 정치교육을 실시했고, 동시에 이러한 교육방식의 차이는 동서독의 시민의식의 격차를 심화시키는 데 일조함으로써 독일통일 이후 동서독의 통합에 막대한 노력이 동원되지 않을 수 없게 했다.

3. 데탕트시대의 시민교육

민주적 시민교육은 시민의 민주적 정치태도를 함양하고, 공동체의 질서를 준수하는 준법정신을 고양시키는 토대를 마련하는 데 그 주된 목적이 있다. 아울러 민주적 시민교육은 민주주의와 법치주의의 기반을 확립하는 데 주력한다. 시민교육을 통해 형성된 민주적 시민은 자

---

9 Peter Massing, 「구동독의 체제지향교육 : 교화와 정치교육 사이에서」, 전득주 편, 『민주시민교육의 이론과 실제』(서울 : 엠-애드, 2006), 176-178.

신이 속한 정치공동체의 정치체제에 대한 진지한 이해를 통해 사회통합의 기능과 함께 민주주의 정치발전에 있어서도 중추적인 역할을 수행할 것임은 두말할 필요도 없다. 이런 점에서 민주적인 시민교육의 당위성은 아무리 강조해도 지나치지 않을 것이다. 왜냐하면 바리마르 공화국처럼 이상적인 민주헌법을 갖춘 민주주의 체제라도 민주주의적 이상을 교육하는데 실패한다면, 그 체제는 히틀러의 나치체제에서 보듯이 전체주의 체제로 퇴행하는 것을 막지 못할 것이기 때문이다.

이러한 측면에서 볼 때, 민주적인 시민교육에서 다루어야 할 내용들이란 대략 다음과 같은 내용들이다. 예를 들면 무엇보다도 인간의 존엄성과 자유와 정의의 정신을 강조하는 것이 바로 이에 해당할 것이다. 그 외에도 민주주의를 근간으로 하는 모든 국가라면 당연히 지녀야 할 가치들인 헌법준수의 정신, 민주적 기본질서 옹호, 자유와 평등, 개방성과 관용성, 자기결정과 공동결정, 민주주의와 다원주의 등의 가치에 대한 옹호[10]는 아무리 강조해도 지나치지 않을 것이다. 마지막으로 민주적인 시민교육이라면 당연히 시민 또는 국민 스스로가 주체가 되어 자율적으로 시민 정치교육을 담당하는 것이다. 그렇지 않고 국가나 정부가 주체가 되어 교육을 담당한다면, 자율적인 속성을 내재하고 있는 시민교육의 의미가 축소될 위험성이 있다. 우리는 이러한 사례들을 익히 보아왔다. 왜냐하면 동원에 의한 정치교육은 전체주의나 독재체제에서 쉽게 찾아볼 수 있기 때문이다.

---

10 오일환, 「통일을 전후한 독일의 정치교육에 관한 연구」, 『한국정치학회보』 제29권 2호 (1995): 530-531.

이러한 맥락에서 볼 때 독일의 정치교육은 일반적으로 모든 자유민주주의국가에 공통적으로 적용되듯이 각 개인들이 주권자로서 독자적으로 정치적 결정능력을 배양하고, 그 결정내용에 대해 스스로 책임지는 능력과 의식을 배양하는 데 주안점을 두고 있다. 요컨대 독일의 정치교육은 시민들의 정치적 현안에 대한 이해를 증진시키고, 국민의 시민의식을 고양하여, 성숙되고 비판적이며 적극적으로 정치일상에 참여토록 하는 데 그 핵심을 두고 있다. 이러한 정치교육의 내용은 대체적으로는 학교 내에서 수업을 통해서 이루어진다. 앞서 말했듯이 학교에서의 정규적인 수업과정에서 학생들은 민주시민으로서 지녀야 할 정치교육, 특히 민주적 정치활동을 연습하거나, 정치참여에 대한 능력과 자세를 배양하게 된다.

반면에 민주적 시민사회의 토대로서의 시민교육은 학교 울타리를 벗어나서도 계속된다. 학내에서의 정치교육이 아닌 학교를 떠나서 사회의 일원으로서 다시금 정치교육에 접하는 길은 독일의 경우 다음과 같은 교육시설들을 통해서 가능하다. 즉 학교밖의 시민 정치교육은 유치원, 탁아소처럼 취학전 교육이나, 자율청소년 센터, 청소년 휴게소, 청소년 복지단체나 연방청소년 협회에 소속된 각종 단체 등과 같은 학교 밖에서의 청소년 교육시설들이 있다. 이러한 청소년들에 대한 정치교육의 목표는 현안에 대한 정치적 판단과 분석 능력을 제고시키며 나아가 정치적 행위를 할 수 있는 행위능력을 함양시키는 데 있다. 그리고 성인이 된 이후에도 지속적으로 교육의 기회를 가질 수 있는데, 독일에서의 성인교육은 시민대학(Volkshochschule)이나, 노동조합, 교회, 직업단체, 경제단체 그리고 각 정당과 관계되는 정당재단, 민간단체나

협회 등이 시민 정치교육을 대행한다.

독일에서 국가의 지원을 받는 학교 밖의 정치교육기관들 중 대표적인 것이 바로 연방내무부 산하 연방정치교육원(Bundeszentrale für politische Bildung)과 각 주별로 설립되어 있는 지방정치교육원(Landeszentrale für politische Bildung) 등이 있다. 여기서 특히 독일의 시민교육에 있어서 없어서는 안될 기구가 바로 연방정치교육원이다. 연방정치교육원은 연방내무부의 감독을 받는 산하기관이다. 연방정치교육원은 대체로 독립성을 보장받지만 3개 위원회로부터 주기적인 감독을 받는다. 연방내무부의 담당자 3명으로 구성된 내무부감독위원회와 22명의 국회의원들로 구성된 국회 감독위원회 그리고 9명의 학자로 구성된 학문적 자문위원회로부터 감독을 받는 것이 그것이다.

먼저 독일연방정치교육원은 전후인 1952년 연방내무부 산하에 '지역봉사를 위한 연방센터'(Bundeszentrale für Heimatdienst)로 설립된 이래 1963년에 와서 현재의 명칭으로 바뀌었다. 연방정치교육원의 설립 목적은 크게 보아 다음과 같다.[11]

먼저 독일의 분단은 언젠가는 통일해야 한다는 민족적 과제를 남겨두었고, 전체주의가 아닌 민주주의 국가의 건설과 함께 동독의 공산주의 이념확산을 저지하고 자본주의체제를 안정적으로 발전시키기 위해 정치교육의 활성화가 필요하게 되었다.

---

11 이에 대해서는 전선일·Hannes B. Mosler, 『성숙한 민주주의를 위한 민주정치교육전략』, 93 ; 신두철·허영식, 『민주시민교육의 정석』(오름, 2011), 96-98 ; 이규영, 「독일의 정치교육과 민주시민교육」. 『국제지역연구』 9권 3호 (2005), 157-160 등 참조.

둘째, 전쟁 직후 서독국민은 아직도 나치체제에 대한 철저한 반성과 비판정신이 부족했기에 민주사회를 건설하고 독일의 미래에 대한 낙관적 전망을 수립하고자 정치교육의 활성화가 요구되었다.

셋째, 전통적으로 독일의 학교교육은 국가가 주도했고, 따라서 암암리에 상명하달식 의 관계가 지배했다. 이러한 교육방식은 적어도 민주주의 사회의 건설에는 부적합했다. 이러한 문제를 극복하고자 독일국민에 대한 정치교육의 필요성이 제기되었다.

넷째, 국가사회주의, 즉 히틀러의 나치체제를 경험했던 독일인들은 민주주의에 기초한 새로운 정치체제의 도입 또한 불신했고, 동시에 정치에 대한 무관심이 팽배했다. 따라서 국민의 정치의식을 고양시키기 위해서도 정치교육은 대단히 중요한 과제였다. 여기서 독일연방정치교육원이 떠맡은 주된 과제는 독일 국민들에게 민주적 시민으로서 권리와 의무를 인지시키고 국가정책에 대한 이해도를 높이며, 민주시민으로서의 정치참여도를 제고시키는 데 있었다.

이처럼 전후의 독일사회에서 정치교육의 중요성을 인지시키고 시민들의 정치의식 고양을 위해 각고의 노력을 경주했던 독일연방정치교육원의 역할 및 중요성은 특히 베를린 장벽의 붕괴로 지칭되는 냉전체제의 해체와 현실사회주의체제가 몰락 이후 더욱 증대되었다. 그 후 독일이 통일되고 유럽통합이 가속화되는 세기적 전환기에 연방정치교육원의 중요성은 더욱 증대되었다. 독일연방정치교육원을 중심으로 한 독일의 정치교육에 있어서의 공통된 주제는 다음의 내용들을 들 수 있다.

(a) 민주적 국가질서 및 사회발전에 대한 이해

(b) 민주적 독일연방 정치체제의 정당성과 합법성에 대한 교육

(c) 자유민주주의에 배치되는 극단적인 정치세력, 즉 극우(나치)와 극좌(공산주의)에 대한 비판

(d) 시사문제뿐만 아니라 과학기술발전의 성과와 그 부정적 결과 등에 대한 전망

(e) 국제관계 그리고 세계경제문제 등에 대해 교육하고 국내문제와의 연관성 이해

(f) 유럽연합, NATO, 유럽안보 및 협력, UN기구 그리고 국제평화와 안전보장에 대한 교육

(g) 통일 이후 동독주민의 새로운 체제에의 올바른 적응을 위한 민주적 사고능력 함양과 비판적 대응력 제고

(h) 독일연방의 사회적 시장경제체제의 공과와 그 비판적 이해 등이 그것이다.

그리고 이러한 주제들에 대한 정치교육을 위해 독일연방정치교육원은 a) 대중매체를 통한 교육사업, b) 출판간행물을 통한 교육사업, c) 학교 외 정치교육 및 학술지원, d) 학교 내 정치교육 지원, e) 외부 정치교육단체 지원 등의 사업을 통해 다양한 정치·사회적 문제들을 독일 시민사회에 공론화시켜 나감으로써 국내외적 현안들에 대한 국민들의 이해도를 향상시켜주고 있다. 이러한 과제를 수행하는 연방정치교육원의 주된 사업 중에서도 특히 중요한 것들은 다음의 세 가지 분야이다.[12]

먼저 도서출판 등 간행물 발행을 통한 정치교육의 기초자료를 공급하는 사업이다. 이 활동에는 신문이나 잡지 등 정기간행물뿐만 아니라

현안들과 연계된 정치교육 관련 도서들을 발간하는 것이 포함된다. 무엇보다도 발행부수가 11만부나 되는 주간신문 《의회》(*Das Parlament*)는 독일 연방의회나 지방의회 그리고 유럽의회에서 논의되는 주요 현안들을 심층적으로 분석해서 게재하고 있다. 그밖에 독일을 둘러싼 정치 및 경제, 사회 및 문화 등에서 발생하는 여러 가지 문제들을 다각적으로 분석해서 보도함으로써 시민들의 이해를 진작시키는 데 기여한다. 또한 1년에 네 번 새로운 주제들을 게재하는 《정치교육을 위한 정보》(*Informationen zur politischen Bildung*)는 특히 학교에서의 정치교육을 위한 자료로 제공된다. 마지막으로 현대사와 정치 및 경제, 사회와 문화 등에 대한 최근의 학문적이고도 과학적인 연구현황을 소개하는 《총서》(*Schriftenreihe*) 또한 2007년 말까지 약 200여종의 발행물이 제공되고 있다. 특히 연방정치교육원은 1970년대 이후부터는 학교 밖에서의 정치교육을 더욱 중요시하게 되는데, 이때 정치교육에 필요한 다양한 도서들을 지속적으로 발행함으로써 각급 교육기관들에서 시행되는 정치교육 세미나나 학교 수업에서의 교재로 활용토록 했다. 왜냐하면 정치교육 관련도서의 발간은 대중성이 적고 따라서 판매에 의한 수익성을 기대할 수 없기 때문에 연방정치교육원이 이들 도서의 발행을 떠맡게 된 것이다.

둘째, 다양한 정치교육 관련 학술대회 지원 사업은 연방정치교육원이 담당하는 또 다른 중요한 사업이다. 여기서는 토론 및 실습 그리고 포럼 형태의 성인 정치교육 행사들에 자료와 비용 등을 지원하며, 학

12 이규영, 「독일의 정치교육과 민주시민교육」, 『국제지역연구』(2005): 177.

교를 떠난 성인들의 정치교육을 담당하는 교사들을 재교육시키는 각종 세미나를 지원한다. 이러한 성인들을 위한 정치교육 세미나에도 도서자료들과 행사지원 그리고 나치의 만행현장에 관한 현지답사를 위한 비용 등을 지원한다.

셋째, 연방정치교육원의 역할 중 가장 큰 부분을 차지하는 것은 무엇보다도 시민단체와 같은 민간이 주도하는 정치교육에 대한 막대한 재정지원이다. 여기서 수혜를 받는 지원 대상은 연방정치교육원에 의해 성인 정치교육의 주체로 인정받은 단체들로서, 이들에 대한 지원조건은 교육행사의 수행이 일반적 수준의 성인 정치교육의 교수법에 부합해야 한다. 그리고 여기에서 교육되는 내용들은 앞서 말한 보이텔스바흐 합의에 의거해서 교육의 내용이나 정치적인 관점 등에 있어서 상이한 입장들이 공정하게 특정한 정치적 입장에 기울지 않고 표출될 수 있도록 해야 한다. 나아가 각급 세미나에서는 정치교육의 주제들이 가급적이면 실습을 통해 참여자들이 직접 체험할 수 있는 기회를 많이 제공하는 것을 권고한다. 독일은 노동자에게 보장된 5일간의 유급교육휴가가 활성화되어 있는데, 이 휴가는 연방정치교육원에서 인정된 교육프로그램에 참가했을 때만 인정을 받게 된다. 이 프로그램들은 일반적으로는 연방정치교육원에서 지원된 프로그램인 경우가 많다.[13] 연방정치교육원이 지원하는 외부 정치교육단체들 중에는 독일의 주요 5개 정당재단들도 포함된다. 마지막으로 연방정치교육원의 2009년도 총예산은 3천8백만 유로로써 이중 9백5오십만 유로(25%)는 인건비, 2

13 신두철·허영식, 『민주시민교육의 정석』(서울 : 오름, 2011), 101-102.

천백만 유로(55.2%)는 사업비, 7백2십만 유로(18.9%)는 조직지원비 등으로 사용되었다.[14]

연방정치교육원이 이처럼 독일 연방 전체를 대상으로 활동하고 있다면, 독일연방을 구성하는 각 주(Land)의 차원에서는 지방정치교육원이 각기 독립적인 역할을 담당하고 있다. 이들 지방정치교육원은 각 주의 주권적 권한에 속해 있다. 베를린장벽의 붕괴와 함께 신속히 진행된 독일의 통일은 새로이 연방에 가입한 구 동독지역 각 주에서의 정치교육의 필요성을 증대시켰다. 이에 따라 구 동독지역에서는 1991년 여름 이후 지방정치교육원이 설립되어 학교와 학외에서 주민들을 위한 정치교육을 실시하기 시작했다. 이 과정에서 구 서독 각 주의 지방정치교육원들이 새로이 설립된 구 동독 각 주의 지방정치교육원들에게 아낌없는 지원을 했다. 민주시민을 양성하기 위한 정치교육도서자료들을 제공하고 정치교육에 관한 다양한 정보 또한 제공했다. 그리고 여러 차례에 걸친 합동회의를 통해 동독의 민주적 정치교육의 관행이 정착하는 데 기여했다.

이처럼 각 주 정부 산하에 설치되어 있는 독일의 지방정치교육원들은 각기 그 지방의 특성에 맞게 정치교육을 위한 프로그램을 짜곤 하지만, 대개 아래의 목표들을 지방정치교육원이 지향해야 할 주요 과제로 삼고 있다. (a) 자유민주주의적 기본가치를 독일시민들에게 확산시키며 이를 공고화하고, (b) 무엇보다도 시민들의 정치의식을 고양시킴으로써 적극적이고도 능동적인 정치참여를 권장하며, (c) 정치교육을

14 전선일·Hannes B. Mosler, 『성숙한 민주주의를 위한 민주정치교육전략』, 96.

담당하는 시민단체나 정당재단 및 각종 단체들에 대한 재정적 지원을 하고, (d) 정치교육을 담당하는 각종 단체들 사이의 협동과 조정을 유도하고, (e) 정치교육을 위한 각종 자료들의 출판과 교육매체의 제작을 담당하며, (f) 마지막으로 정치교육을 담당하는 교사들에 대한 교육 및 재교육을 지속적으로 실시하는 것 등이 그것이다.[15]

아울러 독일의 정치교육을 담당하는 단체들 중에서도 특이한 점은 바로 정당들이 주관하는 정당재단들이다. 현재 독일연방의회에 의석을 차지하고 있는 다섯 개의 주요 정당들은 각기 정당재단들을 설립, 운영하면서 독일에서의 시민 정치교육의 한 축을 담당하고 있다. 보다 구체적으로는 Konrad-Adenauer Stiftung(기독교민주당), Friedrich-Ebert Stiftung(사회민주당), Friedrich-Naumann Stiftung(자유당), Hans-Seidel Stiftung(기독교사회당), Heinrich-Boell Stiftung(녹색당) 등의 정당재단들이 있다. 원래 이들 정당재단은 자기 당의 정치적 이념과 노선을 발전시켜 이를 구체화하고 시민들에게 교육하는 데 그 목표를 두었었다. 이처럼 독일의 정치재단들이 자신의 모태 정당들과 밀접한 관계를 맺고 있지만, 민주적인 정치교육의 문제와 관련해서는 공정하다는 평가를 받는다. 즉 현재 독일의 각 정당재단들은 자신의 정당과 긴밀히 연관되어 있긴 하지만, 직접 모태 정당의 지휘를 받지는 않고, 독자적인 재정 및 인사구조를 가지며 독립적으로 운영되고 있다. 왜냐하면 재단 운영을 위한 재정은 국가, 즉 연방정부 산하의 연방정치교육원이 매년 초에 각 정당재단에 분할하여 지급하기 때문이다. 국고

15 이규영, 「독일의 정치교육과 민주시민교육」, 『국제지역연구』(2005): 178.

지원을 받기 때문에 관련 정당의 통제로부터 독립적이고 자유로운 이들 정당재단의 자금이 자신의 모태 정당으로 다시금 지원될 수는 없다. 만일 지원을 하는 경우 이는 불법이다. 마찬가지로 관련된 정당으로부터도 재정 지원을 받아서는 안된다. 현재 이들 정당재단들의 주된 사업은 독일내의 경우, 관심있는 시민들에 대한 정치교육을 담당하고, 대학생과 대학원생에 대한 장학사업을 추진하며, 민주주의와 시민교육 등에 연관된 학문적 연구를 심화하는 작업 등이다. 그리고 이들 정당재단들은 대외적으로도 활발한 사업을 벌이고 있는데, 특히 개발도상국인 제3세계의 발전과 연관된 활동들이 여기에 해당한다. 이처럼 독일의 정당재단들은 다른 나라들에서는 보기 힘든 독특한 과제인 민주적인 정치교육을 담당함으로써 전후의 독일 민주주의의 재건과 공고화에 크게 기여하였다고 평가된다.

그러나 독일의 정치교육 사업이 매번 순조롭지만은 않았다. 특히 통일 독일 당시의 동독 주민들에 대한 정치교육은 어려움이 많았다고 한다. 사회주의에서 자유민주주의로 체제가 변화되었기에 동독 당시의 학교에서 사회과학 과목을 담당했던 교사들은 더 이상 수업을 진행할 수 없었고 따라서 교단에서 물러나지 않을 수 없었다. 바로 이러한 문제 때문에 통일 직후에는 초중등학교에서의 정치교육 수업은 전문적으로 정치교육을 받지는 못했던 교사들에 의해 진행되곤 했다. 이에 베를린 자유대를 중심으로 한 여러 대학들이 통신교육 과정을 신설하여 학문적 전문성과 정치교육에 관한 전문적인 교수법을 정치교육 교사지망생들에게 가르침으로써 통일 직후 불과 몇해 지나지 않아 약 3,500여명의 교사를 신속히 양성할 수 있었다.[16]

마지막으로 독일 대학에서의 정치교육은 대학생들을 위한 정치학 교과과정을 중심으로 운영된다. 나아가 우리의 사범대학에서처럼 교사를 양성하기 위한 학문분야에서는 학생들을 위한 체계적인 정치교육을 시행하고 있다. 정치교육을 시행하기 위해서는 단순히 정치학 영역만을 다루지는 않는다. 필요할 경우 연관된 학문분야, 이를 테면 법학이나 경제학 사회학 등 인접학문의 도움을 받기도 한다. 대학의 경우, 일반시민들을 위한 강좌를 특별히 개설하지는 않는다. 다만 그 대신 관심있는 일반시민이 담당교수의 허락을 받아 수업에 참여할 수 있다.

4. 통일 이후 독일대학과 시민교육

1990년 독일통일을 계기로 하여 정치교육에 있어서도 새로운 전기가 도래했다. 독일 통일을 계기로 구 동독지역에 대한 새로운 정치교육의 시행은 파시즘과 전체주의적 관점에서 벗어나는 정치교육이 급선무 과제였다. 그리고 무엇보다도 통독 이후 정치교육의 주된 과제는 당연히 동서독 주민간의 정치적·사회적 통합의 문제였다.

특히 구동독 지역 학교 내에서의 시민교육내지 정치교육은 서독, 즉 독일연방공화국의 정치, 경제, 사회 체제 등에 관한 기본 지식을 전달

---

16 전선일·Hannes B. Mosler, 『성숙한 민주주의를 위한 민주정치교육전략』, 88-89.

하는 데 주안점을 두었다. 이는 동독 공산정권 치하에서 사회화되었던 전체주의 이데올로기나 자본주의에 대한 비판적 선전으로부터 벗어나 객관적인 자기비판 능력을 함양하는 교육을 시도함으로써 동서독 양 체제간의 간극을 줄이려는 시도였다. 즉 독일통일 이후 동독지역의 시민교육은 곧 파시즘과 전체주의적 관점에서 벗어나는 민주적인 정치교육의 첫 번째 과제였다. 나아가 기술발전으로 인해 등장한 문제들과 생태학적 측면들도 다루어야 했다. 통독 이후의 정치교육이 반드시 다루어야 할 더 중요한 과제로서는 정치적 및 사회적 측면에서의 동서독 주민간의 통합이었다. 이러한 전제하에서 구 서독에 대해서는 구 동독이 독일연방에 가입함으로써 통합의 과정을 설명하고 서독주민의 물질적 희생에 대한 이해를 촉구하는 데 주안점을 두었다. 구 동독지역의 주민들에 대해서는 서독, 즉 독일연방공화국의 정치와 경제 및 사회체제에 관한 기초지식을 전달하는데 중점을 두었다.

이러한 노력은 전체주의 이데올로기의 세뇌작용과 자본주의에 대한 비판적 선전에 각인된 것에서 벗어나 객관적이고 자기비판적인 교육을 시도하여 양 체제의 간극을 줄이려는 데 그 취지를 두고 있다. 물론 장기적으로는 양 지역의 정치교육의 강조점의 차이는 극복되어야 할 것이다. 통일을 계기로 민주적인 시민교육을 포함하는 정치교육의 목표는 민주주의의 이념과 사상에 충실하면서도 지역적 전통과 시대적 상황에 적합한 시민의식과 시민행동을 발전시키는 데 있었다. 특히 독일통일 이후의 정치교육은 구 동독지역 주민의 정신적 장애를 제거하고, 상호이해를 촉진시킴으로써 민족적 동질성을 확립하고 궁극적으로는 사회적 및 정치적 통합을 달성하는 데 있었다. 나아가 통일된 독일이 처한 개방과 국제협력 그리고 상호 번영을 향해 나아가는 유럽 통합의 과정에서 독일이 맡아야 할 역할을 분명히 하는 데 구동독 주민을 위한 정치교육의 주안점을 두었다.

그리고 독일통일 이후 전체주의에 입각한 구 동독의 중앙집권적 교육체제는 전면적 개편이 불가피했다. 교육정책의 측면에서 볼 때, 양독의 정치·경제·사회적 통합에 기여할 수 있는 과제에 중점을 두었다. 즉 통일 이전 동독의 교육체제를 교육기회의 균등과 교육훈련의 질적 균등, 교육과정의 교환 가능성, 교육과정 수료의 보장 등을 갖춘 다원주의적이고, 자유로운 교육체제로 전환한다는 목표하에 교육의 모든 영역을 점차적으로 조정했다. 내용적으로 통일조약체결 직후 구 동독의 중앙집권적 정책의 배제, 사회·경제적 발전을 위한 교육·경제제도의 개편지원, 동독 청소년의 미래보장 및 서독으로 유입방지를 위한 기초훈련의 현대화 강화 등에 주안점을 두었다. 이를 위해 구 동독의 공민교과 내용은 서독의 민주적 사회교과내용으로 전면 개편되었다.

이러한 맥락에서 통일 이후 독일 정부가 의회에 제출한 「정치교육보고서」에는 민주국가와 사회의 정치교육이 지닌 일반적인 성격과 통일 이후의 정치교육 목표와 내용이 기술되어 있다. 그 내용을 요약해보면 다음과 같다.[17] 첫째, 정치, 경제, 사회 등에 대한 객관적인 정보의 획득을 가능케 하고 둘째, 자유주의와 다원주의 그리고 민주주의 등 기본가치를 육성하며 셋째, 이러한 가치가 개인의 자기발전에 있어서 유일한 정치질서임을 인지시키며 넷째, 민주적 결정방식과 경기규칙을 습

17 이규영, 「독일의 정치교육과 민주시민교육」. 『국제지역연구』(2005) : 170-171.

득케 하며 다섯째, 정치적 문제의식과 판단능력을 함양하고 여섯째, 정치적 행위능력의 발전을 꾀하며 일곱째, 언어적 비언어적 의사소통 능력을 향상시키며 여덟째, 자신의 법적 관계나 이해관계의 상황을 인식하는 능력을 배양하며 아홉째, 자신의 이익을 다원주의적 민주사회의 틀 속에서 옹호하는 것 등이 그것이다.

이 모든 내용들은 민주사회에 요구되는 기본지식과 가치 및 행동방식을 발전시키는 정치교육의 본질적 내용들을 포함하고 있다. 통일 이후 시민 정치교육의 목표는 민주주의의 이념과 사상을 옹호하면서도 지역적 전통과 시대적 상황에 적합한 시민행동을 발전시키는 데 있었다. 이처럼 통일 이후 학교 안에서의 정치교육은 구 동독지역 주민의 정신적 장애를 제거하고, 상호 이해를 증진시킴으로써 독일민족의 정체성을 확립하고자 했다. 또한 개방, 국제협력 그리고 상호 번영이 필요한 유럽통합에서 독일의 역할을 분명히 하고, 신연방주의 국민을 위한 교육에도 중점을 두었다.

독일 통일 이후 구동독 시절의 전체주의와 이에 의거한 교육체제는 전면적 개편이 불가피했다. 교육정책적인 측면에서는 양독의 정치·경제·사회적 통합에 기여할 수 있는 과제에 중점을 두었다. 이를 위해 통일 이전 동독의 중앙집권적 교육체제는 교육기회의 균등, 교육 및 직업훈련의 질적 균등, 교육과정의 교환 가능성, 교육과정 수료의 보장 등을 갖춘 자유롭고 연방적이며, 다원주의적이고, 세분화된 교육체제로 점차 대체해 나갔다.

이처럼 독일사회의 발전과 정치교육의 제도화의 사례는 민주적인 시민교육의 대표적 사례로 손꼽힌다. 여러 선진 민주주의국가들 중 가장 체계화된 독일의 정치교육은 1945년 제2차세계대전이 종결된 이후 연합국의 영향력 하에서 시작되었다. 패전 이후 히틀러의 나치즘에 기초한 전체주의를 극복하고 새로운 자유민주주의 국가를 건설하려는 역사적 과제를 설정하면서, 독일 정치교육의 목적 또한 이에 따라 규정되었다. 우선 바이마르 공화국 시대의 자유분방했던 자유주의와 나치의 전체주의 양자에 대한 비판의식을 고취시켜 자율적인 민주시민을 형성하며, 둘째 이러한 자율적 시민의식을 바탕으로 새로운 자유민주주의 체제에 능동적으로 적응케 하고, 셋째 통일 이후 동독 시민들로 하여금 서독 체제에 조속히 적응케 하며, 마지막으로 동·서독 시민들의 상호이해를 통해 사회심리적인 거리를 좁혀서 동서독 주민간의 국민통합을 이룩해내는 것이 그것이다.

이러한 목적하에서 독일의 시민교육 내지 정치교육은 시민들에게 민주적 시민의식을 함양하고 정치과정에 대한 참여와 정치적 결정 능력을 촉진시킴으로써 정부와 국가제도의 지속성과 안정성을 확보하고, 동시에 국민 스스로의 권리과 의무에 대한 재인식시키며, 책임있는 행위와 자율성을 함양하는데 중점을 두었다. 나아가 독일의 정치교육은 보다 장기적인 관점에서 통일 이후인 21세기를 지향하면서 다원성과 독립성의 원칙하에 운영한다. 둘째, 연방정치교육원과 각 지방, 즉 각 주의 지방정치교육원은 무엇보다도 시민들의 정치참여를 적극 장려한다. 셋째, 연방 및 지방정치교육원은 전 세계적으로 당면하는 미래의 과제를 준비한다. 연방 및 지방정치교육원은 경제적인 어려움에도 불구하고 정치적으로는 민주주의의 안정을 위해 봉사한다. 넷째, 신연방주인 구 동독지역 주민에 대한 정치교육을 위해 특별과제를 수행한다. 다섯째, 독일역사에 대한 비판적 교육은 독일정치교육의 핵심과제이다.

독일의 정치교육은 일반적으로 모든 자유민주주의 국가에 공통적으로 적용될 수 있는 것처럼 각 개인들이 국가의 최고주권자로서 자주적이고 독자적 결정능력을 배양하고, 결정내용에 대한 스스로의 책임성을 갖추는 시민의 권리와 의무에 관한 의식을 함양시키는 데 주안점을 두고 있다. 이는 독일연방정치교육원의 설립규정에도 "정치적 사안에 대한 이해를 증진시키고, 국민의 민주적인 시민의식을 고양하며, 성숙하고 비판적이며 적극적으로 정치일상에 참여하도록 유도한다"고 밝히고 있다.

요컨대 독일의 정치교육은 각 개인이 자주적으로 결정할 수 있는 능력을 배양하고, 그 결정에 내해 스스로 책임질 수 있도록 민주적 정치체제에 대한 정보와 지식을 전달해 주는 것이다. 보다 구체적으로 독일의 정치교육은 "독일연방공화국의 국가와 사회질서에 기본적으로 필요로 하는 원칙에 관한 확실한 정보를 체계적으로 전달하는 것"이다. 그리고 이러한 내용의 효과적인 전달을 위해 학교 내에서는 특정한 교과의 수업을 통해서 행해지고, 학교 이외의 경우 연방정치교육원과 지방정치교육원 그리고 각종 정치재단 등 다양한 제도들을 통해서 행해진다.

참고문헌

김경웅. 1993. 『정치교육론-정치교육의 발전과 전망』. 서울 : 유풍출판사.

신두철·허영식. 2011. 『민주시민교육의 정석』. 서울 : 오름.

심익섭. 1998. 「독일정치교육 조직체계에 관한 연구 : 「연방정치교육원」을 중심으로」. 『민주시민교육논총』 제3권.

오일환. 1995. 「통일을 전후한 독일의 정치교육에 관한 연구」. 『한국정치학회보』 제29집 제2호.

이규영. 2005. 「독일의 정치교육과 민주시민교육」. 『국제지역연구』 제9권 제3호.

전선일·Hannes B. Mosler. 2009. 『성숙한 민주주의를 위한 민주정치교육 전략』. 서울 : 엠-애드.

Massing, Peter. 2006. 「구동독의 체제지향교육 : 교화와 정치교육 사이에서」. 전득주·허영식·Peter Massing 공편. 『민주시민교육의 이론과 실제』. 서울 : 엠-애드.

Bundeszentrale für politische Bildung. 1999. *Politische Erwachsenenbildung*. Bonn : BpB.

Goehler, Gerhard and Klein, Ansgar. 1993. "Politische Theorien des 19. Jahrhunderts." In *Politische Theorien von der Antike bis zur Gegenwart*. Ed. Hans-Joachim Lieber. Bonn.

Haendle, Christa. 2002. "The Burden of History? Civic Education at German Schools." *Civic and Economic Education in Europe* 1(2). http://www.

sowi-onlinejournal.de/2002-2/germany_haendle.htm.

Hamann, Bruno. 1986. *Geschichte des Schulwesens*. Bad Heilbrunn.

Margedant, Udo. 1999. "Politische Bildung im vereinten Deutschland." In *Handbuch zur politischen Bildung*. Ed. Mickel, Wolfgang W. Bonn : 20~25.

Sander, Wolfgang. 2004. "Geschichte, theoretische Konzeption und aktuellen Herausforderung der politischen Bildung in der Bundesrepublik Deutschland." 『민주시민교육을 위한 제1차 한독국제학술회의 자료집』: 3-18.

Schneider, H. 1988. "Bundeszentrale und Landeszentrale für politische Bildung." *Handbuch zur politischen Bildung*. Eds. Mickel, W. W. and Zitzlaff, D. Bonn : BpB. 509-514.

Schweizer, R. W. 1985. "Dic DDR und die Nationale Frage. Zum Wandel der Positionen von der Staatsgründung bis zur Gegenwart." *APuZ*. B51-52 : 37-54.

8장
일본의 시민교육

이명원

1. 일본제국기 천황주의와 국민교육

일본의 근대교육은 메이지유신(1868) 이후 '서양 따라잡기'의 차원에서 시작되었다. 일본이 근대 국민국가의 모델을 차용하는 데서 가장 유력하게 참조한 것은 교육모델은 독일에서 왔다. 일본과 독일의 공통성은 모두 후발 근대화를 추진한 국가였다는 점이며, 영국, 미국, 프랑스와 같은 급격한 시민혁명의 진통을 겪지 않은 상태에서 '입헌군주국'을 지향했다는 점에 있다. 동시에 이들 두 국가는 선발 제국주의 국가의 문명화의 논리에 대항하여, 정신주의적인 '문화주의'나 '교양주의'를 강조했다.

독일적 의미에서 시민이란 무엇인가. 그것은 빌둥(Bildung)을 내면화하는 주체를 의미한다. 빌둥이란 무엇인가. 가령 괴테의 『빌헬름 마이스터의 수업시대』와 같은 독일적 교양소설(Bildungsroman)에서 나타나듯, 진리를 위해서 죽음에 이르기까지 헌신하는 소명적·내향적 윤리의식을 의미한다. 위의 소설에서 괴테는 주인공인 빌헬름의 발언을 빌어, 우리에게도 영국과 같은 셰익스피어가 있어야겠다고 말한다. 셰익스피어란 무엇인가. 이른바 '대영제국'을 문화적으로 통합할 뿐만 아니라, 영국적 내셔널리즘을 내면적으로 구성하는 뿌리라는 것이다.

독일에는 이런 뿌리가 있는가. 있다면 아마도 괴테 이후일 것이다. 괴테, 쉴러, 헤르더뿐만 아니라, 이 시기의 독일 지식인들은 분열된 영방국가를 '제국적 국민국가'로 통일시키고 싶어 했다. 이것이 제국의 교육 차원에서 치밀하게 설계된 것은 '베를린 훔볼트 대학'의 존재로 실현된다. 이 대학은 제국대학이라는 체제를 띠었는데 이후 일본의 제국대학 체제의 모델이 되었을 뿐만 아니라, 가령 미국의 존스 홉킨스 대학과 같은 범 서구적인 연구중심대학의 원상(原象)이자 근대 대학의 유력한 모델이 되었다.

이 대학이 강조한 교육이념은 '빌둥'이라는 독일 특유의 정신주의와 함께, 종래의 대학이 강조하던 '강의'가 아닌 '연구' 중심대학을 선언한 데 있다. 동시에 이 대학의 설립과 함께 대학을 '상아탑'으로 호명하면서 지식생산과 사회참여의 분리가 사실상 제도화된다. 독일대학의 교수들은 황제에 의해 임명되는 정부관료였다. 제국대학의 교수가 된다는 것은 관직에 오른다는 것을 의미했으며, 동시에 넓고 쾌적한 교수연구실에서 먼지처럼 바스러지는 책만 읽고 글만 쓴다면, 사회로부터 무한한 존경을 얻을 수 있음도 의미했다. 다만, 그들은 사회로 나오면 안 되었고 제국의 정책에 현실적으로 저항한다는 것은 상상할 수 없는 일이었다. 현실에 개입하지 않는다면 교수들의 모든 연구는 용인된다는 것이 독일대학의 '학문의 자유'가 지닌 이율배반이었다.

일본의 근대 고등교육은 독일적 교양주의를 받아들이되, 대중에게는 '입신출세주의'를 실현하는 방편이었고, 국가 이데올로기 차원에서는 '근황주의'를 내면화하는 데 역점이 있었다. 특히 이러한 경향이 강조되는 것은 동경제국대학을 정점으로 한 일본의 고등교육이 개편되는 시점부터였다. 개인적인 수준에서의 강한 출세욕을 기반으로 만세일계의 천황에 대한 충성심을 고취하는 기묘한 교육이념의 결합은 이후 일본의 강력한 제국주의적 야심과 결합하면서, 전전(戰前)의 일본교육에서 시민 주체의 형성을 근원적으로 봉쇄시키는 구조적인 장애가 되었다.

물론 이후 제국대학의 예과로 승격된 일본의 구제(舊制) 고등학교는 독일 식 '빌둥'을 '수신(修身) 또는 수양(修養)주의와 같은 인격의 완성으로 이해한 후, 심원한 지적 탐구에 일시적으로 학습역량을 집중하기도 했다. 그러나 이조차도 이후에는 학력 엘리트주의로 변질된다.[1] 특히 제국헌법이 반포되는 시점까지 진행된 이른바 메이지 초기의 '자유민권운동' 시대에는 와세다대(早稻田大)나 게이오의숙(慶應義塾)과 같은 사립대학은 물론 제국대학에서도, 이른바 서구식 정당체제의 구성을 둘러싼 매우 활발한 정치운동 및 지적탐구가 진행되었던 것이 사실이

1 筒井淸忠,『日本型 '敎養'の運命』(東京 : 岩波書店, 2009).

다. 와세다개학의 설립자인 오쿠마 시게노부(大隈重信)나 게이오의숙의 설립자인 후쿠자와 유키치(福澤諭吉)야말로 사실상 메이지기의 걸출한 '민권파'와 '국권파'에 해당하는 정치인이었는데, 따라서 이들이 설립한 대학에서의 교육이념이란 이러한 정치운동과 직, 간접적으로 연결되어 있었던 것이다.

그러나 일본최초의 제국대학인 도쿄제국대학의 존재 앞에서, 사립대학이란 다만 전문학교 수준에 불과한 것이었다. 일본적 '입신출세주의'는 제국대학을 통해 관료가 되는 길, 와세다나 게이오 의숙 같은 사립전문학교를 통해 정치가가 저널리스트가 되는 길, 이도저도 아니면 문인이 되는 길이 있었다. 메이지 이전, 무사 계급 본위의 신분제적 질서가 해체되자, 결국 입신출세의 지름길은 '학력자본'을 통한 계층상승 만이 남았던 것이다. 신분제가 해체된 새로운 상황에서 대다수의 민중들은 오직 '교육'을 통한 신분상승의 길을 찾았고, 구 사무라이 계층들의 일부는 이를테면 무교회주의자 우찌무라 간조처럼, 신학자가 되거나 작가가 되는 방향으로 전향했다.

전전(戰前)의 일본에는 사실상 시민도 없었고 시민교육도 없었다. 있었다면 그것은 충군애국(忠君愛國)을 강조하는 '신민(臣民) 교육'이었거나 '공민(公民) 교육', 일제말기의 '국민(國民)교육'에 불과했다. 물론 일본의 근대교육이 이러한 파행을 겪게 된 것은 군인칙유(軍人勅諭)와 거의 동시에 반포된 천황의 교육칙어(敎育勅語) 때문인데, 어찌 보면 이것이야말로 오늘의 일본교육의 우경화 경향의 근대적 기원이라고 볼 수 있다.

> 짐이 생각건대, 나의 황조황종께서 널리 나라를 세웠고 깊고 두텁게 덕을 베풀었다. 나의 신민들은 마땅히 충효를 다해야 하고 모든 사람이 한 마음으로 대대로 아름다움을 이루어야 한다. 이는 우리 국체의 정화이며 교육의 연원은 바로 여기에 있다. 신민들은 부모에 효하고, 형제간에 우애하며 부부가 화목하고 친구는 서로 믿으며, 공검하게 자신을 지키고 이웃을 박애하며 학문을 닦고 기예를 배우며 지능을 계발하고 덕을 이루고 공익을 넓히며 국헌을 존중하고 국법을 준수하여야 한다. 위급할 때에는 스스로 몸을 바쳐 천지간의 무궁한 황운을 부익해야 한다. 이렇게 할 때 짐의 충량한 신민이 될 수 있으며 선조의 유풍을 현창하게 된다. 이러한 도리는 실로 황조황종의 유훈으로서 자손과 신민이 모두 준수해야 할 바이며 고금을 통해 그르치지 않고 이를 세상에 펼쳐 어긋남이 없는 것이다. 짐은 그대들 신민과 함께 진심으로 한시도 잊지 않고 그 덕을 하나로 하기를 바란다(교육칙어, 1890년).

위에서도 알 수 있듯, 일본에서의 근대교육의 목표는 "국체의 정화"에 있었는데, 따라서 교육이란 어떻게 하면 "충량한 신민"이 되는가 하는 점에 맞춰졌다. 교육칙어에서 규정하고 있는 일본의 교육이념이란 "충효"를 다할 것, "국헌을 존중하고 국법을 준수할 것" "황운을 부익할 것" 등 신민(臣民)으로서 의무를 규정한 것이었지, 근대적 시민주체를 양성하는 데 있지 않았다.

물론 메이지기의 자유민권운동이 활발하게 전개되던 시점이나, 이른바 다이쇼 데모크라시로 일컬어지는 다이쇼(大化) 시기에 잠시 문화주의 또는 교양주의의 열풍이 일본의 지성계를 서구적 자유주의에 접근하게 만든 것은 사실이지만, 이 이례적 시기를 제외하면 대체로 일본의 근대적 교육체제 아래서 『국어』, 『수신』, 『지리』, 『국사』 등의 이른바 '국민과' 교과를 통해 내면화한 사상이란, 근황주의에 기반한 천황에의 충성과 절대적 복종의 가치였다는 점은 부정하기 어렵다. 이러한 국가주도의 교육이념은 '인의충효'를 절대시하는 국민사상의 통일을 위한 수단에 불과하고, 교육의 목적 또한 진리탐구나 개성의 신장보다는 천황이라는 국체(國體)에 충실한 신민(臣民)을 육성하는 데 있었기 때문에,[2] 시민 계층의 형성은 부재한 채로 패전을 맞게 되었던 것이다.

특히 이른바 15년 전쟁기라 할 수 있는 만주사변(1931)으로부터 패전에 이르는 시기까지, 일본의 교육은 철저하게 천황제 파시즘을 유지하고 재생산하기 위한 체제이데올로기로 전락한다. 이것은 가령 치안유지법(1925)의 제정을 통해 일본 내 사상통제를 체계화하는 것과 동시에, 일제말기 교육 부문에서는 국사, 국어, 지리, 수신 등의 과목을 '국민과'로 통합하여 황국사관을 노골화하는 데서도 잘 나타난다. 국민과의 교재편찬에 있어서도 국가 및 황실을 위해 멸사봉공할 것을 강조하는 등 일제말기의 일본 교육은 시민교육과는 완전히 무관한 전체주의적인 '황민화교육'으로 전락하게 되는 것이다.[3]

---

2 이권희, 「메이지(明治) 후기 국민교육에 관한 고찰」, 『아태연구』 제19권 제1호(2012): 112.

3 임승빈, 「일본의 민주시민 교육의 전개와 발전」, 『한국민주시민학회보』 제7권

2. 군국주의 잔재청산과 시민교육의 도입

1945년 패전 이후 일본의 교육은 거대한 전환기를 맞았다. 전전의 일본교육이 천황제의 유지를 위해 멸사봉공을 두려워 않는 신민(臣民)적 주체형성에 주력한 결과, 파시즘 체제에 협력한 것이었기에 점령군 교육 당국은 일본에 민주주의와 시민적 주체의 형성을 교육을 통해 실현하고자 했다. 전후 일본의 체제는 국체(國體)의 근원을 만세일계의 천황에서 찾는 제국헌법을 '상징천황제'에 기반한 평화헌법으로 대치하고, 이전의 군국주의·국가주의 교육을 민주주의와 시민주권의 이념에 기초하는 방향으로의 대전환을 모색하는 등의 변화를 겪게 된다.

때문에 전후 일본의 시민교육의 전개는 군국주의·파시즘 국가에서 민주적 평화국가로의 전환이라는 전후(戰後) 일본사회의 구조적인 변혁의 과정 속에서 전개된 것이다. 이 시기 점령군이었던 연합국 당국(GHQ)은 평화헌법(1946)의 제정을 통해서 천황을 국체로 하는 전전의 군국주의 유산을 폐기하는 데 주력했고, 천황에 대한 신민의 충성을 강제했던 메이지 천황의 '교육칙어' 역시 폐지했으며, 새로운 일본교육의 기치를 담은 '교육기본법'(1947) 제정해 전후 민주주의 교육을 도모하기 시작했다.

> 우리들은 이미 일본국헌법을 확정하고 민주적이며 문화적인 국

(2002): 178.

가를 건설하여, 세계평화와 인류복지에 공헌하고자 하는 결의를 보였다. 이러한 이상의 실현은 근본적으로 교육의 힘에 달려있는 것이다. 우리들은 개인의 존엄을 존중하며, 진리와 평화를 희구하는 인간육성을 기함과 동시에, 보편적이면서도 개성 풍부한 문화 창조를 지향하는 교육에 철저하지 않으면 안 된다. 여기에서 일본국 헌법의 정신에 따라 교육의 정신을 명시하고, 새로운 일본교육의 기본을 확립하기 위해 이 법률을 제시한다.[4]

위와 같은 교육기본법 전문을 통해서, 전후 일본의 교육이념을 추출해 보면 다음과 같다.

첫째, 교육기본법의 교육이념은 전전(戰前)의 제국헌법에 기반한 군국주의 이념을 평화헌법이 규정하는 평화주의적 가치로 변혁하는 데 있어서 교육이 그 근본이 된다는 점을 강조하고 있다. 평화헌법에서 일차 강조되었지만, 전후 일본의 교육은 무엇보다 "민주적" "문화적"인 국가의 이념을 체화시키고, 교육의 궁극적인 귀결점 역시 초국가주의적 논리인 '충군애국'이 아닌 "세계평화와 인류복지에 공헌"하는 것의 근원적 토대를 이루고 있음을 강조한다.

둘째, 교육기본법은 신민으로서의 충군애국이 아니라 "개인의 존엄을 존중"하는 데 방점을 찍고 있다. 이것은 서구적 자유주의와 민주주의의 토대가 자유로운 개인(個人)으로부터 온다는 사실을 지시하는 것

4 1947, 교육기본법 전문. 안경수, 「일본교육기본법에 내재해 있는 교육적 의미의 분석」, 『한국일본학연구』 제16권 제1호(2011): 51.

과 동시에, 국가권력에 의한 순응과 동원의 대상일 것을 요구했던 구체제와의 단절을 강조하고 있는 데서 나온 것일 터이다. 점령국 당국이 일본의 전전(戰前) 교육에서 가장 큰 문제점으로 인식한 것은 '개인'의 부재였는데, 그렇기 때문에 서구적 자유주의의 이식이 이들에게는 무엇보다도 긴급한 교육상의 사명이라는 생각을 하게 되었던 것이다.

셋째, 교육기본법은 거시적인 수준에서 전후 평화주의·민주주의·자유주의에 입각한 지향을 밝히고 있기는 하나, 교육제도의 설계 및 교과과정의 개설 등과 관련한 세부적 교육목표에 대해서는 규정하고 있지 않다.[5] 그러나 제2조에서 "교육의 목적은 모든 기회에, 모든 장소에서 실현되지 않으면 안 된다"는 '교육받을 권리'를 강조하고, 제7조에서 사회교육에 대한 조항을 명문화했다는 점을 주목할 필요가 있다.

기본적으로 이는 교육상의 기회균등을 명시한 조항으로 볼 수 있지만,[6] 이에서 더 나아가, 전전의 국민교육의 폐해를 시정하기 위해서는 학교뿐만 아니라, 시민들이 거주하고 노동하는 일상적 공간 모두에서, 서구적 민주주의와 시민의식을 육성할 것을 강조한 것이라 할 수 있다.

실제로 연합국군최고사령부(GHQ)는 10월에 일본정부에 대해 교육에 관한 '4대 지령'을 구두 지시했다. 그 내용을 간추리면, 첫째, 군국주의에 기반한 극단적인 국가주의적 이데올로기의 금지, 둘째, 군사교육·교련의 완전폐지, 셋째, 의회정치, 국제평화, 개인의 권위에 입각한

5 안경수, 「일본교육기본법에 내재해 있는 교육적 의미의 분석」, 54.

6 안경수, 「일본교육기본법에 내재해 있는 교육적 의미의 분석」, 53.

사상, 집회·언론·종교의 자유 등 기본적 인권의 사상에 합치되는 제 개념의 교수와 확립을 장려할 것 등의 내용이었다.[7]

이러한 점령군 당국의 교육기조는 교육기본법의 제정 이후 미국식의 6·3·3 제의 학제개편과 함께, 교과체계에 있어서도 상당한 변화를 수반했는데 가장 대표적인 것이 학교에서의 사회과(social studies) 수업의 개설이었다. 특히 1946년에 내일(來日) 했던 미국교육사절단은 일본 정부에 새로운 교육개혁안을 권고했고, 문부성 역시 이 안에 입각해 전후교육의 새로운 방침으로, 인간성과 개성존중, 과학적 수준의 향상, 민주주의의 철저 등을 강조하는 방향으로 교육개혁을 추진할 것이라고 밝혔다.

점령군 당국의 생각에는 일본에서의 교육개혁의 출발점은 초등교육부터 비롯된다는 것이었고, 따라서 초등교육과 중등교육 모두에서 평화와 민주주의를 기조로 한 사회과 교육을 필수화했다. 동시에 전전의 교과서가 국정교과서 체제를 통해 획일적으로 초국가의식을 선전한 해악을 지양하기 위한 검인정 교과서 체제로 전환했다. 이 전후개혁과정에서 등장한 교과서들은 대체로 민주주의, 국제평화주의, 주권재민 등을 기조로 한 것으로, 일본에 부재한 서구적 민주주의 제도와 사상을 강조한 것이었다.

이러한 학교교육의 개혁과 함께, 각종의 입법을 통해 민주주의 제도와 사상, 그리고 시민적 주체를 사회적 공간 안에서 실현하기 위한 개혁조처도 동시에 진행되었다. 전후 일본의 시민교육에 특징적인 것은

---

7 山住正己, 『日本教育小史』(東京 : 岩波書店, 1987), 147.

시민 주체의 양성이 학교교육뿐만 아니라, 비(非) 학교교육을 통해서도 체계적으로 모색되었다는 사실이다. 가령 교육기본법의 제7조에는 사회교육에 관한 조항이 있는데, 이것은 학교에서의 사회과 교육과는 별도로 일상적인 생활공간에서의 '사회교육'을 의미하는 것이었다. 교육기본법에서의 '교육받을 권리'란 학생들뿐만 아니라 지역에서 생활하는 모든 시민의 권리로 간주되었고, 따라서 교육에 대한 시민적 권리를 현실적으로 실현하기 위한 「사회교육법」(1949), 「도서관법」(1950), 「박물관법」(1951) 등 주요 3법이 제정되어, 비학교공간에서의 '시민교육'의 기틀을 마련했다.

전후 일본 교육개혁에서 또 하나 특징적인 것은 전전의 국가주의·중앙집권적 교육행정의 폐해를 극복하기 위해 시민주권·지방분권적인 사회교육 행정의 기본방향을 제시했다는 점에 있다. 이를 위해서 「지방자치법」(1947), 「교육위원회법」(1946년 제정, 1956년 개정) 등의 법 제정을 통해, 주민참여에 의한 지방분권적인 교육시스템을 모색했다. 이것은 교육과 관련한 제반사항을 주민들의 직접선거를 통해 선출된 교육위원들이 결정하고, 시민들의 교육받을 권리를 실현하기 위한 사회내 교육기관의 인력 및 재정을 지원할 것을 법제화한 것이다.

전후 일본의 시민교육에서 특징적인 것은 학교 내에서의 사회과 교과를 통한 민주주의 교육과 함께, 비학교 공간에서의 '사회교육'을 제도화했다는 점에 있다. 그렇다면 비학교 공간에서의 사회교육이란 무엇인가. 「사회교육법」에는 "학교의 교육과정으로 이루어지는 교육활동을 제외한 청소년 및 성인을 대상으로 이루어지는 조직적인 교육활동"이 사회교육이라는 것을 명시한 후에, 이를 위해 각 지방자치체는 도서관, 박물관, 공민관(公民館) 등을 사회교육 시설로 시민들에게 제공해야 한다고 규정하고 있다. 사회교육 행정에 있어서 특징적인 것은 "국가 및 지방자치단체는 사회교육에 대해 어떠한 방법으로도 부당하게 통제적 지배를 하거나 또는 그 사업에 간섭해서는 안 된다"는 조항인데, 이는 민주주의와 주민자치, 시민참여의 이념을 보장하기 위한 의도를 담고 있다.

전후 일본의 시민교육은 점령군 당국(GHQ)이나 일본정부에 의한 위로부터의 개혁과 함께, 교육주체들 자신에 의한 노력 역시 다채롭게 전개된 바 있다. 사실 일제말기 이른바 총력전 체제 하의 교사들은 천황제 파시즘을 교육 부문에서 구조적으로 뒷받침했던 전력이 있다. 때문에 패전 이후 교육개혁이 진행된다고 할 경우, 전전의 교사들의 체제협력에 대한 반성과 혁신은 필연적인 것이었고, 이것은 교사들 자신뿐 아니라 학생들과 학부모들의 공통된 요구이기도 했다.

이런 사회적 요구에 부응하여 교사들은 1946년 4월에 민주주의 교육연구회(약칭 민교)를 결성해 교육의 민주화와 전전의 체제협력을 반성했으며, 1947년에는 일본교육직원조합(약칭 일교조)이 결성되어 새로운 민주적 질서의 건설과 신일본문화창조를 결의했다. 일교조는 창립요강에서 "우리는 교육의 민주화와 연구자유의 획득을 위해 진력한다, 우리는 평화와 자유를 사랑하는 민주국가의 건설을 위해 단결한다"고 선언했는데, 교사들 자신의 교육개혁에 대한 열망은 매우 뜨거운 것이어서 단시일 내에 조합원이 50만 명에 이르는 거대조합으로 성장했다.

3. 일본의 고도성장과 시민교육의 변모

사실 전후 일본에서의 교육개혁은 과거사에 대한 정부의 반성과 필요에서 등장했다기보다는 점령군 당국의 요구에 일본의 정부가 수동적으로 협력한 인상이 짙다. 비록 학교에서의 사회교과와 시민적 현장에서의 사회교육이 법적·제도적 장치로 설계되었다고 하더라도, 중요한 것은 실체로서의 시민계층의 존재라고 할 수 있다. 그러나 이 점에서 보자면, 메이지 유신 이후 일본에서는 실체로서의 시민계층이 출현한 바가 없고, 천황과 국가에 대한 충성과 복종을 강요하는 문화가 매우 오랜 기간 동안 체계적으로 지속되었기 때문에, 교육을 통한 시민계층의 양성은 매우 치밀한 노력과 장구한 시간을 요하는 것이었다.

결과적으로 말하면 이러한 기대는 충족될 수 없었다. 거기에는 앞에서 언급한 일본 자체 내의 시민계층의 부재라는 문제와 함께, 동아시아에서의 동서 냉전체제의 고조라는 국제역학이 미친 악영향도 고려해야 한다. 패전과 동시에 점령군 당국에 의해 진행된 교육개혁은 지속되지 못했다. 1946년 미국교육사절단이 일본 측에 제시한 교육개혁안은 일시적으로 일본의 교육체제 안에서 시민의 육성을 가능케 한 것이지만, 1950년 한반도에서 발발한 한국전쟁은 동서간의 냉전 이데올로기를 격화시키는 역할을 하게 되고, 이것은 다시 일본의 교육체제를 전전과 유사한 방식으로 보수화하는 결과를 낳게 한다.

1951년 일본은 샌프란시스코 강화조약을 체결함으로써 연합군의 점령체제에서 다시금 주권국가로 전환되었다. 한국전쟁의 발발은 전후 일본 사회에 거대한 영향을 미쳤다. 패전의 정신적·물질적 충격에 빠져 있던 일본의 입장에서 한국전쟁의 발발은 '전쟁특수'를 통한 일본 경제 부활의 축복으로 다가왔다. 동시에 한국전쟁을 통해서 강화된 냉전 이데올로기는 일본 내의 급진적 민주화 요구를 방어하고 억제할 수 있는 근거로 작용했다. 미국 역시 패전 직후의 시민참여 민주주의를 강력하게 요구하던 태도에서 벗어나, 이 시기에 이르면 일본이 아시아에서의 사회주의 방어의 방파제 역할을 할 것을 기대했다.

일본의 정치세력들은 1951년의 샌프란시스코 강화조약을 일종의 식민지 시대로부터의 '독립'이라는 감각으로 받아들였다. 실상 패전 직후 미국에 의해 권고된 사회과 교육 이전에 문부성은 '공민교육'을 실시할 것을 계획했었다. 물론 교육당국은 이것이 전전의 황민화·신민교육과는 다른 것이라고 역설했지만 이러한 발상법 속에 '민족의 재건'이라는 국가주의가 내재해 있음은 부정하기 어렵다.[8] 공민(公民)이라는 표현에서 강조되듯, 그것은 서구적 의미에서의 '개인' 주체를 강조하는 시각과는 상이하다.

일본에서의 공민(公民) 개념은 1920년대에 실업학교나 지역청년회를 중심으로 진행된 '공민교육'을 통해서 나타났는데, 이는 민주주의 체제에서의 정치적 주권자 내지는 주체 개념이기보다는 국가에서 필요로 하는 선량한 국민을 양성하는 것을 의미했다.[9] 특히 일본에서의 공

---

8 山住正己, 『日本教育小史』, 152.

9 김종식, 「공민교육을 통한 근대 일본 국민상의 모색」, 『동양사학연구』 제114집 (2011).

민교육의 출발이란 러일전쟁 이후의 청년들의 전쟁참여와 황국신민의 육성의 필요성에서 비롯된 것이었기에, 이것은 서구적 의미의 시민 개념과는 상당히 이질적인 것임은 불문가지의 일이다.

이런 상황 속에서 1950년의 한국전쟁과 1951년의 샌프란시스코 강화조약의 체결은 일본의 시민교육이 다시 국가주의 또는 일본적 민족주의로 회귀할 수 있는 조건을 만들었다고 할 수 있다. 샌프란시스코 조약의 체결을 독립의 감각으로 받아들였던 일본 정부는 조약직후 국정에 부합하지 않는 외국의 제 이론을 기계적으로 받아들이는 것은 위험하다는 주장을 제기하면서, 일본의 교육제도의 개혁을 다음과 같이 천명한다.

첫째, 실업교육을 강화할 것. '한국전쟁' 특수상황 하에서 산업구조에 필요한 인력 양성이 긴요하다는 주장이다. 둘째, 검인정 교과서의 다양성도 좋지만, 교육상에 표준이 될 수 있는 교과서를 국가가 집필·발간할 것. 이것은 전전의 국정교과서 체제로 전환하는 것을 의미한다. 셋째, 주민선거에 의한 교육위원 선출을 지양하고 지방자치단체장이 교육위원을 임명할 것. 이것은 교육영역에서의 시민참여를 배제하고 과거처럼 국가주도의 교육을 진행할 것이라는 주장이다.[10]

이러한 교육당국의 견해에 대해 일교조를 포함한 진보적 교육단체와 시민들은 이것은 평화헌법과 교육기본법의 정신을 훼손하는 행위라는 비판을 가했지만, 이와 반대로 재계를 포함한 보수세력들은 전후 일본의 교육이 이념적으로 편향되어 좌경화되고 있음을 지적하면

10 山住正己, 『日本教育小史』, 189.

서, 전후 점령군에 의해 제안된 신교육제도의 전면적인 재검토가 필요함을 역설했다. 사실 일본의 교육당국과 재계가 전후에 새롭게 설계된 교육제도를 다시금 개혁해야 한다고 주장한 데는 미국 측의 변화된 대 일본정책에도 한 원인이 있다. 미국의 입장에서는 한국전쟁 후 아시아에서의 사회주의 세력의 확산을 막기 위한 미일동맹관계를 공고화할 필요가 있었고, 그러자면 전후 일본사회 안에서 빠른 속도로 확산되는 진보적 노동운동 및 교원운동을 견제할 필요가 있었는데, 그러자면 교육내용에서도 반공주의를 공고화할 필요가 있으니, 역설적이게도 그들 자신이 최초에 제안했던 교육개혁안의 수정이 불가피했던 것이다.

일본 정부 역시 미국과는 다른 속내이지만, 독립이라는 감각 속에서 일본적 국가의식을 재건할 필요성이 있었고, 그런 관점에서 서구적 자유주의와 개인주의에 입각한 민주주의 교육의 수정이 필요하다고 생각했다. 이러한 생각은 이른바 '55년체제'로 상징되는 자유민주당으로 상징되는 보수합동(保守合同)의 시대가 열리자 현실화되기 시작한다. 자민당 정권은 출범과 동시에 교육체제를 보수화하기 위한 3대입법을 제안한다. 그 입법안의 내용은 지방교육행정의 중앙으로의 회수, 교육지도요령 등을 통한 교육내용의 표준화와 교사의 책임강조, 국가에 대한 충성, 부모에 대한 효도와 같은 덕육(德育)의 강조 등이었다. 실제로 이후 교육당국은 전후 교육개혁에 대한 개악을 거듭하는데, 이를 위해 '교육지도요령' 등의 법적 구속력을 강화해 교육내용을 중앙에서 통제하고, 교사에 대한 근무평정을 강화해 교육운동을 제압하며, 통합사회과 교육을 해체시켜 지리, 역사, 공민, 도덕 등으로 재배치하는 결과

를 낳았다.[11]

이러한 전후 시민교육의 보수화와 국가주의의 재등장은 1966년 10월 31일에 발표된 중앙교육심의회 답신 「후기중등교육의 확충정비에 대하여」에 담겨진 '기대되는 인간상'이라는 항목에서 상징적으로 잘 나타난다. 그렇다면 일본의 중등교육에서 '기대되는 인간상'이란 과연 어떤 것인가. "천황에 대한 경애의 염(念)을 깊이하면 그것은 일본에 대한 경애의 염에 통한다"는 진술에서 알 수 있듯, 이는 전후의 평화헌법과 교육기본법의 이념으로부터 완전히 이탈한, 사실상의 전전의 신민교육(臣民教育)으로 복귀한 것이라고 볼 수 있다. 때문에 이것은 메이지기에 천황제국가를 건설하는 단계에서 발표된 교육칙어에 대응되는 '현대판 교육칙어'라고 해도 과언이 아니다.[12]

이러한 '기대되는 인간상'의 교육지향에 따라 일본의 학교에서의 사회과 교육은 '학습지도요령'에서 제시되고 있는 국가·사회 성원으로서의 자질을 체화하는 방향으로 나아갔다. 이것은 일종의 상향식 공민화(公民化)라고 할 수 있는데, 공민을 평화롭고 민주적인 국가·사회의 형성자로 규정하면서도 정작 강조되는 것은 일본인으로서의 주체성을 갖고 국제사회에서 주체적으로 살아가거나 좋은 사회의 형성에 참가할 수 있는 자질과 능력의 기초를 닦는다는 식의 '덕육교육'으로 한정

11 原田智仁, 「일본 시민성 교육의 계보와 사회과의 과제」, 『사회과교육연구』 제19권 제4호 (2012).

12 남경희, 「일본의 학교교육에서의 시민교육의 추진동향」, 『회과교육』 제51호 (2012): 16.

되고 있음은 문제적이다.

무엇보다 일본의 시민교육에 결여되어 있는 것은 민주주의의 기초를 이룬다고 볼 수 있는 정치적 주체로서의 능동적 자질과 정치참여, 주권자로서의 권력의 창출과 민주적 통제에 대한 정치적 제 권리이다. 특히 천황에 대한 존경의 염을 강조하는 것을 애국심의 덕목과 직결시킴으로써, 전전의 천황을 국체로 했던 제국헌법에서의 신민(臣民)과 평화헌법 체제에서의 국민(國民)의 정체성을 뒤섞어버리는 우경화로의 회귀가 본격화되었음은 우려스러운 일이다.

사실 이렇게 전후 일본의 시민교육이 지체되고 전전의 상황으로 회귀해버린 데는 일본의 전후체제를 규정하고 있는 미·일 안보체제의 영향이 크게 작용했다. 샌프란시스코 강화조약을 통해 패전국 일본의 주권은 회복되었지만, 전후체제를 상징하는 평화헌법이란 일본에 대한 미국의 군사적 원조와 오키나와에 대한 분리·군사지배에 기인한 것이었다. 어떤 차원에서 보자면, 이러한 안보환경의 심층적 구속력이 일본에서의 시민계층의 형성을 제약하는 근본적 규정력이었다. 잘 알려져 있지만, 전후로부터 1970년대 중반에 이르기까지, 일본에서의 전투적 사회운동은 매우 광범위하게 파급력을 끼쳤다. 학생운동과 노동운동의 급진화는 일본의 55년 체제를 직접적으로 위협했는데, 반대급부로 일본 정부는 이러한 운동의 급진화에 대항하여, 강력한 권위주의 국가로의 회귀를 가속화했다.

동시에 1970년대를 관통하면서 이른바 신자유주의 드라이브가 일본의 교육계에도 심각한 영향을 미치게 된다. 재계의 교육에 대한 요구가 직접적으로 고등교육에 관철되고, 도시화에 따라 농촌기반의 사회교육의 기반이 약화되었다. 교육당국은 신자유주의 교육이념에 입각한 학교개혁을 지속하고 고등교육체제 역시 이에 조응하는 방향으로 '무한경쟁'의 이데올로기를 내면화한다. 학생들에 대한 전국적인 학력평가를 실시해 무한경쟁을 일상화하고, 교사들에 대한 근무평정과 이에 따른 성과호봉제를 실시하여 교사들의 저항과 대안교육적 전망을 제도적으로 봉쇄했다. '교육지도요령'의 내용은 갈수록 우편향되어 일본의 문화와 전통, 덕육교육을 강조하는 방향으로 진행되는데, 이는 인류보편적 가치의 존중, 이성과 비판정신의 함양이라는 교육의 본래적 기능을 침해하는 방향으로 전개된다.[13]

어찌 보면, 일본의 학교교육 체제 안에서 '시민'이라는 말은 여전히 낯선 개념에 속한다. 공민으로서의 국가에 대한 책임과 도덕성을 강조하는 '덕육교육'은 정치교육으로서의 시민교육이라는 이상에 비하자면 부수적인 의미를 띤 것이며, 더구나 그것이 천황과 국가에 대한 존경의 염을 내면화하고 구조화하는 것이라면, 이는 시민 주체의 성립을 오히려 제약하는 것이라고 보는 것이 옳다. 일본에서의 시민 개념이 교육과정을 통해 제시되고 있는 '국민'이나 '공민' 개념에 대항하는 운동적 차원에서 이해되는 경우가 많은 것은 이런 까닭이다.

비 학교공간에서의 시민교육을 담당하는 사회교육 역시 쇠퇴한 것은 마찬가지다. 전후 교육기본법을 통해 법제화된 지역 중심의 사회교육 역시 시간이 진전됨에 따라 약화되었다. 1960-70년대에 이르면 도시화에 따라 농촌 기반의 사회교육이 쇠퇴하였고, 사회교육은 도시

---

13 山住正己, 『日本教育小史』, 250.

시민계층 중심의 학습, 문화활동으로 변화하였다. 1980-90년대는 일본에서 버블경제가 붕괴되는 한편, 사회교육이 평생교육에 통합됨으로써 그 애초의 기능이 변질·후퇴되기 시작한다. 2000년대에 이르면 신자유주의 정책의 도입에 따라 사회교육의 공적 체계가 재검토되는데, 중앙 및 지방재정의 긴축에 따른 시설과 교육체계 모두가 축소되거나 문화강좌 등으로 연성화된다.

4. 21세기 시민교육의 새로운 전망

1990년대는 냉전의 해체와 글로벌화를 특징으로 한다. 냉전의 해체는 동서이데올로기의 대결에서 자유민주주의가 승리한 것을 의미하지만, 그 결과로 오히려 강화된 것은 무한경쟁의 신자유주의 드라이브였다. 그런데 이러한 세계사적 변화는 일본에 있어 결코 긍정적인 것은 아니었다. 패전 이후 일본은 미국의 안보 우산 속에서 경제성장 제일주의를 기초로 이른바 고도성장을 이룩했고 선진국 대열에 합류했다. 그러나 1990년대가 되자 부동산과 금융시장을 중심으로 과열되었던 버블경제가 붕괴되어 이른바 '잃어버린 20년'이 도래한다. 버블경제의 붕괴는 일본사회에 '승자독식'과 '무한경쟁'의 이데올로기를 고조시키는 계기가 되었으며, 이 과정에서 '하류사회'나 '격차사회'와 같은 계층적 격차의 고정화에 따른 사회적 문제가 심화되었다. 일본특유의 가족적 기업문화나 종신고용 체제 역시 해체되어, 고용의 안정성이 크게 훼손되었고, 이것은 교육 부문에도 영향을 끼쳐 계층화에 따른 학력 격차가 구조화되는 결과를 낳게 된다.

교육부문에도 시장논리가 개입되어 공교육에 대한 정부지원이 축소되고 교원에 대한 우대조치가 폐지되었으며, 재정적 지원이 없는 교육행정의 지방분권화가 진행되었는데, 이것이 교육에서의 '격차확대'로 이어졌다[14] 이러한 변화 속에서 일본 사회의 공동체성은 해체되기 시작했으며, 은둔형 외톨이 문제나 청소년들의 자살과 범죄 문제도 심각해졌다. 일자리를 찾지 못한 청년들은 '프리터'나 '니트족'이 되어 사회의 주변부로 내몰리기 시작했고, 일본인의 자기정체성의 상실이라는 문제가 심각한 사회문제로 대두되었다.

동시에 1980년대 후반을 경과하면서 일본의 전쟁책임과 식민지배의 역사적 평가를 둘러싼 논란이 한국과 중국 등과 심각한 역사적 갈등이 일어나고 영토문제를 둘러싼 갈등이 심화하기 시작하면서, 일본사회는 급격하게 내셔널리즘(nationalism)으로 회귀하는 현상을 드러냈다. 이런 사회적 분위기는 교육부문에서 일련의 우경화를 더욱 촉진시키게 되는데, 가령 1989년의 학습지도요령 개정에서는 "문화와 전통의 존중과 국제이해의 추진"을 제시한 것이 그런 예이다. "문화와 전통의 존중"이란 일본의 역사와 전통에 대한 일본인으로서의 정체성을 강화하는 것을 의미하며, 국제이해의 추진 역시 세계사 속에서의 일본인의 역할과 자질 등을 강조하는 것이다. 시민의 권리와 책임, 정치참여의 문제에서 일본인의 역사적 정체성과 세계 속에서의 일본인의 주체성

---

14 苅谷剛彦, 『學力と階層』(東京 : 朝日文庫, 2012), 89.

을 강조한 것이다. 문제적인 것은 이러한 학습지도요령의 개정 이후 사회과가 폐지되고, 공민과가 신설되어 일본인으로서의 자각과 주체성이 더욱 강조되기 시작했다는 것이다.

가령 1998년과 1999년의 학습지도요령 개정에서는 '살아가는 힘'의 육성이 강조되고, 2008년과 2009년의 중앙교육심의위원회의 답신에서는 "일본인으로서의 자각을 가지고 국제사회에 주체적으로 살아가면서, 지속가능한 사회실현을 목표로 하는 등 공공적인 사항에 스스로 참가하는 자질과 능력을 육성한다"고 밝히고 있다.[15] 이러한 교육지도요강을 포함한 일본의 시민교육 이념에는 '공민'으로서 공동체에 참여하는 자질과 능력을 육성한다는 표현을 통해, 일본인으로서의 민족적·국가적 책임을 강조하고 있지만, 정치적 주체로서의 시민의 제 권리에 대해서는 침묵하고 있다. 서구적 자유주의와 민주주의 개념에서 정치적 주체로서의 시민의 출발점에는 배타적인 천부인권의 담지자로서의 개인에 대한 존중이 내포되어 있는데, 일본의 교육과정 안에서 이 시민적 권리의 출발점으로서의 개인의식은 애초에 비공민적 이기주의 정도로 치부되고 있다는 것은 일본에서의 시민교육의 실패를 가늠할 수 있는 명백한 리트머스 시험지인 것이다.

2006년 일본정부는 교육기본법을 수정한다. 당시의 일본총리는 현재의 총리인 아베였는데, 교육기본법의 수정에서 가장 강조된 것은 덕육교육 및 도덕교육의 강조와 함께 교육이념으로 '아름다운 나라 일본'

---

15 原田智仁, 「일본 시민성 교육의 계보와 사회과의 과제」, 『사회과교육연구』 제19권 제4호 (2012): 165.

이라는 구호를 제시했다는 점에 있다. 집권 자민당은 이러한 교육기본법의 개정을 통해 전후체제를 총결산하고 새로운 일본을 건설한다는 의욕을 피력했는데, 이는 전후 미점령군 당국에 의해 제정된 교육기본법을 비판적으로 해체함으로써, 일본의 보수세력들이 추구하는 보통국가로 나아가겠다는 의지를 교육이념 차원에서 제시한 것이라고 판단된다.

집권세력이 덕육개념을 강조하는 것은 학교와 사회 공간 모두에서 공동체성이 해체되고, 일본의 국민들이 자기정체성의 혼돈을 경험하고 있기 때문에, 타자에 대한 이해와 관용, 공동체성을 함양함으로써 문제를 해결할 수 있다는 것이다. 물론 공동체의 구성원으로서의 덕성(virtue)의 강조는 필요하고 의미있는 일이지만, 그것이 개인의 시민적 주체화의 문제와 연동되지 않고 이를테면 '아름다운 나라 일본'과 같은 민족주의 또는 국가주의적 아비투스(habitus)와 결합한다면, 이는 전전(戰前)의 『수신』(修身)이나 『공민』(公民), 또는 이른바 일제말기의 '국민과' 교과와 같은 국가에 복종하는 건전한 국민양성으로 퇴행할 위험성이 다분한 것이다. 실제로 2006년 교육기본법의 개정과 함께, 일본의 교육체제에서 사회과가 해체되고, 지리와 세계사, 국사 등의 국민교과가 신설되거나 강화된 것은 이러한 위험성을 상징적으로 보여주는 것이기도 하다.

물론 일본에서의 시민교육이 이렇게 과거회귀의 위험성만 보여주고 있는 것은 아니다. 가령 2006년 일본의 경제산업성(經濟産業省)은 영국의 시민성(citizenship) 강좌를 원용한 『시티즌십 교육선언』 팜플렛을 발표하여 시민교육의 전환을 촉구한 것이나, 동경도의 시나가와구(品川區

)나 가나가와현(新奈川縣)이 시민교육 프로그램을 진행한 것이 그러한 경우에 해당한다. 그러나 이러한 시민교육 프로그램이 체계적으로 설계된 것이라기보다는 영국의 시민성 교육이나 미국의 체험봉사학습(service-learning)의 개념을 일종의 학문적 유행으로 벤치마킹한 것에 불과하고 '하향식'의 교육시스템으로 강제한 것이라는 점에서는 그 한계 역시 명백한 것이다.[16]

필자의 판단으로는 일본에서의 시민교육의 대안적 가능성은 오키나와에서 시행되고 있는 평화교육에서 찾을 수 있다고 생각한다. 오키나와는 메이지 유신이래 일본에 병합된 지역으로 2차대전 말기인 1945년 4월부터 6월까지 진행된 오키나와 전쟁 과정에서 20여만 명이 사망한 비극적 역사를 갖고 있다. 전전의 오키나와인들은 철저하게 일본인으로 동화되었고, 일제말기에는 철저한 황민화교육을 받았으며, 오키나와어와 오키나와 문화를 의식적으로 부정하고 삭제시켰지만, 패전 이후 미국의 점령지로 전락하게 되었다가 1972년에 일본에 복귀한다. 오키나와인들은 미점령기간 동안 일본으로의 '조국복귀운동'을 전개했는데, 이는 일본의 평화헌법에 담겨 있는 "전쟁의 영구포기"라는 조항을 말 그대로 믿었고, 향후 일본이 평화국가로 나아갈 것을 신뢰했기 때문이다. 그러나 일본으로의 복귀 이후에도 일본 본도에 의한 오키나와 차별은 시정되지 않았을 뿐만 아니라, 오키나와 전쟁과정에 자행된 일본군에 의한 주민학살과 집단강제사 문제는 교육과정에서 왜곡되게 다루어졌다.

---

16 原田智仁, 「일본 시민성 교육의 계보와 사회과의 과제」, 168.

오키나와의 평화교육이 일본의 시민교육에서 중요한 의미를 띠는 것은, 미점령기 전개되었던 주권회복을 위한 투쟁을 통해 민주주의의 시민적 가치를 경험적으로 체득했다는 점과 전쟁의 체험이 상기시킨 평화에의 강렬한 열망을 학교현장은 물론 사회적 공간 모두에서 강렬하게 의식하고 있다는 점 때문이다. 동시에 오키나와의 평화교육은 일본의 우경화와 내셔널리즘에 대한 강렬한 비판의식과 평화주의의 중요성을 강력하게 환기시키고 있기도 하다. 무엇보다도 오키나와의 평화교육은 시민의 정치참여와 이성의 공적사용을 강조하고 있다는 점에서, 일본을 포함한 동아시아 민주주의를 가늠할 상징성도 지니고 있다.[17]

일본의 시민교육은 전환의 갈림길에 서 있다. 최근 한·중·일 간에 전개되고 있는 영토분쟁과 위안부 강제연행 등을 포함한 식민지 책임 문제 등에 대응하는 일본의 자세를 보면, 동아시아 권력에서의 국가 간 협력주의와는 거리가 먼 내셔널리즘을 노골화하고 있는 실정이다. 2011년 3월 11일의 후쿠시마 대진재(大震災)를 계기로, 일본의 시민사회는 안보투쟁 이후 거의 최초의 대규모 시민저항을 거듭했지만, 오히려 일본정부는 권위주의적 체제로 퇴행하고 있을 뿐만 아니라, 후쿠시마 문제에 대한 해결에 있어서도 무책임한 자세로 일관하고 있다. 반대로 이러한 국내적 위기를 외교적 갈등이나 역사문제로 비화시켜 동아시아 역내에서의 갈등과 긴장을 고조시키고 있으며, 비록 일부이기는 하지만 '재특회'와 같은 극우단체에 의한 재일조선인에 대한 탄압

17 이명원, 「오키나와와 동아시아 민주주의」, 『녹색평론』 8·9월호 (2012).

을 방관하고 있는 면모조차 보이고 있다.

일본의 시민운동을 검토하는 과정에서 우리들이 고민하게 되는 것은 과연 일본에는 시민이 있는가 하는 문제이다. 필자의 판단으로는 일본에는 다양한 의제를 중심으로 일찍부터 주민운동이 발전해왔고, 1990년대를 경과하면서부터는 각종의 비영리법인(NPO)들이 민관협치의 시민참여 활동을 벌이고 있다. 아마도 이것은 일본의 시민교육에서 일찍부터 강조되어 왔던 공민(公民)적 활동으로 보아도 무리가 없다. 최근 들어서는 국민적 정체성을 강조하는 일련의 흐름도 나타나고 있다. 일본에서의 국민적 정체성은 국민 만들기의 일반적 경로가 그러하듯 '배외주의적 내셔널리즘'을 기반으로 그 동력이 확산되고 있다. 이렇게 주민, 공민, 국민적 정체성이 혼재되어 있는 사회에서, 그렇다면 어찌하여 민주주의와 정치적 주체로서의 시민적 토대는 미약한가 하는 점을 묻게 된다. 거기에는 여러 원인이 있겠지만, 제도교육과 민주주의의 성립과정에서 시민의 권리와 책임, 시민참여와 시민적 덕성의 문제가 배제되어 왔기 때문이 아닌가 생각된다.

일본에서의 시민계층의 형성은 21세기 동아시아의 미래를 생각해 볼 때 매우 중요한 문제가 아닐 수 없다. 동아시아는 물론 세계사적 상황이 구조적으로 요동치고 있는 이즈음의 상황을 고려해 볼 때, 그래서 일본의 과거회귀는 참으로 우려스럽게 느껴진다.

참고문헌

김종식. 2011. 「공민교육을 통한 근대 일본 국민상의 모색」. 『동양사학연구』 제114집.

남경희. 2012. 「일본의 학교교육에서의 시민교육의 추진동향」. 『사회과교육』 제51호.

안경수. 2011. 「일본교육기본법에 내재해 있는 교육적 의미의 분석」. 『한국일본학연구』 제16권 제1호.

이권희. 2012. 「메이지(明治) 후기 국민교육에 관한 고찰」. 『아태연구』 제 19권 제1호.

이명원. 2012. 「오키나와와 동아시아 민주주의」. 『녹색평론』 8·9월호.

임승빈. 2002. 「일본의 민주시민 교육의 전개와 발전」. 『한국민주시민학회보』 제7권.

筒井清忠. 2002. 『日本型 '教養'の運命』. 東京 : 岩波書店.

原田智仁. 2012. 「일본 시민성 교육의 계보와 사회과의 과제」. 『사회과교육연구』. 제19권 제4호.

苅谷剛彦. 2012. 『學力と階層』. 東京 : 朝日文庫.

山住正己. 1987. 『日本教育小史』. 東京 : 岩波書店.

저자 소개

이동수

서울대학교 정치학과에서 학사와 석사학위를 받았고, 미국 밴더빌트대학교(Vanderbilt University)에서 정치학 박사학위를 취득하였다. 대통령직속 녹색성장위원회 위원, 대통령실 정책자문위원을 역임했으며, 현재 경희대학교 공공대학원 원장으로 있다. 『행복과 21세기 공동체』(편저), 『미래와의 소통』(편저), 『민주주의 강의 4 : 현대적 흐름』(공저), 「지구시민의 정체성과 횡단성」, 「민주주의의 이중성」, 「그리스 비극에 나타난 민주주의 정신」, 「소통정치와 미디어」 등의 저서와 논문이 있다.

이명원

서울시립대학교 국문과를 졸업하고, 동대학원에서 석사학위를, 성균관대학교에서 박사학위를 받았다. 1993년 〈문화일보〉 신춘문예 평론 부문에 당선, 문학평론가로 활동하고 있다. 〈상상비평상〉, 〈성균문학상〉, 〈한국출판문화상〉을 수상했다. 한국작가회의 대변인, 실천문학사 주간, 서울디지털대 문예창작학부 교수를 역임하고, 현재 경희대학교 후마니타스 칼리지 교수로 있다. 저서에는 『시장권력과 인문정신』, 『말과 사람』, 『연옥에서 고고학자처럼』, 『타는 혀』 등이 있으며, 「문학의 탈정치화와 포스트 담론의 파장」, 「김현의 문학비평과 기독교사상」, 「류큐왕국 시기 오키나와의 지배-종속 관계」 등의 논문을 발표했다.

채진원

경희대학교 일반대학원에서 「민주노동당의 변화와 정당모델의 적실성」이란 논문으로 정치학 박사학위를 받았다. 현재 경희대 후마니타스 칼리지의 교수로 〈시민교육〉, 〈NGO와 정부관계론〉 등을 강의하고 있다. 전공분야는 비교정치과정(의회, 선거, 정당, NGO)이다. 주요 논문으로 「원내정당모델의 명료화 : 대안적 정당모델과의 비교논의」, 「대화형 정치모델의 이론적 탐색: 아렌트의 '공공화법'과 바흐친의 '다성악적 대화법'」, 「민주주의의 사회적 기반 : 자원봉사활동의 의미와 정치적 상관성을 중심으로」, 「세계화시대의 시민성과 대학교육」, 대표저서로는 『지구화시대의 정당정치』와 『한국 민주주의 어디까지 왔나』 등이 있다.

우기동

성균관대학교 철학과를 졸업하고, 동 대학원에서 석사와 박사학위를 받았다. 노숙인, 재소자, 자활사업참여주민 등 사회적 소외계층을 위한 '실천인문학' 프로그램을 만들어 강의하고, 또 일반 시민을 위한 '서울시민대학' 운영위원으로 참여하고 있다. 현재 경희대학교 후마니타스 칼리지 시민교육 교과 PD(Program Director)로 있다. 『철학의 철학사적 이해』(공저), 『박물관에서

꺼내온 철학이야기』(공저),『행복한 인문학』(공저), 『인문학박물관에서』(공저), 「과학적 탐구방법과 구체적 보편－변증법적 자연철학에 관한 시론」, 「독일근현대철학에 관한 연구사와 번역의 문제」, 「소외계층과 호흡하는 인문학」, 「대학 시민교육, 그 철학적 토대」 등의 저서와 논문이 있다.

이병택

서울대학교 정치학과를 졸업하고, 동 대학원에서 석사학위를, 럿거스대학교(Rutgers University)에서 박사학위를 받았다. 현재 경희대학교 학술연구교수로 있다. 연구논문으로는 「흄의 법사상」, 「정파의 대립과 법치」, 「유럽통합과 장 모네의 정치사상」, 「자유주의와 공동성」 「리처드 2세의 폐위와 헨리 4세의 등극」 등이 있다.

정재원

경희대학교 식품영양학과를 졸업하고, 이화여자대학교 대학원 여성학과에서 석사와 박사학위를 취득하였다. 여성부 산하 한국양성평등교육진흥원에서 교수를 역임했으며, 현재 경희대학교 후마니타스칼리지 객원교수로 일하고 있다. 『숨겨진 빈곤』(2011년 문화체육관광부 우수학술도서로 선정), 『KOICA사업의 성주류화 방안』(공저), 「영국의 시민교육 제도화에 관한 연구」, 「영국의 시민교육 거버넌스 분석과 시사점」, 「빈곤과 젠더의 상호연계성에 대한 시론 : 사회적 배제 관점을 중심으로」 등의 저서와 논문이 있다.

이현휘

고려대학교 산업공학과를 졸업하고 동교 정치외교학과 대학원에서 석사 및 박사 학위를 받았다. 현재 경희대 NGO 국제연구소 연구교수로 재직 중이다. 주요 역서 및 논문으로 『이데올로기와 미국외교』(공역), 『파멸의 묵시록 : 과학적 패러다임과 일상의 사유양식』, 「소명으로서의 전쟁 : 미국 대외정책 정신과 신의 눈물」, 「미국 대외정책의 관습과 21세기 미중관계의 전망」, 「화이트헤드와 근대 세계관의 철학적 성찰」 등이 있다.

장명학

서울대학교 철학과와 동 대학원 정치학과를 졸업했다. 독일 베를린자유대학교(Freie Universitaet Berlin)에서 정치학 박사학위를 취득하고 현재 경희대학교 NGO국제연구소 연구교수로 재직하고 있다. 학문적 관심분야는 서양 근대정치사상, 공화주의와 민주주의 그리고 시민사회와 NGO 등이며 한국정치평론학회 편집이사로 활동하고 있다. 주요 논문으로는 「헤겔의 권력개념」, 「하버마스의 공론장이론과 토의 민주주의」, 「지구화시대 한국의 공화민주주의」, 「해방정국과 민주공화주의의 분열」, 「제국과 영방의 긴장 속의 신상로마제국 정부」 등이 있다.

시민교육과 대학

발행일 1쇄 2013년 10월 31일
지은이 이동수 편
펴낸이 여국동

펴낸곳 도서출판 인간사랑
출판등록 1983. 1. 26. 제일-3호
주소 경기도 고양시 일산동구 백석동 1178-1번지 2층
전화 031)901-8144(대표) | 977-3073(영업부) | 031)907-2003(편집부)
팩스 031)905-5815
전자우편 igsr@naver.com
페이스북 http://www.facebook.com/igsrpub
블로그 http://blog.naver.com/igsr
인쇄 인성인쇄 **출력** 현대미디어 **종이** 세원지업사

ISBN 978-89-7418-321-9 93340

* 책값은 뒤표지에 있습니다. * 잘못된 책은 바꿔드립니다.

이 도서의 국립중앙도서관 출판시도서목록(CIP)은 서지정보유통지원시스템 홈페이지(http://seoji.nl.go.kr)와 국가자료공동목록시스템(http://www.nl.go.kr/kolisnet)에서 이용하실 수 있습니다.(CIP제어번호: CIP2013022195)